臺灣歷史與文化 研究輯刊

十 五 編

第 17 冊

明鄭至日治時期古典詩中的
臺南地區書寫（中）

謝 淑 容 著

花木蘭文化事業有限公司

國家圖書館出版品預行編目資料

明鄭至日治時期古典詩中的臺南地區書寫（中）／謝淑容 著 ─
初版 ─ 新北市：花木蘭文化事業有限公司，2019〔民 108〕
目 6+212 面；19×26 公分
（臺灣歷史與文化研究輯刊十五編；第 17 冊）
ISBN 978-986-485-619-0（精裝）
1. 臺灣詩 2. 詩評
733.08   108000397

臺灣歷史與文化研究輯刊
十五編　第十七冊   ISBN：978-986-485-619-0

明鄭至日治時期古典詩中的臺南地區書寫（中）

作　　者　謝淑容
總 編 輯　杜潔祥
副總編輯　楊嘉樂
編　　輯　許郁翎、王筑　美術編輯　陳逸婷
出　　版　花木蘭文化事業有限公司
發 行 人　高小娟
聯絡地址　235 新北市中和區中安街七二號十三樓
　　　　　電話：02-2923-1455／傳真：02-2923-1452
網　　址　http://www.huamulan.tw 信箱 hml810518@gmail.com
印　　刷　普羅文化出版廣告事業
初　　版　2019 年 3 月
全書字數　468187 字
定　　價　十五編 25 冊（精裝）台幣 60,000 元

明鄭至日治時期古典詩中的臺南地區書寫(中)

謝淑容 著

目

次

第七章　名勝的書寫（上）

　　臺南是臺灣發祥地，其名勝古蹟之多，可謂全臺之冠：

> 臺南市是臺灣的發祥地，是全臺歷史最悠久的都市。……至 1683
> 年，清國平台，在臺南設臺灣府，爲全臺首府。1885 年，臺灣建省，
> 遂改臺灣府爲臺南府，是爲臺南得名之緣由。直至十九世紀末期，
> 臺南一直是臺灣政治經濟文化之重心，由於這層歷史淵源，故臺南
> 市古蹟名勝特多，佔有臺灣最悠久歷史及文化發展地位，稱爲文化
> 古都，聞名全臺，實有其緣由也。〔註1〕

臺南爲臺灣文化古都，騷人墨客到此遊歷，留下不少詩作，茲舉要分述如下。

第一節　魁斗山與五妃廟

一、魁斗山

　　明鄭時期，鄭經任用陳永華（1634～1680）面對魁斗山的寧南坊建立孔
廟、學校，由此可知：此地風水甚佳，適合教育學子。此事可見於《臺灣通
史》：

> （永曆十九年）八月，（鄭經）以諮議參軍陳永華爲勇衛。永華親視
> 南北，鎮撫諸番，勸各鎮墾田，植蔗熬糖，煮海爲鹽，以興貿易。
> 而歲又大熟，民用殷富。請建聖廟，立學校，從之。擇地於寧南坊，
> 面魁斗山，旁建明倫堂。〔註2〕

〔註 1〕　交通部觀光局：〈臺南市〉，上網日期：20150830，網址：http://taiwan.net.tw/
　　　　　m1.aspx?sNo=0001119。
〔註 2〕　連橫：《臺灣通史・建國紀》，臺灣文獻叢刊，第一二八種，頁 39。

圖 6 五妃廟正門，上網日期：20150611，網址：http://travel.network.com.tw。

圖 7 五妃廟，綠地，上網日期：20150611，網址：http://blog.xuite.net。

圖 8　五妃廟門（五妃因爲后妃神格而得配享隨侍太監與宮女，故門神彩繪別
　　　具風格，太監平捧牡丹表示獻花富貴、鼎爐表示獻香與薪傳，宮女手捧
　　　壺表示多福、捧桃表示多壽、捧石榴表示多子），上網日期：20150612，
　　　網址：〈五妃廟〉，http://blog.xuite.net/mejun0322/index/63370064-%E4%
　　　BA%94%E5%A6%83%E5%BB%9F。

陳永華經營擘畫，建設臺地，勸墾田，興貿易，後建立孔廟，於寧南坊，面
對魁斗山之處，並在孔廟旁設立了明倫堂，以教育學子。是以，魁斗山頗富
有文教氣息。

　　余文儀（1687～1782？）在康熙 29 年來臺，並《續修臺灣府志》其中亦
有論及魁斗山：

　　　魁斗山：在縣治南□里．三峰陡起，狀若三台環拱郡學；形家謂文

　　　明之兆。〔註3〕

余文儀以堪輿的立場，指出魁斗山具有振興文明教化的氣場。《福建通志臺灣
府》及《臺灣志略》亦有關的記載：

<hr />

〔註3〕　余文儀：《續修臺灣府志．封域．山川．臺灣縣》，臺灣文獻叢刊，第一二一
　　　　　種，卷一，頁9。

魁斗山在城南,脈從東南來,至正南陡起三□,狀若三台,爲學宮
拱案。又蟠屈蜿蜒,以至西南,勢皆內抱,形家所謂下砂者止此。
〔註4〕

魁斗山在邑城南。其脈自東南來,至正南陡起三峰,狀若三台星,
爲府學文廟拱案。又蟠屈蜿蜒,以至西南,勢若內抱,形家所謂「下
砂」者是也。邑來脈甚長,而所謂下砂者止此。〔註5〕

此二書皆以魁斗山山脈形勢護衛教育之地的說法,其所重者,仍在栽培學子。

然而,魁斗山在康熙時期,亦是義塚所在之處,《臺灣縣志》記載:

義塚,在寧南坊魁斗山;俗名鬼仔山是也。歷年久遠,丘塚累塞,
無復有閒曠之土;貧而無力者,又苦於安厝之無地。康熙五十九年,
監生陳士俊買園地數甲於鳳山之新昌里,與此山毗連,以爲塚山焉。
〔註6〕

由於魁斗山爲義塚所在之處,因此又有「鬼仔山」之稱。此處作爲義塚已久,
所以山上墳墓眾多,已沒有閒曠的土地。《重修福建臺灣府志》亦有相類似的
記錄,如下:

義塚:在寧南坊魁斗山(俗呼鬼仔山)。歷年久遠,邱塚累塞。康熙
五十九年,監生陳士俊買園地數甲於新昌里,與此山毗連,以爲塚
山焉。〔註7〕

當時的魁斗山現今已整建成五妃廟,由四條街道界定出範圍,總面積約三千
多坪:

五妃廟所在位置的魁斗山,又稱爲桂子山,以前曾爲墳地,附近一
片荒蕪,雜草叢生,又名鬼仔山,此處總面積三千多坪,由四條街
道界定出一個完整的範圍,四周以咾咕石堆砌成爲擋土牆。〔註8〕

因爲寧靖王的五妃殉節而死,被人葬在魁斗山,所以,在清朝時期,魁斗山

〔註4〕 孫爾準等修:《福建通志臺灣府/山川:錄自重纂福建通志‧臺灣縣》,臺灣
文獻叢刊,第八四種,卷十五,頁54。
〔註5〕 李元春:《臺灣志略‧地志》,臺灣文獻叢刊,第一八種,卷一,頁6~7。
〔註6〕 王禮主修、陳文達編纂:《臺灣縣志‧建置志二‧恤政》,臺灣文獻叢刊,第
一○三種,頁95。
〔註7〕 劉良璧纂輯:《重修福建臺灣府志‧卹政(附)‧臺灣縣》,臺灣文獻叢刊,第
七四種,頁245。
〔註8〕 〈五妃廟〉,上網日期:20150612,網址:http://blog.xuite.net/mejun0322/index/
63370064-%E4%BA%94%E5%A6%83%E5%BB%9F。

五妃墓也有很大名氣，《蠡測彙鈔》中就有相關的紀錄：

> 明肄甯靖王遯荒海外，值王師平臺，從容就義。其妃五人，如志書
> 所載，袁、王二氏及秀姑、梅姐、荷姐者皆從死如歸；擬之古烈士，
> 何異齊二子之從田橫、秦三良之從穆公也！妃墓在城南魁斗山；有
> 司多士莫不矜其節烈。豐碑樹於乾隆十一年范、六兩使者。其墓旁
> 有祠，並寘守祠墓一人，由來舊矣。〔註9〕

《蠡測彙鈔》以爲甯靖王準備從容就義時，五位妃子表現出視死如歸的貞烈，
如此行爲不異於追隨秦穆公而死的「三良」及隨著田橫就義的二子。所以後
人敬其節烈，而有豐碑樹及五妃祠，並時有追懷之作。

　　因此，在清領時期，魁斗山給人「文教之區」、「義塚」及「五妃墓」的
印象，且皆有相關詩作，茲舉要分述之。

　　在清領前期，詩人對魁斗山的教育色彩頗多關注，是以書寫之時，多寫
其文教的特質。

　　李泌（？～？）爲清康熙年間（1662～1723）人士，有〈魁斗山早春〉（山
在甯南坊，與文廟相對）之作，其所書寫者著重於此處的美好景色及特殊氣
候：

> 山名魁斗最稱雄，彷彿梯雲上桂宮。遠望千村凝淑氣，平臨萬戶挹
> 和風。香飄桃李聞墻外，湧門魚龍躍泮中。自是東甯春色早，雪花
> 滿地著嫣紅。〔註10〕

李泌從魁斗山的名字書寫，認爲此名相當具有祝賀士子青雲直上的寓意。由
於東甯的氣候和暖，魁斗山的春天來得早，此時已經可以看到魚躍水中，聞
到桃李飄香，此處已是和風習習、聚集著祥和氣息了。

　　郭必捷（？～？）爲清康熙48年（1709）歲貢生，其〈魁斗山早春〉：

> 魁斗名山星霧輕，未過殘臘動春情。遙聞海市和風度，長映賢關淑
> 氣生。野草根深抽細葉，林鶯喉澀試新聲。甯南客邸歡相近，到處
> 閒遊解宿醒。〔註11〕

〔註9〕 鄧傳安撰：《蠡測彙鈔・勸捐置五妃墓守祠義田疏引》，臺灣文獻叢刊，第九
　　　　種，頁31。
〔註10〕 李泌：〈魁斗山早春〉，《臺灣縣志・藝文志十・詩・魁斗山早春・李泌》，臺
　　　　灣文獻叢刊，第一〇三種，頁273。
〔註11〕 郭必捷：〈魁斗山早春〉，《臺灣縣志・藝文志十・詩・魁斗山早春・李泌》，
　　　　臺灣文獻叢刊，第一〇三種，頁273。

郭必捷此詩亦書寫魁斗山春天來得特別早，時序尚未過完冬日，但此處已是春光乍現。野草透露細細的綠意，鶯兒在林間試著鳴唱。詩人在寧南坊與人歡聚宴飲之後，就趁著明媚的春光，出外閒遊，也順便醒醒宿醉。

　　張湄（？～？），字鷺州，乾隆 6 年（1741）遷巡臺御史，其〈魁斗山〉：

　　　　魁斗山在臺灣府學對朝，張巡方鷺洲有詩云：「近接宮牆數仞高，星
　　　　光磊落起文豪。問名已列魁三象，分派應知海一鼇」。〔註12〕

張湄此詩書寫明倫堂的建築，並由此處在風水上的特質，祝賀臺地的學子將金榜題名。

　　清領後期的許南英在 1886 年有〈臺灣竹枝詞〉，其中亦有提及魁斗山：

其二

　　　　大南門外路三叉，二月遊春笑語譁。桂子山頭無數塚，紙錢飛上棠
　　　　梨花。

許南英此詩中的魁斗山已不具有教育色彩，代之而起的是無數墓塚的景色。「大南門外路三叉，二月遊春笑語譁」二句，可以推知臺南人二月春遊的地點就在魁斗山。而「桂子山頭無數塚，紙錢飛上棠梨花」之句，呈現的是紙錢紛飛淒清之感。

　　日治時期，連橫亦有〈桂子山〉之作：

　　　　一鉤新月淡黃昏，環珮聲殘冷墓門。行過桂山山下路，落花無數美
　　　　人魂。〔註13〕

連橫此詩亦是著眼於魁斗山墳墓的書寫，從詩句中的二、四句，可知其所描寫的對象為逝去的女子，以往有許多節烈的女子在此長眠，所以，此詩表達對她們的哀悼之意。

二、五妃廟

　　五妃廟，原名五妃墓，是明朝末年寧靖王朱術桂姬妾五人合葬的地方：

　　　　五妃廟原名五妃墓，為明末寧靖王朱術桂從死之姬妾袁氏、王氏、
　　　　秀姑、梅姐、荷姐等五人合葬之處；在明永曆 37 年間，清大軍破澎

〔註12〕張湄：〈魁斗山〉，《臺海見聞錄‧山川》，臺灣文獻叢刊，第一二九種，卷一，頁 4。

〔註13〕連橫：〈桂子山〉，《劍花室詩集‧外集之一‧桂子山》，臺灣文獻叢刊，第九四種，頁 105。

湖，鄭克塽投降，寧靖王見大勢已去，決心殉國，其五位姬妾深明
大義寧願全節，相繼自縊於中堂（位於祀典大天后宮内）。〔註14〕

清朝道光年間丁紹儀《東瀛識略》中記載五妃視死如歸的事件原委：

> 五妃墓在臺邑仁和里，爲前明寧靖王姬妾葬所。寧靖名術桂，太祖
> 九世孫遼王後。流賊破荊州，避亂至浙，唐王封爲長陽王；旋請讓
> 與兄子，改封寧靖。桂王命監鄭鴻逵軍；師潰，偕鄭成功至臺，墾
> 田數十甲自給。鄭氏歸命，寧靖曰：「時逢大難，遠潛海外，今死期
> 至矣，汝輩聽自便」。時元妃已故，姬袁氏、王氏、秀姑、梅姊、荷
> 姊僉曰：「王能全節，妾等願從」！先同縊於室。寧靖書絕命詩畢，
> 亦自經。眾舁寧靖柩於鳳山縣竹滬與元妃合窆，而瘞五姬於里之魁
> 斗山麓，後人又稱五烈墓。〔註15〕

在鄭克塽決定投降之時，寧靖王朱術桂告訴妾室們，自己打算死節，請她們
另尋生路，當時元妃已死，妾室袁氏、王氏、秀姑、梅姊、荷姊都表示願意
追隨寧靖王而去，並同時在一室中自縊。後人將寧靖王與其元妃合葬於今高
雄路竹區，將五位妃子葬於魁斗山，後稱其爲五烈墓。

在明鄭時期有許多投降清朝之臣，相較之下，此五妃表現之氣節，殊爲
難能可貴，因此稱頌之作頗多，茲舉要如下。

何借宜（？～？），康熙年間（1662～1723）福建惠安諸生，其〈五妃墓〉：

> 寒煙衰草暗離披，隱隱高原見古碑。漫說從人皆妾婦，應誇死義是
> 男兒。投繯不解王孫恨，奕世猶聞鬼子（魁斗山俗呼鬼子山）悲。
> 異域天荒開世運，五常還是五人持。〔註16〕

何惜宜此詩先敘寫五妃墓的景觀，在寒煙衰草之中，隱隱可見其中的古碑。
接著稱讚五妃雖爲妾室，但其死義之舉，已不遜男兒。在這蠻荒異域的臺地
中，五妃建立了人倫五常的典範。在清初來臺的詩人眼中，臺地尚屬陌生的
蠻荒之區，而五妃的節烈，則是給予臺地人民的一種教化典範。

施世榜（？～？）爲康熙36年（1697）拔貢，亦有〈弔五妃墓〉：

〔註14〕　〈五妃廟〉，上網日期：20150612，網址：http://blog.xuite.net/mejun0322/index/
　　　　63370064-%E4%BA%94%E5%A6%83%E5%BB%9F。

〔註15〕　丁紹儀撰：《東瀛識略·遺聞·外紀·遺聞》，臺灣文獻叢刊，第二種，卷八，
　　　　頁105～106。

〔註16〕　何借宜：〈五妃墓〉，《重修臺灣縣志·雜紀·古蹟（附宅墓）·墓（附）·五妃
　　　　墓·庠生何借宜詩》，臺灣文獻叢刊，第一一三種，卷十五，頁543。

> 珠沈芳草帶餘薰，玉碎空山鎖亂。匹婦但知生共枕，五妃僅見死同
> 群；千秋節義誰無主？一代蛾眉獨有君。回首可憐明季世，相臣事
> 業不堪云！〔註17〕

施世榜以對比的方式歌頌五妃與一般匹婦的不同，五妃有節義之舉，而匹婦
只知活著的時候同枕而眠。再以明季諸臣與五妃相比，批判了輔佐諸臣的行
跡實在是不值得一說。

　　施陳慶（？～？）為康熙年間（1662～1723）人士，其〈弔殉節五妃墓〉：

> 五妃殉節報明君，曠代流芳天下聞。烈魄共吞東海月，英風齊撼西
> 山雲。啼殘蜀帝聲中血，拖盡湘靈水上裙。塵土何干悲粉黛，一朝
> 憂戚與誰分？〔註18〕

施陳慶此詩歌頌五妃殉節，足以流芳百世。其烈魄、英風皆足以吞沒東海的
月亮、撼動西山的白雲，令人感佩不已。

　　范咸（？～？），乾隆10年（1745）4月任巡臺御史兼理學政，在臺期間，
與六十七共同進行《重修臺灣府志》之編纂。在《重修臺灣縣志》中有記載
范咸與六十七共同修五妃墓之事：

> 五妃墓：在仁和里魁斗山。明寧靖王朱術桂妾袁氏、王氏、秀姑、
> 梅姐、荷姐同葬此。國朝乾隆十一年，巡臺御史六十七、范咸命海
> 防同知方邦基修之；立墓道碑於大南門外，並繫以詩。〔註19〕

從上述可知，范咸與六十七、方邦基等人同修五妃墓，立墓道碑於大南門外，
並有詩作。

　　范咸及六十七等人修墓，並建廟祭祀，故五妃墓又稱五妃廟：

> 五妃墓原是一座不封不樹的墓塋，清乾隆11年（西元1748年）巡
> 臺滿御史六十七及漢御史范咸，命海防同知方邦基修墳，並在墓前
> 建廟祭祀，所以後人多稱「五妃廟」。又在南門外立「五妃墓道」碑，
> 「弔五妃墓」詩及跋，這座石碑現在仍保存在大南門碑林中。〔註20〕

〔註17〕施世榜：〈弔五妃墓〉，《臺灣縣志・藝文志十・詩・前題》，臺灣文獻叢刊，
　　　　第一〇三種，頁270。

〔註18〕施陳慶：〈弔殉節五妃墓〉，《臺灣縣志・藝文志十・詩・前題》，臺灣文獻叢
　　　　刊，第一〇三種，頁270。

〔註19〕王必昌纂輯：《重修臺灣縣志・雜紀・古蹟（附宅墓）・墓（附）・五妃墓》，
　　　　臺灣文獻叢刊，第一一三種，卷十五，頁543。

〔註20〕〈五妃廟〉，上網日期：20150612，網址：http://blog.xuite.net/mejun0322/index/
　　　　63370064-%E4%BA%94%E5%A6%83%E5%BB%9F。

范咸〈弔五妃墓〉十二絕句如下：

其一

　　明亡已歷四十載，死節猶然爲故明；荒塚有人頻下馬，眞令千古氣

如生。〔註21〕

此詩點出明亡雖已過了四十年，五妃仍爲故明殉節，其氣節在後世仍有人爲
之感佩、哀悼，可說是雖死猶生。

其二

　　天荒地老已無親，肯爲容顏自愛身；遙望中原腸斷絕，傷心不獨是

亡人。〔註22〕

作者指出：五妃在此天涯海角之遠的臺灣已無親人，但她們仍然選擇從容而死。
遙望著中原，內心感到悲傷的，應不只是她們吧。作者此詩含蓄，並沒有說明
何人亦是傷心人。或許指涉著那些因爲不得已的原因必須遠離中土之人而言。

其三

　　君后相將殉社稷（指莊烈），虞兮未敢笑重瞳；廟廷倘使增陪祀，臣

妾應教祭享同！〔註23〕

在此絕句中，作者指出五妃的殉節，亦足以在廟廷之中列爲陪祀。

其四

　　田妃金盌留遺穴，何似貞魂聚更奇？三百年中數忠節，五人個個是

男兒。〔註24〕

作者此詩稱讚五妃之忠節，可以男子視之。

其五

　　可憐椎髻文身地，小字人傳紀載新；卻恨燕京翻泯滅，英風獨顯費

〔註21〕范咸：〈弔五妃墓〉，《重修臺灣府志‧雜記‧墳墓‧附考》，臺灣文獻叢刊，
　　　　第一○五種，卷十九，頁551。
〔註22〕范咸：〈弔五妃墓〉，《重修臺灣府志‧雜記‧墳墓‧附考》，臺灣文獻叢刊，
　　　　第一○五種，卷十九，頁551。
〔註23〕范咸：〈弔五妃墓〉，《重修臺灣府志‧雜記‧墳墓‧附考》，臺灣文獻叢刊，
　　　　第一○五種，卷十九，頁551。
〔註24〕范咸：〈弔五妃墓〉，《重修臺灣府志‧雜記‧墳墓‧附考》，臺灣文獻叢刊，
　　　　第一○五種，卷十九，頁551。

宮人！〔註25〕

作者認爲：在這蠻荒無文的臺灣，沒有人特意地記載此五妃之事，才會讓她的事跡不能傳揚開來，讓費宮人的事跡專美於前。

其六

忍把童家舊誓忘（指福王），孝陵風雨怨蒼蒼！芳魂若向秦淮去，正好乘潮到故鄉。〔註26〕

此詩書寫著五妃的落葉歸根的心境，亦是宦遊詩人的心聲。

其七

長恨丁寧數語餘，從容猶自整簪裙；邙西便是埋香地（「越記」：「閭閻葬女於邙西，名三女墳」。今五妃墓去寧靖墓三十里），三女墳應近閭閻。〔註27〕

此詩書寫著寧靖王與五妃之間從容就義的情形。顯示了夫與姬妾之間的恩義。

其八

封題無樹一孤岑，剩有兒童躑躅吟；豈是五丁開蜀道（「華陽國志」：「秦惠王許嫁五女於蜀，蜀遣五丁力士奉迎，蛇山崩，同時壓殺．蜀王痛傷，命名曰五婦塚」）？卻緣望帝哭春深。〔註28〕

此詩敘述范咸等人修五妃墓的由來，因爲此墓只有封題，並沒有樹蔭護衛，平時亦只剩兒童徘徊吟唱著流傳的歌謠。那裡是蜀王五婦塚的規模可比擬的呢？

其九

明妃無命死胡沙，青塚荒涼起暮笳；爭比冰心明似月，隔江不用怨琵琶。〔註29〕

〔註25〕范咸：〈弔五妃墓〉，《重修臺灣府志・雜記・墳墓・附考》，臺灣文獻叢刊，第一〇五種，卷十九，頁551。

〔註26〕范咸：〈弔五妃墓〉，《重修臺灣府志・雜記・墳墓・附考》，臺灣文獻叢刊，第一〇五種，卷十九，頁551。

〔註27〕范咸：〈弔五妃墓〉，《重修臺灣府志・雜記・墳墓・附考》，臺灣文獻叢刊，第一〇五種，卷十九，頁551。

〔註28〕范咸：〈弔五妃墓〉，《重修臺灣府志・雜記・墳墓・附考》，臺灣文獻叢刊，第一〇五種，卷十九，頁551。

〔註29〕范咸：〈弔五妃墓〉，《重修臺灣府志・雜記・墳墓・附考》，臺灣文獻叢刊，第一〇五種，卷十九，頁551。

范咸在此絕句中將五妃與王昭君相提並論，二者皆是冰心似明月，惟五妃並沒有幽怨的琵琶曲傳世。

其十

　　壘壘荒墳在海濱，魂銷香冷爲傷神；須知不是經溝瀆，絕勝要離塚畔人。〔註30〕

此詩爲作者憐惜五妃荒墳在海外，離鄉背井，無親人相護。

其十一

　　又逢上巳北邙來，宿草新澆酒一杯（又三月三日，率僚屬致祭）；自古宮人斜畔土，清明可有紙錢灰？〔註31〕

在三月三日之時，范咸等人率下屬前來致祭，表示對她們的敬佩與憐惜。

其十二

　　十姨廟已傳訛久，參昴還應問水濱；今日官僚爲表墓，五妃直可比三仁。〔註32〕

此詩敘寫因爲五妃等人的節義足以與三仁（微子、箕子、比干）相比，因此范咸等人爲其表墓，以示敬仰。

　　陳輝（？～？），曾應臺灣知縣魯鼎梅之邀，與廩生方達聖，生員盧九圍參與《續修臺灣府志》之纂修，其〈五妃墓〉：

　　精誠歸帝子，大節凜冰霜。慷慨同千古，從容共一堂。蘭焚山失色，玉瘞土留香。捲地悲風至，蕭蕭起白楊。〔註33〕

陳輝此詩書寫五妃的大節足以使冰霜更爲凜冽，慷慨就義之舉，足以令山失色，土留香。而此地悲涼的風吹來，也使得白楊樹發出蕭蕭的淒涼之音。

　　劉家謀（1814～1853）在道光29年（1849）調臺灣府學任訓導，在任凡四年。咸豐3年（1853）海寇黃位擾亂沿海，臺灣土匪與之相呼應，家謀力疾守陴，致肺疾加遽，遂以四十歲之英年病卒。亦有〈謁五妃墓〉二首：

〔註30〕范咸：〈弔五妃墓〉，《重修臺灣府志‧雜記‧墳墓‧附考》，臺灣文獻叢刊，第一〇五種，卷十九，頁551。

〔註31〕范咸：〈弔五妃墓〉，《重修臺灣府志‧雜記‧墳墓‧附考》，臺灣文獻叢刊，第一〇五種，卷十九，頁551。

〔註32〕范咸：〈弔五妃墓〉，《重修臺灣府志‧雜記‧墳墓‧附考》，臺灣文獻叢刊，第一〇五種，卷十九，頁551。

〔註33〕陳輝：〈五妃墓〉，《重修臺灣縣志‧雜紀‧古蹟（附宅墓）‧墓（附）‧五妃墓‧舉人陳輝詩》，臺灣文獻叢刊，第一一三種，卷十五，頁543～544。

其一

殉國爭隨帝后尊，一時義烈滿乾坤。哪知瘴海千重外，尚有紅顏識報恩。

劉家謀此詩讚頌五妃的恩義之舉，如同殉國的皇帝、皇后，其義烈足以充塞天地。

其二

殘山賸水竟何存，魁斗還留土一墩。：依竹滬，萋萋芳草憶王孫。

〔註34〕

劉家謀此詩書寫在明鄭時期之後，魁斗山上留下了一坏土，當時的人沒有將她們與王爺同葬於竹滬，讓她們只能在萋萋芳草之中思念王爺。

　　清領晚期的楊浚（1830～1890）曾寫下了〈澎湖弔古歌〉，亦有提及五妃之事：

河山半壁足千古，海上屏王留片土。三十六嶼邸苑開，蠣灘咫尺生風雨。憶昔千艘金廈來，七年監國胡為哉。將軍騎鯨去不返，空令賦手歌大哀。扁舟塊肉今已矣，大難孤注稱天子。自古蛟龍失水愁，豈知燕雀處堂喜。一封降表落中原，蕭蕭椰竹誰招魂【蕭蕭柳竹誰招魂】。丁字門前挂明月，忽聞蠻樹啼飢猿。同時更有五妃泣，桂子山荒斷碑立。玉魚寂寞尚人間，西流一角看日入。吁嗟乎，田橫穿冢五百人，至今絕島爭嶙峋。桑田三淺無復道，付與漁郎來問津。

〔註35〕

楊浚此詩批判鄭克塽降清之舉，歌詠寧靖王及五妃之節烈，如同田橫及其義士足以萬古流芳。然而現今這一切都已經隨著滄海桑田，已沒有人多作談論了。詩中頗有弔古傷今之感。

　　熊佐虞（？～？）其存詩10首於唐景崧《詩畸》中，其中有〈五妃墓　限支韻〉：

桂子山頭玉葬時，五妃含笑故王知。紅綃烈斷宮中帶，黃土荒題海上碑。風雨有靈瞻竹滬，香煙無主委叢祠。墓門願下貞妃拜，二百

〔註34〕 劉家謀：〈謁五妃墓〉，《全臺詩——智慧型全臺詩知識庫》，上網日期：20141102，網址：http://xdcm.nmtl.gov.tw/twp/b/b02.htm。《觀海集》，卷二。

〔註35〕 楊浚：〈澎湖弔古歌〉，《臺灣詩鈔・楊浚・澎湖弔古歌》，臺灣文獻叢刊，第二八〇種，卷四，頁80。

年前弔有詩。〔註36〕

熊佐虞此詩與眾不同之處在於書寫五妃含笑全節，並無悲壯之詞。由於其無親後，因此只能眾人以祠堂的形式爲其延續香火，至今仍有許多人前來表示敬意。

林朝崧（1875～1915）有〈魁斗山五妃廟〉：

> 遙望魁斗山，纍纍盡荒冢。何處弔貞魂，古廟松楸拱。憶昔明室亡，
> 金枝落蠻壤。抱衾五麗人，相隨依草莽。殘喘延海濱，位號慚虛擁。
> 時節憶中原，對泣目盡腫。草雞經三世，澎湖失反掌。東寧霸氣沈，
> □□降表往。寓公死已晚，執梃忍爲長。衣冠見高皇，幸保髮種種。
> 置酒別諸姬，新人善侍奉。豈知烈女心，一一感恩寵。就義君王前，
> 爭先無怖恐。嗚呼王殉國，五妃殉王勇。久宜薦蘋蘩，俎豆一堂享。
> 惜哉未陪葬，兩地隔靈爽。至今朝竹滬，月夜環佩響。我來讀遺碑，
> 城南聞挂杖。小名猶可識，題詠間足償。最愛范九池，十首詩慨慷。
> 彤管揚芳徽，萬代共瞻仰。〔註37〕

詩人遙望著魁斗山上纍纍的荒塚，對著殉節的五妃發出敬仰之心，以爲其勇足以祀享，唯一可惜的是未能陪葬寧靖王，相信她們若有靈，當朝著竹滬，不忘故主。林朝崧表示所有稱頌五妃的詩作中，他最喜愛范咸的絕句，相當的慷慨激昂，而五妃之節義，亦將隨之萬古流芳。

梁啓超（1873～1929）1911 年訪臺兩週，留下詩八十九首，詞十二首。其有〈桂園曲有引〉，論及寧靖王與五妃之事：

> 明寧靖王朱術桂以永曆十八年，奉詔入臺，監鄭軍。延平待以宗藩
> 禮，三世不衰。克塽降，王義不辱。集諸妃王氏袁氏荷姑梅姑秀姐
> 而詔之曰：「孤不德，將全髮膚以見先帝先王於地下，若輩可自爲計。」
> 僉泣對曰：「王死國，妾死王，義一也。遂笄服駢縊於堂，遺民哀焉。
> 合葬諸臺南之桂子山，號五妃墓。享祀弗替，越二百二十八年。新
> 會梁啓超游臺灣，以道遠未能謁也。述其事以作歌，時清明後五日
> 也。

〔註36〕熊佐虞：〈五妃墓　限支韻〉，《臺灣詩乘》，臺灣文獻叢刊，第六四種，卷五，頁 210。

〔註37〕林朝崧：〈魁斗山五妃廟〉，《無悶草堂詩存‧（丙午至庚戌）‧魁斗山五妃廟》，臺灣文獻叢刊，第七二種，卷三，頁 88。

鶯老花飛桂子山，天高月冷聞佩環。人尋法曲淒涼後，地接蓬萊縹
緲間。憶侍王孫竄荊棘，珊瑚寶玦還顏色。萬里依劉落日黃，五湖
從范烟波碧。九州南盡有桃源，華表飛來一鶴尊。高帝神靈仍日月，
五溪雲物自山川。陌上條桑衣鬢綠，賣珠呼婢修蘿屋。歸來分偶迭
添香，好伴君王夜深讀。謂言萬事共悠悠，劫後相依一散愁。天荒
地老存三恪，裙布釵荊占一丘。黑風一夜吹滄海，朱顏未換雕欄改。
虎臣執梃傳車忙，龍種攀髯弓劍在。金環翟弟拜堂皇，王死官家妾
死王。翠瀾永閟千年井，素練紛飛六月霜。滿目衣冠籠腐鼠，如此
江山在兒女。合門盡節九京香，萬古大明一坏土。百年南雪蝕冬青，
靈物深深護碧城。遺老久忘劉氏臘，秋燐猶作鮑家聲。我來再換紅
羊劫，景陽冷盡龍鸞血。雨濕清明有夢歸，海枯碣石憑誰說。天涯
盡處晚濤哀，刮骨酸風起夜臺。莫唱靈均遺襟曲，九疑帝子不歸來。

梁啟超此詩序中說明其於清明後五日有感於五妃之節烈，因道路遙遠未能到
魁斗山，所以述其事，而作此詩，表示對她們的敬仰，亦表示對日人統治的
感慨。詩人首先描寫在桂子山上的夜晚，有時還會聽到佩環聲，應是五妃在
想起當時陪伴於寧靖王的時光。然而在鄭氏投降，江山改易之時，寧靖王為
國而自縊，五妃亦隨之殉節。如今國家的政權又轉移，日人治臺，在清明時
節，為明殉節而亡的夢中或許想要回鄉，然而江山改易，當初的誓言又能向
誰訴說？誰又能真正了解她們當初的節義之情？如今只能身處遠在天涯的臺
南桂子山，讓濤聲盡顯哀悽，冷風刺骨地刮起酸楚情緒。也不要在吟唱屈原
哀怨的離騷，時勢改易之下，王爺可能永遠都不會來了。

蔡佩香（1867～1925）有〈魁斗山弔五妃墓〉：

三峰陡起落雙眸，魚貫明星照十洲。勁節無虧齊五嶽，貞魂有感足
千秋。相從早被君王喜，同縊能教鬼子愁。巾幗尚知亡國難，採風
永自仰荒邱。〔註38〕

蔡佩香此詩亦是稱頌五妃之貞節。首先起筆敘述魁斗山的形勢，接著說明她
們的節操足以令千秋後世之人感佩。最後以稱讚她們以巾幗之身能了解國難
之事，相當難能可貴，亦足以流傳千古。

〔註38〕蔡佩香：〈魁斗山弔五妃墓〉，《全臺詩——智慧型全臺詩知識庫》，上網日期：
20141102，網址：http://xdcm.nmtl.gov.tw/twp/b/b02.htm。此詩收於《漢文臺灣
日日新報》，「藝苑」欄，1906 年 2 月 6 日，第一版。

　　蘇大山（？～？）嫻熟地方文史掌故，亦為藏書家，曾為臺北板橋林家「汲古書屋」撰聯。在日治時期，亦有〈明季樂府　數根髮〉之作：

　　　　玉帶碎金甌，缺鹿耳，沸鯤身，絕塊肉。終教渡海亡，一死還爭北地烈。竹滬青山白骨埋，自王死後國始沒。惟有當年，一片桂子山頭月，鑒妾心，照王髮。〔註39〕

此作以憐惜寧靖王朱術桂為國而死，最後被葬在竹滬，而最能以王爺為念的，大概只有在桂子山的五妃吧。此作別有悲愴之感。

　　魏清德（1886～1964），梁啟超訪臺時，曾因採訪梁啟超而得到梁氏的讚譽。其〈五妃墓〉：

　　　　保髮乘桴事已非，蛾眉視死亦如歸。平生讀史哀時淚，桂子山頭弔五妃。〔註40〕

首句保髮之事乃指寧靖王，「事已非」指鄭克塽投降清朝，意指復明之事已經沒有希望了。可敬可嘆的是五位妃子亦視死如歸的追隨王爺殉節。魏清德在閱讀這一段歷史之時，亦為她們感到傷心，因而在桂子山頭憑弔她們的節烈事跡。

　　清領初期的古典詩，對魁斗山的敘述，除了著重五妃廟之外，也書寫著此地富有文教氣息，為三峰拱衛著學宮，期盼此地學子能大放異彩，而有「山名魁斗最稱雄，彷彿梯雲上桂宮」、「香飄桃李聞墙外，湧門魚龍躍泮中」、「問名已列魁三象，分派應知海一鼇」之句，希望學子能青雲直上、魚躍龍門。但此類古典詩至清領後期已不復見。

　　魁斗山的春天景色宜人，所以也是春遊的好地點，「自是東寧春色早，雪花滿地著嫣紅」、「野草根深抽細葉，林鶯喉澀試新聲。寧南客邸歡相近，到處閒遊解宿醒」、「大南門外路三叉，二月遊春笑語譁」之句，皆是書寫臺灣氣候溫暖，春天來得特別早，而魁斗山的春色更是紛呈，有滿地嫣紅的花映著雪地，也有小草冒出嫩芽、樹木抽出細葉、林間也有黃鶯試唱，因此，住在此地附近客館的人就忍不住出來欣賞春光；當地的人則在二月時更是有到

〔註39〕蘇大山：〈明季樂府　數根髮〉，《全臺詩——智慧型全臺詩知識庫》，上網日期：20141102，網址：http://xdcm.nmtl.gov.tw/twp/b/b02.htm。此詩收於《漢文臺灣日日新報》，「藝苑」欄，1906年2月6日，第一版。

〔註40〕魏清德：〈五妃墓〉，《全臺詩——智慧型全臺詩知識庫》，上網日期：20141102，網址：http://xdcm.nmtl.gov.tw/twp/b/b02.htm。此詩收於《漢文臺灣日日新報》，「藝苑」欄，1906年2月6日，第一版。

此地遊春，笑語喧譁的歡鬧情景。

　　五妃的節烈事蹟一直深受古典詩人歌頌，自清初至日治時期皆傳頌不絕，一方面為女子不遜男兒的重義輕死，感到嘆惋；另一方面也藉著對五妃的事蹟抒發自己的懷抱。歌頌前朝女子的節烈與男子的悲壯，顯然地，前者較不具有殺傷力。古典詩中，溫柔蘊藉、意在言外的傳統詩風，《楚辭》「香草美人」之思，自有傳承。如：「異域天荒開世運，五常還是五人持」、「回首可憐明季世，相臣事業不堪云」皆藉著稱頌五妃，尖銳地批判明朝末期眾臣沒有盡責、沒有擔當、無法建立綱常的過錯。而「可憐椎髻文身地，小字人傳紀載新」、「芳魂若向秦淮去，正好乘潮到故鄉」之句，除了為五妃抱不平外，也顯示了詩人心中的臺灣為「椎髻文身」蠻荒無文之區，他們心中只想「乘潮到故鄉」的宦遊心境。

　　日治時期，江山易主，詩人書寫五妃的詩句更透露著悲憤的情緒，「我來再換紅羊劫，景陽冷盡龍鸞血」、「平生讀史哀時淚，桂子山頭弔五妃」之句，「紅羊劫」家國淪喪的悲痛，「哀時」的感傷，皆在讓人感受到詩人意在言外的悲涼。

圖 9　鹽水港——安平乾隆 25 年民番界址圖，上網日期：20150616，
　　　網址：catalog.digitalarchives.tw。

圖 10　鹽水鎮，位於臺灣台南縣西北部，北臨嘉義縣義竹鄉，東北連後壁鄉，
　　　　東鄰新營市，西鄰學甲鎮，南接下營鄉。上網日期：20150616，網址：
　　　　http://www.baike.com/wiki/%E7%9B%90%E6%B0%B4%E6%B8%AF。

圖 11　鹽水港邊公園，上網日期：20150616，網址：http://tour-culture.tainan.gov.
　　　　tw/scenery/index-2-ph.php?m=&m1=5&m2=15&id=81。

圖 12　〈鹽水蜂炮〉，上網日期：20150617，網址：www.flickriver.com。

第二節　鹽水

　　談及鹽水，很難忽視「鹽水蜂炮」，2008 年「鹽水蜂炮」已被指定為台灣文化資產」之民俗類：

> 每年農曆 1/14、1/15 兩天舉行的「鹽水蜂炮」，是場全台關注的觀光民俗活動，相傳活動起源於清光緒 11 年 7、8 月間，當時醫學並不發達，在鹽水地區霍亂、瘟疫流行，造成當地民眾恐慌，日日祈求關聖帝君能夠化解這場災難，於是元宵節當晚全副武裝的神轎與轎夫從武廟出發，帶著關聖帝君出巡至鹽水鎮並一掃邪魔，信徒們也紛紛跟隨著遶境的神轎，且在大街小巷中燃放鞭炮，直至天明。……
> 2008 年 6 月 27 日被指定為「台灣文化資產」之民俗類。〔註41〕

鹽水鎮可說是臺灣最古老的鄉鎮之一，因臨倒風內海，港內有鹹水而得名。早在明朝時期就有漢人此地生活：

〔註41〕　〈旅遊資訊王 TravelKing　旅遊導覽──台南市──鹽水區──鹽水蜂炮〉，上網日期：20150617，網址：http://travel.network.com.tw/tourguide/point/showpage/33.html。

台南的鹽水溪，因爲這是台江內海最大河流。萬曆中期的臺灣地圖之所以出現了台南最大的河流，就與北港漁場的興起有關，此時的漢人已經在台江內海絡繹不絕。〔註42〕

鹽水鎮可說是臺灣最古老的鄉鎮之一，原居住有西拉雅族，在鄭芝龍、顏思齊來台前（1621 年）就已有漢人移民進入，是船隻進入八掌溪的集散地。〔註43〕

顏思齊來台前（1621 年）鹽水就已有漢人移民進入，後來鹽水與安平、鹿港齊名，並立爲三大商港：

> 溯自顏思齊、鄭芝龍據台時由中國大陸漁民移民此間，地名稱爲「大龜肉庄」，有海水灌入形成天然內港，與安平、鹿港齊名，並立爲三大商港。〔註44〕

> 明永曆十六年（西元 1662 年）鄭成功兩大部隊率眾擇居於內港栗仔寺（現今朝琴路牛墟附近）寓兵於農，企圖復明，一時陸海航運暢通。〔註45〕

> 至康熙七年，台澎兵備道視察，咸認該地屬鯉魚穴，乃倡建武廟，奉祀關聖帝君，同時將早年呼稱「大龜肉庄」的地名改稱爲「大奎壁庄」。「大奎壁庄」的北方爲八掌溪出口，名爲井水港（即現今鹽水區之井水里）。南方係急水溪支流河口，因注入的海水帶有鹽分，故呼稱爲鹽水港，昔時嘉南地區均以此爲歷史文化、政治、經濟、交通、軍事發祥中心，人稱一府（台南）二鹿（鹿港）三艋岬（萬華）四月津（鹽水）足見名不虛傳。〔註46〕

鹽水有許多舊稱，如「大奎壁」、「大龜肉」、「鹹水港」、「鹽水港堡」、「月津港」：

〔註42〕 周運中：〈明末台灣地圖的一則新史料〉，《福州大學學報（哲學社會科學版）》，2014 年第 1 期，頁 5〜6。
〔註43〕 〈鹽水港〉，上網日期：20150614，網址：http://www.baike.com/wiki/%E7%9B%90%E6%B0%B4%E6%B8%AF。
〔註44〕 〈臺南市鹽水區公所　地方沿革〉，上網日期：20150614，網址：http://www.tainan.gov.tw/ysdo/page.asp?nsub=A0A300。
〔註45〕 〈臺南市鹽水區公所　地方沿革〉，上網日期：20150614，網址：http://www.tainan.gov.tw/ysdo/page.asp?nsub=A0A300。
〔註46〕 〈臺南市鹽水區公所　地方沿革〉，上網日期：20150614，網址：http://www.tainan.gov.tw/ysdo/page.asp?nsub=A0A300。

鹽水舊稱「大奎壁」、「大龜肉」、「鹹水港」、「鹽水港堡」、「月津港」
等。而「大奎壁」應是最早的地名，其名稱由來說法有二，一是認為
平埔族語音譯流傳而來，另一說法「大奎壁」為明鄭時期鄭氏部隊奎
宿軍及壁宿軍駐紮屯墾之處，後合稱為「大奎壁」。……而「大龜肉」
名之由來據傳是因聚落形狀有如隆起的大龜肉而稱之。……另外「鹹
水港」名稱也出現在《諸羅縣志》卷二〈規制志〉中：「鹹水港街（屬
大奎壁莊。商賈輻集，由茅港尾至笨港市鎮，此為最大。」……關於
「月津」地名的由來，清朝雍正年，因為此地處於急水溪彎曲地帶，
市街除了北部以外，其他三面為急水溪支流所圍繞，形成倒風內海，
地形上彎曲如月，因此又稱「月津」或「月港」。〔註47〕

日治時期，由於名流仕紳迷信風水地理，反對在鹽水設車站，以致發展不利：

日治時期，鹽水對外通商仍盛極一時，惟日軍為鞏固其防地，在布
袋建堤防，導使海水不能暢流，鹽水港形成死港，無使用價值，乃
任憑荒廢淤塞，年久日深，成為一數分頓之大水塘，迄今。〔註48〕
日政府敷設縱貫鐵道時，擬經鹽水通過，在鹽水設車站，奈何當時地
方人士，名流仕紳迷信風水地理，恐怕斬斷地龍，影響地方繁盛，孰
料如今活龍已去，地龍又不來了，令人感嘆懊悔，不勝噓啼。〔註49〕

西元 1920 年，日本在鹽水地區設置「鹽水街」，並將之隸屬於臺南州新營郡
管轄，自此之後，鹽水成為臺南所管轄的區域：

日治時期行政劃分改制頻繁，直至大正九年（西元一九二○年），臺
灣總督府調整全台行政區域，在鹽水地區設置「鹽水街」並隸屬於
臺南州新營郡管轄，至一九四五年第二次世界大戰臺灣光復後改設
台南縣「鹽水鎮」，歷經六十五年，直至民國九十九年（西元二○一
○年）十二月台南縣市合併後，正式更名為「鹽水區」，隸屬台南市，
下轄二十五個村里至今。〔註50〕

〔註47〕 宋玫慧：《故鄉圖像──宋玫慧「月津風華系列」創作論述》，國立臺灣藝術
　　　　大學／美術教學碩士學位班／100／碩士，頁8～10。
〔註48〕 〈臺南市鹽水區公所　地方沿革〉，上網日期：20150614，網址：http://www.
　　　　tainan.gov.tw/ysdo/page.asp?nsub=A0A300。
〔註49〕 〈臺南市鹽水區公所　地方沿革〉，上網日期：20150614，網址：http://www.
　　　　tainan.gov.tw/ysdo/page.asp?nsub=A0A300。
〔註50〕 宋玫慧：《故鄉圖像──宋玫慧「月津風華系列」創作論述》，國立臺灣藝術
　　　　大學美術教學碩士學位班碩士論文，2011年，頁8～10。

西元 2010 年 2 月臺南縣市合併後，此地正式更名爲「鹽水區」。

　　胡承珙（1776～1832）有〈鹽水港〉，表達他身爲地方官的關懷：

　　　　十月曉寒輕，搴帷問去程。野花檐外朵，蠻鳥樹頭聲。斥地時防曬，

　　　　（臺地鹽皆海水曬成，時以私鹽充斥申禁）沙田近廢耕。眼看流寓

　　　　夥，何計活蒼生。〔註51〕

「十月曉寒輕，搴帷問去程」之句表達作者履任至臺，時序爲 10 月，撩起帷
幕，想要了解此地民生疾苦。「野花檐外朵，蠻鳥樹頭聲」之句描寫眼前所見，
耳中所聞，爲野花叢生綻放，當地的鳥兒在樹上鳴叫，頗有面對蠻荒異域之
感。「斥地時防曬，沙田近廢耕」之句說明眼前荒涼之景。「眼看流寓夥，何
計活蒼生」二句流露作者的關懷：眼看此地之人流落他鄉居住甚多，要如何
才能幫助此地的人生活下去呢？

　　陳維英（1811～1869），清淡水廳人。有〈鹽水港途中〉，書寫了春天時
候的鹽水港：

　　　　最喜今朝又是晴，管他時節近清明。雲無帶雨風偏暖，地不傍山路

　　　　較平。香送草花催午氣，春歸林鳥喚詩情。恰逢麥候頻驅雀，綠草

　　　　村村木鐸聲。〔註52〕

首二句點出時節爲靠近清明之時。三、四句「雲無帶雨風偏暖，地不傍山路
較平」描寫天氣戈癬有雲的晴天，和風送暖。五、六句「香送草花催午氣，
春歸林鳥喚詩情」書寫草花送香的清香美景，此時樹林間鳥鳴啁噍，引起作
者心中詩興。末二句「恰逢麥候頻驅雀，綠草村村木鐸聲」以聽覺摹寫的方
式，使得驅趕麻雀的木鐸聲響宛若在耳邊響起。

　　林占梅（1821～1868），清淡水廳竹塹（今新竹市）人，有〈鹽水港歸途〉：

　　　　嶺下多沙磧，彎環出水濱。山雲堆臃腫，海日散輪囷。潮勢狂吞艇，

　　　　風威猛撲人。輿窗時半啓，放眼盡埃塵。〔註53〕

此詩寫於咸豐 4 年（1854），詩中瀰漫著蕭索氣息。首二句「嶺下多沙磧，彎
環出水濱」描摹鹽水港淤積的景象，彎環的地形和「月津」的名稱相符應。「山
雲堆臃腫，海日散輪囷」二句點出寫作時間爲黃昏，而有暮靄沉沉的景象，

〔註51〕胡承珙，《全臺詩》，第四冊，頁 33。

〔註52〕陳維英：〈鹽水港途中〉，《全臺詩——智慧型全臺詩知識庫》，上網日期：
　　　　20150615，網址：http://xdcm.nmtl.gov.tw/twp/b/b02.htm。

〔註53〕林占梅：〈鹽水港歸途〉，《潛園琴餘草簡編・正文・甲寅（咸豐四年）・鹽水
　　　　港歸途》，臺灣文獻叢刊，第二○二種，頁 58。

山雲堆疊，海日碩大。五、六句「潮勢狂吞艇，風威猛撲人」書寫鹽水港海外風浪聲勢驚人。七、八句「輿窗時半啓，放眼盡埃塵」直接書寫風勢強大，以致於從半開的窗中向外遊索，放眼皆是塵埃。

　　施士洁（1856～1922），清臺灣縣治（今臺南市）人，其〈由月津至茅港尾〉：

　　　遠樹鶯調舌，平田麥吐牙。鴨頭新水活，鹿眼破籬斜。撲扇防驚蜨，
　　　扶輿恐礙花。近城三五里，漸漸見人家。〔註54〕

此詩爲作者由鹽水港到茅港尾路途中所見之景，詩中充滿了愉快的情緒。「遠樹鶯調舌，平田麥吐牙」二句書寫沿途所見的農村景色，時序爲春季，遠邊樹林裡傳來鳥語，平曠的田野中，小麥開始生長，呈現一片綠意。「鴨頭新水活，鹿眼破籬斜。撲扇防驚蜨，扶輿恐礙花」四句顯示作者心情輕鬆寫意。在水邊有鴨子戲水，路旁有竹籬歪斜地立著。爲了憐惜花與蝶，作者搖扇、旋轉等行動皆小心翼翼。「近城三五里，漸漸見人家」二句顯示此段路程接近終點，在三、五里處開始有人家聚集。

　　施梅樵（1870～1949），彰化鹿港人，有〈過鹽水港〉三首：

其一

　　　千頃鹽田萬頃波，晚風齊唱打魚歌。客來莫笑生涯別，衣食原資海
　　　國多。〔註55〕

首二句「千頃鹽田萬頃波，晚風齊唱打魚歌」呈現漁村景色：鹽田千頃，一望無際。晚風中，傳來漁人的船歌。如此特殊的景觀，在別處可是難得看見。所以，作者直言「客來莫笑生涯別」，可別見笑如此的景觀，「衣食原資海國多」一句說明原因：鹽水港地區的民眾生活原本就是多從海上得到照拂啊。

其二

　　　次第輕舟泊港灣，白鹽堆積已如山。勸君莫便匆匆去，明日還須報
　　　稅關。〔註56〕

「次第輕舟泊港灣，白鹽堆積已如山」二句書寫鹽水港景觀的改變，昔日的

〔註54〕施士洁：〈由月津至茅港尾〉，《後蘇龕合集・後蘇龕詩鈔・古今體詩一百二十
　　　首・由月津至茅港尾》，臺灣文獻叢刊，第二一五種，卷一，頁27。
〔註55〕施梅樵：〈過鹽水港〉，《全臺詩——智慧型全臺詩知識庫》，上網日期：
　　　20150615，網址：http://xdcm.nmtl.gov.tw/twp/b/b02.htm。
〔註56〕施梅樵：〈過鹽水港〉，《全臺詩——智慧型全臺詩知識庫》，上網日期：
　　　20150615，網址：http://xdcm.nmtl.gov.tw/twp/b/b02.htm。

港口，今日已成白鹽堆積如山的地區。可別匆匆離去，明日必須在此報稅關。

其三

> 縉紳門第嗟零落，蓬島仙人說海桑。忍作尋常行客過，兒時曾上使
> 君堂。〔註57〕

此詩書寫路過鹽水港頗有物換星移的傷感情懷。首二句「縉紳門第嗟零落，蓬島仙人說海桑」書寫當地士紳對鹽水港由滄海變成桑田的沒落，有著強烈的慨嘆。末二句「忍作尋常行客過，兒時曾上使君堂」作者點出自己兒時也曾到訪當地長官的府邸，很能理解當地人士的傷感，只能強忍情緒，讓自己以尋常過客路過此地，以免情緒泛濫。

謝國文（1887～1938），臺南人，有〈月津歸途雜詠〉五首：

其一

> 迎頭綠樹畫檐橫，步到新營驛裡清。喜卻早來還少客，無風猶自快
> 涼生。〔註58〕

此詩乃是書寫作者自月津（鹽水港）回臺南，經由新營火車站乘坐火車的所見所感。首二句「迎頭綠樹畫檐橫，步到新營驛裡清」書寫作者走到新營火車站時的情景，當時火車站有著綠樹畫檐，且乘坐的人並不多，顯得相當清靜。在1901年時，原先計畫在鹽水蓋火車站，卻因當地人士反對，而於新營設站：

> 明治三十四年（西元一九〇一年），日本政府欲在本省鋪設南北貫通
> 的縱貫鐵路，曾考慮在鹽水設置車站，但因當地士紳擔心破壞風水，
> 斬斷地龍，影響地方繁盛，而群起抗議，後轉而至內陸的新營移築，
> 逐漸地新營成為當地的發展中心而取代了鹽水。〔註59〕

自此新營取代鹽水成為陸上運輸中心。「喜卻早來還少客，無風猶自快涼生」二句書寫由於作者提早出發，乘客人數尚少，因此心中甚為高興，即使沒有風也覺得涼快。

〔註57〕施梅樵：〈過鹽水港〉，《全臺詩——智慧型全臺詩知識庫》，上網日期：
20150615，網址：http://xdcm.nmtl.gov.tw/twp/b/b02.htm。

〔註58〕謝國文：〈月津歸途雜詠〉，《全臺詩——智慧型全臺詩知識庫》，上網日期：
20150615，網址：http://xdcm.nmtl.gov.tw/twp/b/b02.htm。收於《省廬遺稿》。

〔註59〕宋玫慧：《故鄉圖像——宋玫慧「月津風華系列」創作論述》，國立臺灣藝術
大學美術教學碩士學位班碩士論文，2011年，頁8～10。

羅秀惠（1865～1943）有〈丁卯（1927）花朝後三日北都詩會適滯月津不赴奉和蔗公瑤韻〉：

> 翩翩吹袂送天風，大放晴窺春日融。陰雨浹旬苔髮禿，凍飆二月柳
> 腮紅。楊花榆莢飛韓子，絲竹蘭亭闕白公。拈韻推敲遙羨殺，昇平
> 雅頌一和衷。〔註60〕

此詩作於1927年農曆2月花朝節後三日，因為在鹽水港停留，無法參加北都詩會，而寫了此首奉和蔗公的詩作。「翩翩吹袂送天風，大放晴窺春日融」二句書寫月津此時春日融融，風和景明，煞是涼快愜意。「陰雨浹旬苔髮禿，凍飆二月柳腮紅」二句表示經過了十日的陰雨天，狀如鬏之苔蘚都變得光禿，經過狂風的吹襲，柳葉、梅花在樹枝抽條、綻放。「楊花榆莢飛韓子，絲竹蘭亭闕白公」二句書寫自己不克前往參與，而對詩會的場景有所猜想：在楊花、榆莢化作雪花隨風飛舞的景色中，觸發了韓愈寫〈晚春〉的詩興，而在這樣的美好詩會中卻缺少可以寫書法的我。「拈韻推敲遙羨殺，昇平雅頌一和衷」二句乃抒發自己極度的羨豔，只能在此拈韻奉和，希望能表達自己身在遠地，卻與之和睦同心。

古典詩中的鹽水港為交通的中心，是以詩人多書寫其路途所見的鹽水港，在春和景明之中，別有明淨和暢之美，如「香送草花催午氣，春歸林鳥喚詩情」、「遠樹鶯調舌，平田麥吐牙」之句。清領後期中，施梅樵之作則是書寫鹽水港景色的變化，如：「千頃鹽田萬頃波，晚風齊唱打魚歌」，「縉紳門第嗟零落，蓬島仙人說海桑」之句，抒發了滄海桑田，鹽田港變化的沒落感傷。

〔註60〕 羅秀惠：〈丁卯（1927）花朝後三日北都詩會適滯月津不赴奉和蔗公瑤韻〉，《全臺詩——智慧型全臺詩知識庫》，上網日期：20150615，網址：http://xdcm.nmtl.gov.tw/twp/b/b02.htm。此詩收於《臺南新報》，「詩壇」欄，1927年3月29日，第六版。

圖 13　虎頭倒影，上網日期：20150830，網址：http://www.prowang.idv.tw/other/
hu%20tou%20pei/DSCN2691.JPG。

圖 14　虎月吊橋，上網日期：20150830，網址：http://www.prowang.idv.tw/other/
hu%20tou%20pei/DSCN2703.JPG。

圖 15　濠上觀魚，上網日期：20150830，網址：http://www.prowang.idv.tw/other/
hu%20tou%20pei/DSCN2691.JPG。

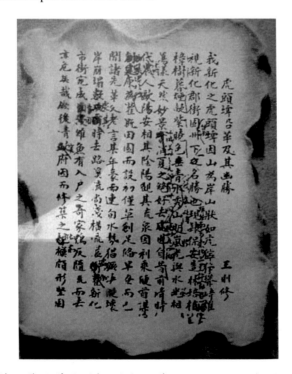

圖 16　〈虎頭埤沿革及其幽勝〉，上網日期：20150901，網址：http://blog.xuite.
net/b030805/twblog/153830805-%E6%96%B0%E5%8C%96%E7%A7%8
0%E6%89%8D~%E7%8E%8B%E5%89%87%E4%BF%AE。

第三節　虎頭埤

虎頭埤位於新化區，清道光年間，爲灌溉用水之需而設：

> 虎頭埤位於新化區東郊虎頭山麓，這裡開發甚早，清道光 26 年間
> （1846），爲解決居民缺水問題，台南知府周懋奇與地方士紳歐安陽
> 築堤設堰，引鹽水溪上游河水，開發爲埤圳，百餘年來，虎頭埤歷
> 經地震、洪水氾濫以及淤積問題，容水量減少，至今仍爲大新化地
> 區的農田灌溉用水，與居民生活息息相關。〔註61〕

虎頭埤在 1906 年經過日本政府重建規畫，成爲臺灣十二大勝景之一：

> 虎頭埤本爲灌漑儲水之用，埤潭於日治明治三十九年（西元 1906）
> 重建之後，當時地方政府台南廳即有意規劃虎頭埤闢建爲風景區；
> 於是，闢自新化國校起，經小學，貫穿中央研究科糖所至埤大門的
> 道路。當時虎頭埤之整體風景旅遊路線，即由現今新化鎮中山路，
> 往左鎮道路上之新化國小起，南行沿台糖鐵路邊道路至今新化國中
> 轉東，順今信義街東行，經檀化高工至冷水埤，再轉東南行至虎頭
> 埤大門。路兩旁並植行道樣，以方便遊客。因之在日治時期，虎頭
> 埤已成爲著名的風景區，且爲配合此風景區，新化街並大植樹木，
> 使虎頭埤成爲日治時期台灣十二大勝景之一。〔註62〕

以下爲虎頭埤簡要的歷史沿革：

西元 1904 年：虎頭埤堤堰爲山洪沖破。

西元 1905 年：整修塌防水門，大致完備。

西元 1906 年：遭地震後，台灣總督府補助修復增建堤防分、放水
門，半年搶修完成並立碑紀念，虎頭埤此年列入台
灣十二大勝景之一。

西元 1911 年：南部台灣一書，列虎頭埤入台南廳名勝項。

西元 1920 年：秀才王則修爲虎頭埤撰文，述及八景。

西元 1928 年：慶祝天皇登基，建神社。

西元 1935 年：七月五、六日豪雨，部分堰堤潰決。

〔註61〕 臺南市政府觀光旅遊局：〈虎頭埤風景區〉，上網日期：20150808，網址：
http://tour.tainan.gov.tw/view.aspx?sn=127。

〔註62〕 〈虎頭埤風景區——歷史沿革〉上網日期：20150808，網址：http://htp.tainan.
gov.tw/about_lsyg.php。

西元 1937 年：完成各項洪災損壞之修復工作。

西元 1939 年：台南州要覽已明列虎頭埤爲著名風景區。

西元 1954 年：台南縣文獻委員會選定〔虎埤泛月〕爲南瀛八大景之

　　　　　一。〔註63〕

王則修（1867～1952）臺南新化人，生平跨越清領、日治、民國三個時期，爲地方教育盡心盡力，設立「三槐社」，傳授漢學，深受當地人肯定，：

> 一生剛好跨越清朝、日據時期及國民政府三個朝代。他曾考取清朝
> 的秀才、曾任臺灣新報社漢文記者，後也在臺南米街經商十餘年。
> 他在昭和3年（1928），創設「虎溪吟社」，自爲社長，後來也兼「光
> 文吟社」顧問。王則修以七絕〈虎頭埤八景〉聞名，著有《倚竹山
> 旁文稿》、《眉齊　壽詩冊》。〔註64〕
>
> 文史工作者康文榮表示，王則修是二〇年代的古文學家，考據發現
> 在新化設立「三槐堂」，多達數百人上課，爲台中清水以南最大規模
> 的私塾，很多弟子每天從老街鬧區的米店旁抄捷徑到書齋，猶如通
> 往智慧之路，這條便道的「廿仔巷」之名由此而來。而擅長詩詞創
> 作的王則修，授課以漢學爲主，民族意識強烈的文人趨之若鶩，在
> 日治時期皇民化的高壓政策下，當年對地方教育的貢獻很大。〔註65〕
>
> 新化區公所也曾以王則修爲主題，舉辦「大目降舊文新聲研習」活
> 動，結合地方各界，調查、彙整相關資料呈現給大眾，雖然當年的
> 三槐堂早已拆除，部分歷史記憶只能由耆老口述，但從口述歷史中
> 不難發現這位古文學家的文采及教育貢獻。〔註66〕

王則修很喜愛虎頭埤，曾爲虎頭埤撰寫多首古典詩，茲分述如下：

同畫家蔡麗村遊虎頭埤賦呈

載筆中郎事縱遊，要將名勝錦囊收。湖光點綴能生色，亭榭臨摹可

〔註63〕〈虎頭埤風景區──歷史沿革〉，上網日期：20150808，網址：http://htp.tainan.
gov.tw/about_lsyg.php。

〔註64〕〈王則修　古文學家〉，《楊逵文學紀念館》，上網日期：20150808，網址：
http://yangkuei.sinhua.gov.tw/CulturalInfo.aspx?id=1。

〔註65〕〈王則修　古文學家〉，《楊逵文學紀念館》，上網日期：20150808，網址：
http://yangkuei.sinhua.gov.tw/CulturalInfo.aspx?id=1。

〔註66〕〈王則修　古文學家〉，《楊逵文學紀念館》，上網日期：20150808，網址：
http://yangkuei.sinhua.gov.tw/CulturalInfo.aspx?id=1。

入眸。四景描成臻化境，一幀攜帶動瀛洲。山靈對此應含笑，多謝
人來顧虎頭。〔註67〕

「載筆中郎事縱遊，要將名勝錦囊收」二句說明和友人蔡麗村到虎頭埤遊賞
名勝風光，要將它收到作品裡。「湖光點綴能生色，亭榭臨摹可入眸。四景描
成臻化境，一幀攜帶動瀛洲」四句表示此處秀麗的湖光、亭榭、景色，經過
畫家點綴後，更加鮮明生動，盡收眼底。如此畫作將景色提升至化境，將使
臺灣民眾因此而受用匪淺。「山靈對此應含笑，多謝人來顧虎頭」二句表達對
詩人的頌揚：虎頭埤的山靈們對畫家此畫作的出現應該感到相當歡欣，謝謝
蔡麗村願意到虎頭埤寫生啊。

　　王則修亦有〈虎頭埤八景詩〉，已成為描寫虎頭埤風光的經典之作：

虎溪釣月

月正移時竿正斜，夜深溪上躍梭花。垂綸十丈波如鏡，未減寒江雪
景誇。〔註68〕

「月正移時竿正斜，夜深溪上躍梭花」二句書寫詩人於月兒高掛夜空之時在
溪上垂釣，魚兒不顧夜深依然在溪上跳躍穿梭。「垂綸十丈波如鏡，未減寒江
雪景誇」二句書寫在虎溪月夜的景色下垂釣，水面波瀾不興，澄澈如鏡，直
可與柳宗元〈江雪〉的境界相比擬了。

虎嶼歸雲

片雲出岫本無心，日暮猶知返故岑。羨殺人間輕富貴，安閒似汝去
留任。〔註69〕

「片雲出岫本無心，日暮猶知返故岑」二句以擬人手法，指出黃昏時的雲彩
猶如歸鄉遊子，無意離家後，仍知在日暮時歸家。「羨殺人間輕富貴，安閒似
汝去留任」二句書寫雲彩安閒從容地瀟灑來去，讓那些輕視人間富貴的高人
隱士們內心羨慕極了。此二句，頗有言外之意。

虎頭倒影

虎頭凝紫日西斜，倒印風光落水涯。隔岸遙窺清蘸裡，分明樹上躍

〔註67〕王則修：〈同畫家蔡麗村遊虎頭埤賦呈〉，http://xdcm.nmtl.gov.tw/twp/b/b02.htm。
〔註68〕王則修：〈虎頭埤八景詩——虎溪釣月〉，上網日期：20150820，網址：http://
　　　　xdcm.nmtl.gov.tw/twp/b/b02.htm。
〔註69〕王則修：〈虎頭埤八景詩——虎嶼歸雲〉，上網日期：20150820，網址：http://
　　　　xdcm.nmtl.gov.tw/twp/b/b02.htm。

魚蝦。〔註70〕

此詩摹寫虎頭埤日落時水面倒影的秀麗風光。「虎頭凝紫日西斜，倒印風光落水涯」二句書寫落日時分紫霞滿天，水面如鏡地倒映著陸上、空中的風光。「隔岸遙窺清蘸裡，分明樹上躍魚蝦」二句刻畫此處勝景：隔岸看著水面風光，可以看到陸上樹林的倒影中有著魚蝦在其中穿梭、游動，甚為有趣。

閘日飛泉

閘門開處水聲寒，百尺江流瀉急湍。彷彿香爐飛瀑布，垂垂白練縱奇觀。〔註71〕

此詩摹寫水庫閘門洩洪的壯觀場面，首二句「閘門開處水聲寒，百尺江流瀉急湍」，書寫閘開時大水宣洩而下，轟轟水聲令人感覺到寒冷，而眼前可見的是百尺之長的江流傾瀉，聲勢浩大。「彷彿香爐飛瀑布，垂垂白練縱奇觀」二句則是以黃山香爐峰瀑布相比擬，此處如白色絲絹的瀑布，垂直而下，水氣蒸騰之中，亦可稱為奇觀。

濠上觀魚

錦鱗逐隊自洋洋，河上人來樂未央。悟得化機真妙理，如斯活潑暢吟腸。〔註72〕

此詩藉莊子（369B.C.？～286B.C.）與惠施（370B.C.？～310B.C.）著名的濠梁之辯，表達作者內心的悠閒愉快。「錦鱗逐隊自洋洋，河上人來樂未央」二句書寫水中魚兒成群結隊自在悠游，而橋上的人兒也在這如詩如畫的山光水色之中感到其樂無窮。「悟得化機真妙理，如斯活潑暢吟腸」二句表達作者因為受用了如此的美景，才能如此自在地吟詩創作啊。

水橋虹影

隱隱飛橋隔野煙，洪流一道瀉平田。雲間未霽何垂彩，萬丈紅霓落九天。〔註73〕

〔註70〕 王則修：〈虎頭埤八景詩──虎頭倒影〉，上網日期：20150820，網址：http:// xdcm.nmtl.gov.tw/twp/b/b02.htm。

〔註71〕 王則修：〈虎頭埤八景詩──閘日飛泉〉，上網日期：20150820，網址：http:// xdcm.nmtl.gov.tw/twp/b/b02.htm。

〔註72〕 王則修：〈虎頭埤八景詩──濠上觀魚〉，上網日期：20150820，網址：http:// xdcm.nmtl.gov.tw/twp/b/b02.htm。

〔註73〕 王則修：〈虎頭埤八景詩──水橋虹影〉，上網日期：20150820，網址：http:// xdcm.nmtl.gov.tw/twp/b/b02.htm。

此詩爲摹寫陰雨時橋旁出現的奇景——虹影。首二句「隱隱飛橋隔野煙，洪流一道瀉平田」點出地點在橋旁，此時視線並不明朗。「雲間未霽何垂彩，萬丈紅霓落九天」二句描摹了在尚未晴朗的雲霧瀰漫之間，看到萬丈彩虹的出現，實在令人感到驚奇。

孤嶼螺痕

　　微茫孤嶼擁螺青，點綴湖光小洞庭。若把虎溪比西子，美人頭上宿蜻蜓。〔註74〕

「微茫孤嶼擁螺青，點綴湖光小洞庭」二句點出虎頭埤中的孤嶼在景色微茫之中露出螺青的痕跡，湖光水色之美，直可稱爲小洞庭湖。後二句「若把虎溪比西子，美人頭上宿蜻蜓」化用了蘇軾「若把西湖比西子」之名句，間接讚美虎頭埤的美景，可與西湖相提並論，而「孤嶼螺痕」的景色之美，就如同美人頭上有蜻蜓停留一般，饒富妙趣。

　　虎頭埤的美景，在詩人王則修的古典詩的書寫下，顯得鮮明、富有生機、饒富妙趣，王則修誠爲虎頭埤最佳代言人。

圖 17　竹溪寺舊山門，上網日期：20150611，網址：http://www.wikiwand.com/zh-sg/%E7%AB%B9%E6%BA%AA%E5%AF%BA。

〔註74〕王則修：〈虎頭埤八景詩——孤嶼螺痕〉，上網日期：20150820，網址：http://xdcm.nmtl.gov.tw/twp/b/b02.htm。

圖 18　日治時期（1933 年以前）的竹溪寺，上網日期：20150611，網址：http://www.wikiwand.com/zh-sg/%E7%AB%B9%E6%BA%AA%E5%AF%BA。

圖 19　竹溪寺今貌，上網日期：20150611，網址：http://www.wikiwand.com/zh-sg/%E7%AB%B9%E6%BA%AA%E5%AF%BA。

圖 20　竹溪　上網日期:20181120　網址: https://video.udn.com/news/576901。

第四節　四寺

一、竹溪寺

　　竹溪寺位於臺南市南區，原稱小西天寺，後來稱為竹溪寺，為臺南四大古廟之一：

> 竹溪寺位於臺南市南區，……竹溪寺的創建年代一說是明永曆十
> 八、十九年（1664 年、1665 年）時所建，當時稱為「小西天寺」。
> 〔註75〕
> 清朝改名為竹溪寺，緊鄰臺南南溪，以前南溪的西邊種植許多竹子，
> 當地民眾稱為竹溪，所以稱小西天寺為竹溪寺。〔註76〕
> 竹溪寺是臺灣第一間佛教寺院，可稱為臺灣佛教聖地，與開元寺、

〔註75〕〈竹溪寺〉，上網日期：20150212，網址：https://zh.wikipedia.org/wiki/%E7%
　　　　AB%B9%E6%BA%AA%E5%AF%BA。
〔註76〕〈竹溪寺——台灣旅遊景點——四方通行〉，上網日期：20150212，網址：
　　　　http://guide.easytravel.com.tw/scenic/2195。

彌陀寺和法華寺合稱臺南四大古廟。〔註77〕

竹溪寺周圍環境優美，有山有水，竹溪上有吊橋可至對岸，溪邊花朵盛開，竹子林茂盛，令人感覺清新幽靜，爲府城十二勝景「竹溪煙雨」。〔註78〕

由於周圍環境優美，因此有許多以竹溪寺爲題的吟詠古典詩作。

在康熙治臺初期，就有署名爲齊體物和勞之辨（1639～1714）的〈竹溪寺〉詩，如下：

梵宮偏得占名山，兀作炎洲第一觀。澗引遠泉穿竹響，鶴從朝磬待僧餐。夜深佛火搖鮫室，雨裏蠻花墜法壇。不是許珣多愛寺，須知司馬是閒官。〔註79〕

此詩書寫了清初宦遊詩人來臺的抑鬱之感。詩中首先敘寫竹溪寺爲臺灣第一間佛寺，接著敘寫其自然風景的清幽：引進山澗泉，使之在竹林間傳來潺潺的流水聲，白鶴在等待著僧人餵食。夜深了燈火從房間裡透出，帶著幾許禪意；下雨時此處特有的花兒墜落，亦帶有詩意。詩人最後聲稱：不是自己多麼喜歡寺廟，而是因爲自己是閒官之身，所以有很清閒的時光，必須有所排遣，如此幽靜的竹溪寺自然是首選之處。

蔣仕登（？～？）爲康熙 1662～1723 人士，臺灣諸生，亦有〈竹溪寺晚眺〉：

返照入江渚，長林樹欲曛。晚鐘催曉月，宿鳥度歸雲。遠近蟬聲亂，微茫曙色分。初秋迎爽氣，遙望有餘欣。

此詩作於初秋日落之時，所以在詩句中呈現了日落歸雲，蟬聲凌亂的場景，面對陌生美麗的臺地山河，作者有欣喜之情。

黃名臣（？～？）亦爲康熙 1662～1723 人士，其〈竹溪寺〉：

竹陰堪坐客，野日映溪流。山靜人煙遠，鐘鳴佛殿幽。牟尼空世界，古寺閉清秋。欵是三摩地，來看石點頭。〔註80〕

〔註77〕 傅朝卿：《台南市古蹟與歷史建築總覽》，臺南市：台灣建築與文化資產出版社，2001 年 11 月，頁 142。

〔註78〕 〈竹溪寺——台灣旅遊景點〉，上網日期：20150211，網址：http://guide.easytravel.com.tw/scenic/2195。

〔註79〕 齊體物、勞之辨：〈竹溪寺〉，《臺灣府志・藝文志・詩・竹溪寺》，臺灣文獻叢刊，第六五種，卷十，頁 287。

〔註80〕 黃名臣：〈竹溪寺〉，《臺灣縣志・藝文志十・詩・竹溪寺・黃名臣》，臺灣文獻叢刊，第一〇三種，卷十，頁 271。

首二句點出竹蔭映著溪流之美，值得人到此一遊。接著四句說明了佛寺清幽空靈的境界，山林幽靜，人煙罕至，鐘鳴警世，是以作者才會懷疑此處是該人心境寧靜之處，眞要來這裡看看竺道生（西元 372～434）是如何的講經說法來讓頑石點頭了。

宋永清，清康熙 43 年（1704）以漢軍正紅旗監生任鳳山知縣，其〈登小西天最高頂〉（竹溪寺山門匾曰：小西天）：

> 春來梅柳鬥芳菲，散步清溪到翠微。怪石枯藤迷野徑，殘枝敗葉擁
> 禪扉。踏開覺路香生履，振落天花色染衣。更上一層迴首處，故山
> 遙望寸心違。〔註81〕

宋永清此詩爲七言律詩，他書寫了竹溪寺春天美景、竹溪寺寥落清冷的景象，及想念家鄉的情感。首二句寫了此處花團錦簇，爭妍鬥豔的春光明媚的景象，作者因此到清溪旁踏青。穿過了布滿著怪石枯藤的野徑，在殘枝敗葉中看到了竹溪寺的大門。在走向竹溪寺的路途中，他有著踏著覺醒之路前進，身邊的花猶如天女散花一般，沾上了詩人的衣服。在登上寺中的最高處時，詩人迴首望下家鄉，內心有著鄉愁，卻不得回鄉的抑鬱之感。

張士箱（1673～1741）有〈竹溪寺〉：

> 寺門高結接林坰，砌下編籬作短屏。菜甲初舒頻染綠，筍鞭未劚尚
> 留青。延賓野簌陳多簋，供佛山花插滿瓶。難訪芳踪同六逸，只流
> 溪水繞空庭。〔註82〕

張士箱此詩首二句書寫了自己眼中所見的竹溪寺門高高地與郊野之區相交結的景象，書寫了竹溪寺位在地勢較高的山中，而每個連結到寺中的臺階下都有籬笆做爲短短的屏障。菜初生的葉芽，舒展著葉子，展現了嫩綠的顏色。竹筍也留下青青的顏色。在此處邀請客心來，都是用著當地的山菜來款待，供佛時，就用當地的山花插滿了花瓶。只是在此地難以看到如同李白等竹溪六逸的人，只有溪水流過空落庭院，留給人幾許的悵然。

林青蓮（？～？）爲康熙 1662～1723 之間的人士，亦有〈竹溪寺〉詩：

> 沿竹尋僧院，傍溪叩佛堂。溪迴水自曲，竹密山亦涼。供客三杯酒，

〔註81〕 宋永清：〈登小西天最高頂〉，《臺灣縣志・藝文志十・詩・登小西天最高頂・宋永清》，臺灣文獻叢刊，第一〇三種，卷十，頁265～266。
〔註82〕 張士箱：〈竹溪寺〉，《臺灣縣志・藝文志十・詩・竹溪寺・張士箱》，臺灣文獻叢刊，第一〇三種，卷十，頁271。

參禪一炷香。聽談心未倦，溪竹已蒼茫。〔註83〕

此詩書寫進入竹溪寺與僧侶交談的情形。首二句交代他沿著竹子尋著佛寺，在緊臨溪水的佛堂前敲門。點出了竹溪二字。三、四句亦緊扣著竹、溪二字來描寫景色。接著四句書寫與竹溪寺的的僧人來往的情形，在參禪及講經聞法的過程中，作者談興正濃，渾然不覺時光流逝。

范咸〈再疊臺江雜詠（原韻十二首），其中有論及竹溪寺，如下：

其三

西天小寺禮彌陀（府治有小西天寺），僑鄭園亭日漸蹉（悉改寺）；銅礮風雷金甲動（僑鄭逸事龍碩者，大銅礮也。鄭成功見水底有光上騰，使善泅者入海縛之以出），鯨魚冠帶海門過（成功攻臺，紅毛先望見一人，冠帶騎鯨，從鹿耳門入成功諸舟，隨由是港以進）。虎鯊夜集貪牽罟（虎鯊，沙魚之大者，志稱漁人夜深捕魚，懸燈以待。魚結陣入身中，甚至舟力不勝，滅燈以避），鸚武朝遊寄負螺（鸚武螺常脫殼而朝遊，寄居之蟲入其中）；堪笑揭竿稱鴨母，空嗤海外夜郎多（朱一貴素飼鴨，土人稱為鴨母）。〔註84〕

范咸此作乃論述臺地特有事物，將臺灣地區中必須先了解的部分做一概略的介紹。其中一開頭就點明其活動的第一處就是竹溪寺，而作者來到臺地，就先到竹林寺禮佛，顯示竹溪寺是當時臺灣地區禮佛的重要之處。

朱景英在1772年出版的《海東札記》有〈過竹溪寺〉：

不見檀欒影，溪聲聽亦無。疏鐘空際墮，古剎望中孤。徑曲迷香篆，林荒冷苾芻。移時味禪悅，且復小跏趺。〔註85〕

朱景英在乾隆時期來臺，首二句點出在竹溪寺周圍並沒有見到竹林，也沒有聽到溪水聲。只有少許的鐘聲從天邊之處傳來，而竹溪寺就是一個在遠處孤單的存在。在野外曲折的小徑中行走，荒僻的樹林裡，僧侶必然相當寒冷。

〔註83〕林青蓮：〈竹溪寺〉，《重修鳳山縣志‧藝文志（中）‧詩賦‧竹溪寺‧林青蓮》，臺灣文獻叢刊，第一四六種，卷十二中，頁446。

〔註84〕范咸：〈再疊臺江雜詠（原韻十二首）〉，《使署閒情‧詩（二）‧再疊臺江雜詠原韻十二首》，臺灣文獻叢刊，第一二二種，卷二，頁42。

〔註85〕朱景英：〈過竹溪寺〉，《全臺詩——智慧型全臺詩知識庫》，上網日期：20141102，網址：http://xdcm.nmtl.gov.tw/twp/b/b02.htm。出自《海東札記》，與《畬經堂詩集》卷二、卷三。原屬《畬經堂詩集》卷二、卷三《來鷗館詩存》。

然而在歷經一段趺跏而坐的時間後，品味著佛法禪理，內心必定湧上喜悅的靜悟之感。

　　張以仁（？～？）爲嘉慶時（1796～1820）廩生，其〈竹溪寺〉詩：

　　　　到此絕塵機，山光靄翠微。通幽泉自曲，悟靜鳥將歸。雲氣空中合，

　　　　禪心物外依。何當襟帶綠，掩映竹成圍。〔註86〕

此詩書寫了竹溪寺的靜謐，在山光翠微雲靄繚繞之地，有著幽泉彎曲，鳥鳴悅耳，末二句再書寫綠竹成圍，交相映照，顯得禪機十足。

　　陳廷瑜（？～？）爲嘉慶年間（1796～1820）臺灣縣學增生，其〈竹溪寺〉：

　　　　古寺緣城近，魁山外一峰。路迴青疊疊，門隱翠重重。竹雨喧秋葉，

　　　　溪烟冷暮鐘。閭黎饒種秫，幽杵亂聲舂。〔註87〕

陳廷瑜此詩首先點出竹溪寺的地點距離臺南府城相當近，在魁斗山外的一座山上。因爲在山上，所以山路迂迴，眼前所見，一片青翠，而寺門隱藏在一重重的翠色之後。在秋天的雨中，在竹溪寺可以聽見雨點敲打的竹葉的聲音，在黃昏的溪邊冷煙中，傳來陣陣的鐘聲，而寺裡的僧人種了很多秫類穀物，因此，在幽靜的竹溪寺中時常傳來杵在舂秫的聲音。

　　韓必昌（？～？）在嘉慶10年、11年間（1805～1806），蔡牽入鹿耳門時，曾募義民守城，十二年（1807）參與《續修臺灣縣志》，亦有〈遊竹溪寺，觀壁上「溪西雞齊啼」限韻諸作，戲效之。復納「十二支」其中，知小技無當大雅，姑存之〉的遊戲之作，如下：

　　　　聞道竹溪勝虎溪，龍潭蛇穴夾東西。騎羊客解談芻狗，脫兔僧能養

　　　　木雞。牛奶果垂松徑滿，鼠姑花發藥闌齊。拚將繫馬燒豬肉，無奈

　　　　歸豬繞樹啼。〔註88〕

由詩題可知，韓必昌是在竹溪寺遊玩時，看到寺中牆壁上有限韻之作，他試著將十二生肖納入其中，聯綴成首尾完整的作品，相當有難度。詩的首句書寫竹溪勝過虎溪，因爲竹溪是龍潭虎穴，相當不簡單。得道成仙的仙人在此

〔註86〕張以仁：〈竹溪寺〉，《續修臺灣縣志・藝文（三）・詩・竹溪寺》，臺灣文獻叢刊，第一四〇種，卷八，頁629。

〔註87〕陳廷瑜：〈竹溪寺〉，《續修臺灣縣志・藝文（三）・詩・竹溪寺》，臺灣文獻叢刊，第一四〇種，卷八，頁626。

〔註88〕韓必昌：〈遊竹溪寺〉，《續修臺灣縣志・藝文（三）・詩・竹溪寺》，臺灣文獻叢刊，第一四〇種，卷八，頁625。

談論老子書中的「以萬物爲芻狗」的道理，行動迅疾的僧人亦是修養深厚，相當鎮定。牛奶果垂滿了長滿了松樹的小徑，鼠姑花開得和花欄一般高。本來打算將馬繫好後，殺了豬，煮來吃，無可奈何的是豬繞著樹，不斷哀啼，讓人無從下手啊！

陳廷瑚（？～？），清嘉慶年間（1796～1820）人士，生平不詳。其〈竹溪寺〉：

> 山庄數里近城南，聳翠層巒古佛庵。路繞沙堤灣六六，烟開竹徑曲三三。疏鐘破曉清聲出，老樹橫空翠色參。滌盡塵氛頻習靜，法門宗旨証瞿曇。〔註89〕

首二句點出竹溪寺的位置，是一座位於重重山巒中的古老佛寺。繞著彎彎曲曲的溪水沙岸邊，走在烟霧繚繞、竹子密布的小徑上。聆聽破曉時分的鐘聲，看著古老的樹木橫過空中呈現一片青翠的顏色。在如此清幽的地點，作者覺得自己俗慮全消，心中平靜，在此當中，可以因此參證佛理。

咸豐時來臺的劉家謀（1814～1853）亦有〈宿竹溪寺〉：

> 迺有此靈境，窈然郊郭間。四年自塵坌，一夕且幽閒。風竹韻清夜，月泉輝近山。人言法華好，金碧絕斕斑。〔註90〕

詩人稱讚竹溪寺爲靈境，並因爲身處其中有滌盡俗慮之感。累積了四載的塵世疲憊，因爲來到竹溪寺，一夕之間有了幽靜、閒適之感。在摹寫了有了風竹清韻的夜晚，月光皎潔，照著泉水，呈現一個空靈之境。所以有人認爲法華寺較好，但在作者眼中，法華寺與竹溪寺相較，顯得太過金碧輝煌。

林占梅（1821～1868）於咸豐4年作了〈雨後遊竹溪寺題壁〉，如下：

> 雨氣含涼暑氣微，小南門外叩僧扉。攜樽有約同消夏，聽磬無言共息機。竹影環階青欲滴，苔痕上壁翠成圍。蒲團枯坐清塵慮，禪榻茶煙興不違。〔註91〕

林占梅此詩書寫他個人在竹溪寺中的活動，與僧人共同參禪。在竹影環繞著

〔註89〕陳廷瑚：〈竹溪寺〉，《全臺詩——智慧型全臺詩知識庫》，上網日期：20141102，網址：http://xdcm.nmtl.gov.tw/twp/b/b02.htm。錄自石暘睢所藏陳廷瑚《選贈和齋詩集》。

〔註90〕劉家謀：〈宿竹溪寺〉，《全臺詩——智慧型全臺詩知識庫》，上網日期：20141102，網址：http://xdcm.nmtl.gov.tw/twp/b/b02.htm。

〔註91〕林占梅：〈雨後遊竹溪寺題壁〉，《潛園琴餘草簡編・正文・甲寅（咸豐四年）・雨後遊竹溪寺題壁》，臺灣文獻叢刊，第二○二種，頁53。

臺階的呈現青翠的景象，與青苔上的痕跡，相互連綴，在牆壁上綠成一片，形成一個綠意籠罩的世界。最後作者在蒲團上靜坐，讓心澄淨下來，專心參禪。

傅于天（？～？），咸豐至光緒初葉人士，有〈步七十二峰羈客上巳竹溪寺修禊韻〉：

> 認得前身是後身，生辰莫負此良辰。色空空色空空相，凡了了凡了
> 了因。如影幻形形幻影，于人無我我無人。普提自認普提果，滿座
> 蓮花滿座銀。〔註92〕

此詩作於上巳之時，地點在竹溪寺，活動爲修禊。詩中傳達了詩人對佛法的理解，營造了一個充滿佛理色彩的境界。

傅于天在1869年亦有相類之作，其〈辛巳（1869）夏日偕邱誥臣同子仙根並呂大汝玉汝修汝成林秋衡遊竹溪寺用七十二峰羈客韻〉：

> 紙窗竹屋也安身，未忍輕過結伴辰。古佛滿龕開口笑，茶毗幾個認
> 來因。欲將白壁添新句，偏少青山作主人。誰識此中眞妙諦，紅爐
> 一點雪如銀。〔註93〕

此爲1869年的和韻詩。首二句指出自己甘於安貧樂道的生活，卻也不能錯失與友伴在上巳之時同遊勝地的機會。接著詩人以佛理的方式，呈現詩句，紅爐一點雪，代表人生的無常，猶如雪花與紅爐上消融。

傅于天後來又有〈再疊辛巳（1869）夏日偕邱誥臣同子仙根並呂大汝玉汝修汝成林秋衡遊竹溪寺用七十二峰羈客韻〉應和之作：

> 天公容我懶殘身，評酒敲詩爲禊辰。話到梅花空色相，修來明月認
> 前因。風流自昔歸才子，韻事何須遜古人。記取湘東三品在，一枝
> 金管一枝銀。〔註94〕

〔註92〕傅于天：〈步七十二峰羈客上巳竹溪寺修禊韻〉，《全臺詩——智慧型全臺詩知識庫》，上網日期：20141102，網址：http://xdcm.nmtl.gov.tw/twp/b/b02.htm。《海東三鳳集・竹溪唱和集》。

〔註93〕傅于天：〈辛巳（1869）夏日偕邱誥臣同子仙根並呂大汝玉汝修汝成林秋衡遊竹溪寺用七十二峰羈客韻〉，《全臺詩——智慧型全臺詩知識庫》，上網日期：20141102，網址：http://xdcm.nmtl.gov.tw/twp/b/b02.htm。《海東三鳳集・竹溪唱和集》。

〔註94〕傅于天：〈再疊辛巳（1869）夏日偕邱誥臣同子仙根並呂大汝玉汝修汝成林秋衡遊竹溪寺用七十二峰羈客韻〉，《全臺詩——智慧型全臺詩知識庫》，上網日期：20141102，網址：http://xdcm.nmtl.gov.tw/twp/b/b02.htm。《海東三鳳集・

詩中首二句提及自己已是衰殘之身，卻仍有此榮幸到此參與聚會，得以評酒敲詩。談到梅花，亦論及佛理中色相爲空之意。自己亦因有修行，得以認識眞正的道理。以往也自認爲是風流才子，因此參與過的文人名士吟詩作畫的活動應不是比古人遜色。應該要將此次美好的詩句品次記下來，此時的我們各有著一枝金管和銀管，來創作美好的詞句。

　　傅于天亦有〈竹溪寺〉：

　　　　兩水迴環繞曲溪，小南門外小橋西。群賓畢集疑金馬，一佛忘機似木雞。禪室香分爐篆起，瓊甌雪漾茗旗齊。歸來好共黃生說，幾箇清蟬抱樹啼。〔註95〕

傅于天筆下的竹溪寺，除了有兩水迴環之外，亦有群賓的詩會、禪室的體悟。與以往的詩人相較，對禪理的體會較爲深刻。

　　呂汝玉（1851～1925）〈竹溪寺〉云：

　　　　萬樹參差映竹溪，瀠洄一水自東西。塵緣俱靜空猿馬，功利無誇卻狗雞。我愛靈機隨地活，山朝佛座插天齊。白雲深處多清籟，日影松陰聽鳥啼。〔註96〕

此詩首二句寫出竹溪寺的景色，在此幽靜的景色中，使得人的塵思俗慮得以淨化，因此詩人接著說自己喜歡此地令人可以隨處得到觸發的環境，可在此處悠遊自得地欣賞白雲、清籟、日影、松陰、鳥啼。

　　呂汝玉亦有〈步七十二峰羈客上巳竹溪寺修禊韻〉，如下：

　　　　我似飛鴻寄此身，來遊勝地度芳辰。雪泥到處空留跡，香火應多未了因。野鶴閒雲忘世態，晨鐘暮鼓証天人。禪機習靜紅塵斷，滿沼蓮花白似銀。萬樹午陰花韻寂，一痕生意筍芽齊。〔註97〕

詩人以雪泥鴻爪來譬喻自己參與此盛會的偶然。以野鶴閒雲自況，書寫充滿禪意的詩句，頗有超然世外之感。

竹溪唱和集》、《臺灣詩錄拾遺》。

〔註95〕傅于天：〈竹溪寺〉，《全臺詩──智慧型全臺詩知識庫》，上網日期：20141102，網址：http://xdcm.nmtl.gov.tw/twp/b/b02.htm。《海東三鳳集・竹溪唱和集》、《臺灣詩錄拾遺》。

〔註96〕呂汝玉：〈竹溪寺〉，《全臺詩──智慧型全臺詩知識庫》，上網日期：20141102，網址：http://xdcm.nmtl.gov.tw/twp/b/b02.htm。《海東三鳳集》《竹溪唱和集》。

〔註97〕呂汝玉：〈步七十二峰羈客上巳竹溪寺修禊韻〉，《全臺詩──智慧型全臺詩知識庫》，上網日期：20141102，網址：http://xdcm.nmtl.gov.tw/twp/b/b02.htm。《海東三鳳集》《竹溪唱和集》。

呂汝修（1855～1889）亦有〈遊竹溪寺和溪西雞齊啼韻〉的應和之作：

結伴行行到竹溪，法華南畔五娘西。鴛衾莫化千年鶴，蝶夢拋殘下午雞。冠劍前朝流水去，鐘樓此處野雲齊。而今參得禪機破，且挈雙柑聽鳥啼。此地靈光獨歸然，榕陰深處竹叢邊。門前石磴雙橋渡，檻外荷花一鑑懸。聽到梵音空色相，修成佛果勝神仙。尋詩便向山僧問，欲借禪房住一年。只買芒鞋不買舟，小南門外足閒遊。雲藏古剎逢人問，路入青山洗眼收。是處竹林容嵇阮，何如洛水會曹劉。渠儂齊取蒲團坐，勝與先生借枕頭。〔註98〕

此詩為應和之作，亦書寫了竹溪寺靜謐幽靜的環境，詩人在此之間亦頗能自得其樂，有所領悟。

丘逢甲（1864～1912）亦有〈竹溪寺〉：

白雲深處見清溪，獨帶詩情到水西。似我行蹤千里雁，喚人魂夢一聲雞。蓮開香國花常在，柳拂沙堤草又齊。歲月蹉跎仍故我，只今唯有亂鶯啼。〔註99〕

丘逢甲此詩禪理意味較輕，「歲月蹉跎仍故我，只今唯有亂鶯啼」呈現了對歲月蹉跎的感慨。

丘逢甲又作〈至郡城數日即遊竹溪寺與諸名士吟詠終日歸見覽青叔及汝玉汝修兄步七十二峰羈客韻詩依韻奉和〉二首：

其一

寶剎能容自在身，剛逢時序玉調辰。草經過雨猶分潤，花落隨風各有因。莫詠暮雲嗟兩地，不須明月作三人。思量濁世惟堪醉，菶菶蠻州市用銀。〔註100〕

〔註98〕呂汝修：〈遊竹溪寺和溪西雞齊啼韻〉，《全臺詩——智慧型全臺詩知識庫》，上網日期：20141102，網址：http://xdcm.nmtl.gov.tw/twp/b/b02.htm。《餐霞子遺稿》、《竹溪唱和集》

〔註99〕丘逢甲：〈竹溪寺〉，《全臺詩——智慧型全臺詩知識庫》，上網日期：20141102，網址：http://xdcm.nmtl.gov.tw/twp/b/b02.htm。此詩收於《柏莊詩草·丘倉海先生詩文錄》，又載王國璠編《柏莊詩草》、《海東三鳳集·竹溪唱和集》。

〔註100〕丘逢甲：〈至郡城數日即遊竹溪寺與諸名士吟詠終日歸見覽青叔及汝玉汝修兄步七十二峰羈客韻詩依韻奉和〉，《全臺詩——智慧型全臺詩知識庫》，上網日期：20141102，網址：http://xdcm.nmtl.gov.tw/twp/b/b02.htm。此詩收於《柏莊詩草·丘倉海先生詩文錄》，又載王國璠編《柏莊詩草》、《海東三鳳集·竹溪唱和集》。

詩人雖有應景之句，但末句「思量濁世惟堪醉，莽莽蠻州市用銀」流露出身處亂世的憂慮、感嘆。

其二

> 利鎖名韁笑此身，爲償詩債又芳辰。暫邀莊子尋殘夢，更向菩提問
> 凤因。風舞蓮花魚出水，日遮榕影鳥親人。茫茫滄海槎何在，夜冷
> 星河一帶銀。〔註101〕

首二句書寫自己在此間仍受世俗的羈絆，三、四句寫自己想要藉由道家、佛教來有所解脫。但後四句的描寫中，仍是有所愁思繚繞於心。

徐德欽（1853～1889）有〈上元後二日楊明府西庚招飲竹溪寺即事〉：

> 斷橋西去鳥呼人，陡聞歸途別樣新。半郭半溪開畫本，夕陽紅得滿
> 郊春。〔註102〕

此詩作於正月十七日，爲應楊明府西庚之邀到竹溪寺宴飲，作者深受路途中的所見美景感召，而有此作。在夕陽西下之時，郊外滿天通紅，城郭與溪水形成一幅畫中的美景，再加上鳥鳴，給人別樣新鮮的感受。

唐贊袞亦有〈偕施雲舫、許蘊伯游竹西寺〉詩：

> 曲徑入幽邃，鐘魚寂不聞；一亭寒抱石，萬竹綠攪雲。蓬壁題詩富，
> 蘭言入座芬。野花披錦帔，誰覓五妃墳（近五妃廟）！〔註103〕

首二句書寫竹溪寺曲徑通幽，然而卻沒有聽到木魚和鐘聲。只見一個亭子，周圍環繞著石頭，千萬的竹子都綠得高聳入雲。在竹溪寺牆上的詩作相當豐富，而在座的好友之間彼此心意相投的言論也在此散播開來。在野花開放如錦帔的山坡上，誰還找得到五妃的墳墓呢？

施士洁（1856～1922）有〈浴佛前一日唐維卿廉訪招同倪耘劬太令楊穉

〔註101〕丘逢甲：〈至郡城數日即遊竹溪寺與諸名士吟詠終日歸見覽青叔及汝玉汝修兄步七十二峰羈客韻詩依韻奉和〉，《全臺詩——智慧型全臺詩知識庫》，上網日期：20141102，網址：http://xdcm.nmtl.gov.tw/twp/b/b02.htm。此詩收於《柏莊詩草·丘倉海先生詩文錄》，又載王國璠編《柏莊詩草》、《海東三鳳集·竹溪唱和集》。

〔註102〕徐德欽：〈上元後二日楊明府西庚招飲竹溪寺即事〉，《全臺詩——智慧型全臺詩知識庫》，上網日期：20141102，網址：http://xdcm.nmtl.gov.tw/twp/b/b02.htm。此詩收於林文龍《臺灣詩錄拾遺》。

〔註103〕唐贊袞：〈偕施雲舫、許蘊伯游竹西寺〉，《臺陽集》，《臺灣關係文獻集零·十六·臺陽集·偕施雲舫、許蘊伯游竹西寺》，臺灣文獻叢刊，第三〇九種，頁146。

香孝廉張漪菉廣文熊瑞卿上舍施幼笙茂才遊竹溪寺次廉訪韻〉，如下：

其一

> 擬敬僧寮訪貫休，肩輿帶雨出城遊。歷千百劫園林古，剩兩三分水
> 竹幽。境隔紅塵諸佛笑，香埋青塚五妃愁（「明寧靖王五妃塚在寺
> 後。」）。草雞漫話前朝事（「鄭成功有草雞之讖。」），半日茶禪品趙
> 州。〔註104〕

此為參與 1890 年斐亭吟社活動時所留下的詩作。唐景崧於 1889 年擔任臺澎
道時，整修道署中「斐亭」，並邀僚屬、文士作文字飲，成立了斐亭吟社，臺
灣詩社聚會風氣由此蓬勃。此社由宦遊人士與臺籍詩人所組成，以詩鐘創作
為號召，社員作品頗多存於《詩畸》中。〔註105〕施士洁此詩題所提及的人物
皆為斐亭吟社的詩人：唐景崧、倪鴻（耘劬）、楊稺香孝廉、張漪菉廣文、熊
瑞卿上舍、施幼笙茂才。

　首四句「擬敬僧寮訪貫休，肩輿帶雨出城遊。歷千百劫園林古，剩兩三
分水竹幽」，前二句書寫作者到竹溪寺探訪高僧，因而乘坐著小轎前往。三、
四句說明竹溪寺已是相當有歷史的古寺，目前仍有二、三分溪水及竹林的幽
靜之美，已與以往大不相同。後四句「境隔紅塵諸佛笑，香埋青塚五妃愁（「明
寧靖王五妃塚在寺後。」）。草雞漫話前朝事（「鄭成功有草雞之讖。」），半日
茶禪品趙州」，有藉明鄭時期之事，表達超脫紅塵俗世之意。

其二

> 修禊蘭亭此濫觴，長官同侶盡求羊。七賢韻事追千載，四省詞人聚
> 一場（「廉訪耘劬粵人，稺香黔人，瑞卿楚人，予與漪菉，幼筐則閩
> 人也。」）。山賊任呼謝靈運，酒狂誰似賀知章。蕉衫葵扇蕭疏極，
> 砭俗何須海上方。〔註106〕

「修禊蘭亭此濫觴，長官同侶盡求羊。七賢韻事追千載，四省詞人聚一場」4

〔註104〕施士洁：〈浴佛前一日唐維卿廉訪招同倪耘劬太令等遊竹溪寺〉，《後蘇龕合
　　　　集·浴佛前一日唐維卿廉訪招同倪耘劬太令等遊竹溪寺》，臺灣文獻叢刊，第
　　　　二一五種，頁52。

〔註105〕〈臺灣詩社資料——斐亭吟社〉，上網日期：20150211，網址：http://cls.hs.yzu.edu.
　　　　tw/pclub/srch_list_result.aspx?PID=000012。

〔註106〕施士洁：〈浴佛前一日唐維卿廉訪招同倪耘劬太令等遊竹溪寺〉，《後蘇龕合
　　　　集·浴佛前一日唐維卿廉訪招同倪耘劬太令等遊竹溪寺》，臺灣文獻叢刊，第
　　　　二一五種，頁52。

句書寫斐亭吟社的詩會活動，臺地詩會自始大盛，而與會的長官及其同事皆為求道有成之人。如同竹林七賢的韻事千載傳誦，今日來自四個省分的詩人在此齊聚一堂。「山賊任呼謝靈運，酒狂誰似賀知章。蕉衫葵扇蕭疏極，砭俗何須海上方」此四句書寫詩社詩友們的活動猶如謝靈運遊山玩水的聲勢浩大，差點被誤認為山賊，在相聚宴飲亦有如同賀知章一般的狂放之舉，在此地穿著麻布縫製的衣衫，手拿著用蒲葵葉製成的扇子，感覺是如此地灑脫，不受拘束，救治一個人性靈上的庸俗，又那裡需要用到醫書《海上方》呢？

其三

巡瀛聽遍竹枝辭，丈室閒來綺席施。賓從多才蓮幕豔，溪山有味筍廚知。地鄰蝶夢遊仙宅（作者註：「法華寺，即李正青夢蝶園故址。」）節近龍華浴佛期。十載鴻泥仍故我，籠紗慚對壁間詩（作者註：「予十年前有題壁詩。」）〔註107〕

在臺已經聽遍了描寫風俗的竹枝辭，在此時悠閒地來到此處享用華麗的席具。與會的人員都是大吏之幕僚，每個都是多才多藝。此地有當地特有的物產，在此宴會上都會出現。這裡地近法華寺，那是明鄭時期李正青的居處。看著牆上10年前的筆跡，詩人自謙的說自己很慚愧自己並沒有太大的長進。

其四

去年吟社笑紛爭，消夏樽開不夜城（作者註：「去夏廉訪於豸署創斐亭吟社。」）。今雨重招三島客，下風群奉六如名。花前泛蠟新篇出，竹裏歸驢暮靄橫。吏隱分途歌詠合，海天笙磬許同聲。〔註108〕

此詩說明了此詩的寫作時間在斐亭吟社成立的隔年，詩社成員在去年夏天聚會吟詩，徹夜通霄，歡宴達旦。今年再次召集社員，大家亦各展詩才，留下詩作，可說是海天笙磬同聲共和，熱鬧非凡。

施士洁亦有〈疊浴佛前一日唐維卿廉訪招同倪耘劬太令楊穉香孝廉張漪菉廣文熊瑞卿上舍施幼笙茂才遊竹溪寺次廉訪韻〉四首，分述如下：

〔註107〕施士洁：〈浴佛前一日唐維卿廉訪招同倪耘劬太令等遊竹溪寺〉，《後蘇龕合集・浴佛前一日唐維卿廉訪招同倪耘劬太令等遊竹溪寺》，臺灣文獻叢刊，第二一五種，頁52。

〔註108〕施士洁：〈浴佛前一日唐維卿廉訪招同倪耘劬太令等遊竹溪寺〉，《後蘇龕合集・浴佛前一日唐維卿廉訪招同倪耘劬太令等遊竹溪寺》，臺灣文獻叢刊，第二一五種，頁52。

其一

有髮閒僧久退休，竹溪來伴使君遊。□□□□□忘暑，繞郭天寬乍
出幽。斗酒雙柑官習靜，殘碑斷瓦佛生愁。鳳陽脈盡鯨神逝，浪說
瀛東第一州。〔註109〕

詩人自稱是「有髮閒僧」，且退休已久。今日到竹溪，伴使君遊玩。竹溪相當
幽靜，然而望著此地的殘碑斷瓦，不禁令人心中愁緒頓生。大明氣數已盡，
傳說中的鯨神鄭成功也去世，只有海浪在敘說此地的傳說：這裡可是瀛東第
一州！

其二

卻從僧舍醉官觴，枯臟俄驚踏菜羊。酒俠詩狂名士氣，狐禪鬼火化
人場。坐中賞雨吟修竹，門外翻風動豫章。閩粵謳歌黔楚詠，同音
豈必定同方。〔註110〕

詩人從僧舍出來，參加官宴，平日慣吃蔬菜的五臟，現今突然吃了葷腥美食，
因此有些特殊的感受。在座的才子皆為酒俠詩狂，所談論的各種歪門邪道的
道理也轉化成可供談論的談資。坐在竹溪寺中可以賞雨，也可以對著竹子吟
誦詩歌。同在此地的人來自四面八方，大家都在吟誦詩句，其樂融融。

其三

雲林筆舌妙於辭，相約郇廚飽綠施。法界浮蹤容我放，熱場冷趣少
人知。主賓觴詠晁无咎，莊老襟懷向子期。珍重昔遊留墨處，詩中
畫與畫中詩。〔註111〕

如雲林集的才子在此詩會中施展其巧妙的辭句，並相約在此膳食精美的地方
飽餐綠筍。主客皆為晁无咎與蘇東坡那樣的互相酬答，也像向秀一般具有莊
老達觀的胸懷。以前留下的墨跡，可以說是詩中之畫與畫中之詩，相當值得

〔註109〕施士洁:〈疊浴佛前一日唐維卿廉訪招同倪耘劬太令楊穉香孝廉張漪菉廣文熊
瑞卿上舍施幼笙茂才遊竹溪寺次廉訪韻〉,《後蘇龕合集‧後蘇龕詩鈔卷二‧
古今體詩一百三十四首‧疊前韻》,臺灣文獻叢刊,第二一五種,頁52～53。

〔註110〕施士洁:〈疊浴佛前一日唐維卿廉訪招同倪耘劬太令楊穉香孝廉張漪菉廣文熊
瑞卿上舍施幼笙茂才遊竹溪寺次廉訪韻〉,《後蘇龕合集‧後蘇龕詩鈔卷二‧
古今體詩一百三十四首‧疊前韻》,臺灣文獻叢刊,第二一五種,頁52～53。

〔註111〕施士洁:〈疊浴佛前一日唐維卿廉訪招同倪耘劬太令楊穉香孝廉張漪菉廣文熊
瑞卿上舍施幼笙茂才遊竹溪寺次廉訪韻〉,《後蘇龕合集‧後蘇龕詩鈔卷二‧
古今體詩一百三十四首‧疊前韻》,臺灣文獻叢刊,第二一五種,頁52～53。

珍重、留戀。

其四

南交近已息兵爭，何幸絃歌聽武城。生佛由來多脫俗，謫仙到處總
題名。空門岑寂騷壇補，幕府風流筆陣橫。自笑鄙人持布鼓，雷車
過後不成聲。〔註112〕

此詩乃書寫詩社活動使得竹溪寺相當富有詩情，作者並且自謙：在眾多能手
面前，自己可說是班門弄斧。

　　施士洁在日治時期有〈竹溪寺題壁〉，其中頗有感慨：

前身慧業我原僧，到此能參最上乘。萬劫紅羊餘法界，一尊綠螘聚
吟朋。當門水鏡明於拭，繞徑風篁午不蒸。擊缽詩成饒逸興，墨痕
灑遍剝溪藤。〔註113〕

首句說明作者以為自己前世為僧侶，所以到達竹溪寺時，直接能領悟最上乘
的佛法。在經歷過國難之後，和眾多好友在此地相聚、喝酒，也是相當難得。
正對著門的溪水如鏡，比擦拭過的鏡子更加明亮，而此處有竹林相伴，所以
相當涼爽，即是午時仍沒有熱的感覺。在好友擊缽聯歡、吟詩作對的過程中，
在藤樹中留下了斑斑點點的墨痕。

　　施士洁亦有〈竹溪寺題壁和韻〉詩：

春色無端綠滿溪，我來何處辨東西。茫茫世態空雲狗，莽莽雄圖失
草雞。半晌午陰花有韻，萬尖生意笋初齊。歸途猶戀山僧味，惆悵
夕陽鴉亂啼。〔註114〕

此詩作於春季，亦表現了詩人對竹溪寺的眷戀，亦有世態炎涼之感。在午後，
陰涼之處的花有韻致，而春天的竹笋萬尖齊聚，呈現一片生機。回程的路上，
詩人表現了對此後的留念，然而亦只能在夕陽下，烏鴉亂啼之中，惆悵而對。

〔註112〕施士洁：〈疊浴佛前一日唐維卿廉訪招同倪耘劬太令楊穉香孝廉張漪菉廣文熊
　　　　瑞卿上舍施幼笙茂才遊竹溪寺次廉訪韻〉，《後蘇龕合集・後蘇龕詩鈔卷二・
　　　　古今體詩一百三十四首・疊前韻》，臺灣文獻叢刊，第二一五種，頁52～53。

〔註113〕施士洁：〈竹溪寺題壁〉，《後蘇龕合集・後蘇龕詩鈔卷一・古今體詩一百二十
　　　　首・重遊竹溪同劉拙菴楊西庚作》，臺灣文獻叢刊，第二一五種，卷一，頁
　　　　15。

〔註114〕施士洁：〈竹溪寺題壁和韻〉，《後蘇龕合集・古今體詩一百二十首・竹溪寺題
　　　　壁和韻（寺為前明鄭延平王故址）》，臺灣文獻叢刊，第二一五種，卷一，頁
　　　　58。

許南英在 1886 年所寫的〈臺灣竹枝詞〉中有提及竹溪寺，如下：

其八

秋風策馬出南郊，帶得新詩馬上敲。小住竹溪蕭寺好，淋漓佳句壁中鈔。〔註115〕

此詩中所描寫的竹溪寺儼然爲古典詩匯聚的所在地。在秋天策馬出了南邊的郊區時，帶著新寫好的詩，不斷地推敲詩中的每一個字是否穩妥。在此時在竹溪寺小住是最好不過了，在牆上還有許多佳句，等著自己傳抄呢。

許南英在 1887 年亦有〈與陳子模傅采若張愷臣遊夢蝶園拜五妃墓飲於竹溪寺女校書四人與焉〉：

下拜寧妃塚，閒遊處士園。沿溪尋古寺，拂席布清樽。海外無名跡，空中有色根。桂山山下路，新月已黃昏。〔註116〕

詩中書寫了當時的人休閒遊玩的去處：五妃墓、法華寺、竹溪寺、桂子山。詩人先去了五妃墓，再到法華寺李正青的夢蝶園閒遊，然後再沿著溪流到了竹溪寺用餐，之後再下山，可以看到新月高掛的景致。

許南英於日治時期亦有與竹溪寺相關的作品，如 1912 年所作的〈六月二十四日與社友往竹溪寺參謁關聖〉三首，分述如下：

其一

少年喜結詩文會，勝日同盟香火緣。忠義千秋懸日月，滄桑一瞥化雲煙。登堂禮樂從先進，入座衣冠盡後賢。一勺權當清酒薦，潢汙行潦在山泉。〔註117〕

此爲與詩社社友至竹溪寺參謁關聖帝君之作，首 2 句書寫自己喜歡參加詩文的集會，因此關聖帝君壽誕之時前往參謁。「忠義千秋懸日月，滄桑一瞥化雲煙」之句書寫關公忠義事蹟流芳千載，而人世的滄海桑田的變化轉眼之間也將化爲雲煙。之後詩人描寫他登堂參謁，以清泉代清酒來祭祀關聖帝君。

〔註115〕許南英：〈臺灣竹枝詞〉，《窺園留草‧丙戌三十二首‧臺灣竹枝詞》，臺灣文獻叢刊，第一四七種，卷一，頁 10。

〔註116〕許南英：〈與陳子模傅采若張愷臣遊夢蝶園拜五妃墓〉，《窺園留草‧丁亥五十首‧與陳子模傅采若張愷臣遊夢蝶園拜五妃墓》，臺灣文獻叢刊，第一四七種，卷一，頁 18。

〔註117〕許南英：〈六月二十四日與社友往竹溪寺參謁關聖〉，《窺園留草‧壬子一百五十二首‧六月二十四日與社友往竹溪寺參謁關聖》，臺灣文獻叢刊，第一四七種，卷一，頁 108。

其二

佛光神道兩虛無，淘汰將歸造化鑪。獨有綱常留正氣，能令崇拜起
吾儒。漫云脣齒同文國，忍看河山易色圖。父老凋零多白髮，猶聞
倉葛大聲呼。〔註118〕

此詩頗有山河改易的慷慨悲涼之感。首四句說明關公的綱常正氣，能令士人
發起崇敬之心。後四句則是書寫江山易改，老成凋零，內心還祈盼有能像春
秋時期陽樊的太守蒼葛一樣的人，可以如同他率領陽樊的子民另立軹城一
般，另建一個新的天地。

其三

南郊健步免扶筇，芳草迷離舊徑封。寺外新分一脈水，門前不見十
圍松。山僧已死空禪室，遠客重來動午鐘。且息塵緣謀住此，溪山
是否肯相容。〔註119〕

詩人首四句書寫自己在竹溪寺周圍遊逛的情形，首先描寫自己仍可健步登
山，不用手杖。然而以往的舊的小徑已是芳草迷離，被封鎖而不能前行。竹
溪寺外有新出的溪水，但門前已不見昔日的十圍松。以前在此修行的和尚去
世後，禪室已是無人使用。這裡的午鐘也是遠來的客人在敲打著。面對如此
清幽的環境，詩人不禁動了念頭：是否可以在此居住呢？

羅秀惠（1865～1943）有〈遊竹溪寺〉：

灑灑詞源峽水傾，何時幸望遂班荊。卻嫌不舞羞知己，願讓高軒御
李生。〔註120〕

此詩為七言絕句。乃是敘述詩人遊竹溪寺時對知交好友的想念。首二句書寫
自己對知心好友的傾慕，希望能和其相遇而談心。後二句乃自謙自己名不副
實，願讓對方乘坐高車，自己將如同東漢的荀爽為李膺御車一樣榮幸。

吳景箕（1902～1983）為斗六高中首任校長（1946～1948），其〈竹溪寺〉：

〔註118〕許南英：〈六月二十四日與社友往竹溪寺參謁關聖〉，《窺園留草‧壬子一百五
十二首‧六月二十四日與社友往竹溪寺參謁關聖》，臺灣文獻叢刊，第一四七
種，卷一，頁108。

〔註119〕許南英：〈六月二十四日與社友往竹溪寺參謁關聖〉，《窺園留草‧壬子一百五
十二首‧六月二十四日與社友往竹溪寺參謁關聖》，臺灣文獻叢刊，第一四七
種，卷一，頁108。

〔註120〕羅秀惠：〈遊竹溪寺〉，《臺陽詩話‧臺陽詩話上卷》，臺灣文獻叢刊，第三四
種，上卷，頁19。

攜筇共訪小蓬壺，地隔紅塵景自殊。犬吠俗人驚法界，僧談妙諦擁寒鑪。危巒逼寺風排塔，鳴鼓傳廊日繞郭。亂竹一谿分靄靜，澹描濃抹輞川圖。〔註121〕

此詩將竹溪寺與王維的輞川別業相提，描摹了一幅詩中之畫。首四句點出竹溪寺如同仙境，與紅塵俗世有所區隔，雖有犬吠之聲驚擾了此處的寧靜，卻有僧侶在寒冷的冬天中擁著爐火，傳述妙法，而讓人有了開通之感。後四句則是書寫竹溪寺的景觀與僧人的活動，在竹林與溪水之中，有著一分沉靜。

林朝崧（1875～1915）在日治時期亦有〈竹溪寺〉：

溪水潺潺繞寺涼，地無人跡世緣忘。誰能拋卻城中去，看竹山門立夕陽。〔註122〕

此詩為七言絕句。書寫著竹溪寺與世遺立的形象。首二句書寫溪水圍繞著竹溪寺，使得寺廟因此而有涼意，但此處已非人群的聚集之處。後二句感嘆有誰能拋卻紅塵俗世中的一切，而在此處望竹看山，欣賞夕陽之景呢？

黃贊鈞（1874～1952）有〈竹溪寺〉（寺後有國姓井）：

一線延明闢草萊，十尋龍井飲軍開。即今留作淨瓶水，付與慈悲濟世來。〔註123〕

黃贊鈞此詩有緬懷鄭成功之意。首二句即是書寫鄭成功為了延續明朝國祚而來到荒蕪的臺地，而在此處鑿有國姓井，讓軍隊得以飲水。後二句說明此井之水亦是可以沾溉至後世。

蔡佩香（1867～1925）1919年發表〈題竹溪寺重修落成〉二首，如下：

其一

古人已渺濤聲在，今昔懸殊覺悟難。萬壑雲煙多變態，一溪風雪不生寒。山容笑貌濃如畫，竹影蒼茫淡作竿。怒目金剛新氣象，威靈寶殿四圍寬。〔註124〕

〔註121〕吳景箕：〈竹溪寺〉，《全臺詩——智慧型全臺詩知識庫》，上網日期：20141102，網址：http://xdcm.nmtl.gov.tw/twp/b/b02.htm。收於《蕉窗吟草》。

〔註122〕七二　無悶草堂詩存／卷三（丙午至庚戌）／竹溪寺88。

〔註123〕黃贊鈞：〈竹溪寺〉，《全臺詩——智慧型全臺詩知識庫》，上網日期：20141102，網址：http://xdcm.nmtl.gov.tw/twp/b/b02.htm。此詩收於《海鶴樓詩鈔》上卷。

〔註124〕蔡佩香：〈題竹溪寺重修落成〉，《全臺詩——智慧型全臺詩知識庫》，上網日期：20141102，網址：http://xdcm.nmtl.gov.tw/twp/b/b02.htm。此詩收於《臺灣日日新報》，「詩壇」欄，1919年4月27日，第六版。

「古人已渺濤聲在，今昔懸殊覺悟難。萬壑雲煙多變態，一溪風雪不生寒」
四句書寫了今昔之感，也呈現了山水風貌的特殊。「山容笑貌濃如畫，竹影蒼
茫淡作竿。怒目金剛新氣象，威靈寶殿四圍寬」中前二句書寫了竹溪寺山中
景色濃如圖畫，而竹影在蒼茫之中顯得淡如竹竿。後二句書寫重修後的竹溪
寺有著寬敞的新氣象。

其二

> 放眼開懷別有天，煥然寺貌擁山前。梵宮高拱空迎佛，竹院深藏靜
> 悟禪。地勝翻新泉石趣，我生守舊俗塵緣。搜腸自愧參題句，下筆
> 如龍滾似煙。〔註125〕

「放眼開懷別有天，煥然寺貌擁山前。梵宮高拱空迎佛，竹院深藏靜悟禪」
四句書寫重修後的竹溪寺煥然一新，呈現別有天地的感覺。在空中彷彿可以
迎到佛，在竹院深處亦可悟禪。「地勝翻新泉石趣，我生守舊俗塵緣」書寫自
己在這個重修後的竹溪寺可以找到新的山水樂趣，但自己仍是屬於傳統的
人。在此時此地應要賦詩贊和，所以作者在絞盡心力後，還是下筆如龍的完
成詩作。

施梅樵（1870～1949），在1913年發表〈遊竹溪寺〉：

> 疏雨寒煙鎖斷橋，清流響應鹿門潮。佛門此日猶香火，老樹臨風莫
> 動搖。健僕隨身憐舊侶，閒僧開口說前朝。聽經猿鶴頻來往，金磬
> 紅魚破寂寥。〔註126〕

此詩仍有書寫滄桑之感。首二句，以視覺、聽覺的方式摹寫前眼之景，稀疏
的雨、寒冷的煙霧籠罩在斷橋之上，清澈的水流聲與鹿耳門的潮水遙相呼應。
三、四句書寫傳統的堅持，佛門此日猶有香火，而臨風的老樹啊，可千萬不
要動搖。五、六句亦是充滿了懷舊之感。隨身的僕人亦是舊侶，閒話的老僧
談的也是前朝的事。七、八句書寫著聽經聞法中的靜謐。

施梅樵於1921年亦有〈春日遊竹溪寺即事〉：

〔註125〕 蔡佩香：〈題竹溪寺重修落成〉，《全臺詩——智慧型全臺詩知識庫》，上網日
期：20141102，網址：http://xdcm.nmtl.gov.tw/twp/b/b02.htm。此詩收於《臺
灣日日新報》，「詩壇」欄，1919年4月27日，第六版。

〔註126〕 施梅樵：〈遊竹溪寺〉，《全臺詩——智慧型全臺詩知識庫》，上網日期：
20141102，網址：http://xdcm.nmtl.gov.tw/twp/b/b02.htm。此詩收於《臺灣日
日新報》，「詞林」欄，1913年12月27日，第三版。

花放鶯鳴好時節，閉戶兀坐忽不悅。招邀且作竹溪遊，南方初春天微熱。半爲徒步半乘車，山徑塵沙風不發。大雄殿前卸吟裝，一龕燈火忽明滅。禪房小憩聽僧談，娓娓清言似玉屑。我來訪古不知由，當年建寺無碑碣。創立迄今二百秋，野老傳聞多曲折。老樹槎枒牽客衣，古佛端坐頑如鐵。情天慾海皆風波，休怪寺僧太饒舌。我詩未成日卓午，忽聞闍黎鐘百八。諸公莫漫話滄桑，言未及終聲嗚咽。此行只當遊虎邱，風光旖旎境清絕。默默不語惟尋詩，詩中有禪忍逃脫。攜將疑句問彌勒，呵呵大笑未肯說。〔註127〕

在春天風光明媚的好時光，最好與知交同遊，所以詩人邀請朋友同到竹溪寺遊玩。由於此處未有碑碣，詩人並不知此地的源由，就聽起寺僧來漫談此處的歷史，在眾人話滄桑而有傷感之情時，詩人默默不語開始尋找牆上的詩句，想要將詩句中的疑問，來向彌勒佛尋求解答，而佛祖只是哈哈大笑，不肯回答詩人的問題。末二句「攜將疑句問彌勒，呵呵大笑未肯說」亦是書寫了作者心中疑問、落寞和自嘲之情。

有「炎洲第一觀」之稱的竹溪寺，爲佛門聖地，所以來此遊玩、禮佛的詩人甚多。清領初期的古典詩人或藉此抒發來臺的抑鬱之情，如「不是許珣多愛寺，須知司馬是閒官」；或表達禪悅之感，如「移時味禪悅，且復小跏趺」、「滌盡塵氛頻習靜，法門宗旨証瞿曇」。竹溪寺乃是可以讓人心靈有所超脫的地方。

清領後期，古典詩人亦常有相約來此進行詩會活動，如「結伴行行到竹溪，法華南畔五娘西」、「天公容我懶殘身，評酒敲詩爲禊辰」、「修禊蘭亭此濫觴，長官同侶盡求羊」，留下許多文壇佳話。

日治時期，山河改易，竹溪寺詩作增添了許多感傷色彩，如「健僕隨身憐舊侶，聞僧開口說前朝」、「諸公莫漫話滄桑，言未及終聲嗚咽」、「溪水潺潺繞寺涼，地無人跡世緣忘」。竹溪寺的勝景，隨著詩人主觀的心靈感受，時有不同的呈現。

〔註127〕施梅樵：〈春日遊竹溪即事〉，《全臺詩──智慧型全臺詩知識庫》，上網日期：20141102，網址：http://xdcm.nmtl.gov.tw/twp/b/b02.htm。此詩收於施梅樵《捲濤閣詩草》。

圖 21　法華寺，筆者攝於 20140213。

圖 22　法華寺，關聖帝君，筆者攝於 20140213。

二、法華寺

　　臺南法華寺位於臺灣臺南市中西區，竹溪北岸，為市定古蹟：

　　　臺南法華寺位於臺灣臺南市中西區的桶盤棧，竹溪北岸，為中華民

國直轄市定古蹟。該寺亦為臺灣府城七寺八廟之一。〔註128〕

高拱乾在《臺灣府志》說：

> 李茂春，字正青；漳之龍溪人也，登明隆武丙戌鄉榜。避跡至臺，
> 好吟詠，喜著述；仙風道骨，性生然也。日放浪山水間，跣足岸幘，
> 旁若無人。搆一禪亭，名曰「夢蝶處」；與住僧誦經自娛，人號李菩
> 薩。尋卒，因葬於臺。〔註129〕

李茂春為明鄭時期來臺名士，陳永華及鄭經皆與之私交甚篤。其為人喜吟詠，而寄情於山水之間。他後來在他的住處營建一個禪亭，將它命名為「夢蝶處」，亦有莊周夢蝶之意。

　　清朝時期，此處改為法華寺。據《重修福建臺灣府志》記載，清康熙年間僧人將「夢蝶處」改為法華寺，如下：

> 法華寺：偽時漳人李茂春搆茅亭以居，名「夢蝶處」。後僧人鳩眾改
> 建法華寺。康熙四十七年，鳳山知縣宋永清建前殿一座，祀火神；
> 置鐘、鼓二樓。前後曠地，遍蒔花果。起茅亭於鼓樓之後，匾曰「息
> 機」；退食之暇，時憩息焉。寺田在寺後，荒埔一所約二甲餘，臺灣
> 府蔣毓英給為香燈；又園在港西里大湖莊一所，鳳山知縣宋永清捐
> 置為香燈。〔註130〕

康熙47年鳳山知縣宋永清又增祀火神、置鐘、鼓二樓，並將前後空地整理出來，蒔花種果。自清朝以來，就有許多詩作以法華寺為題。茲舉要分述如下：

　　黃元弼（？～？），清康熙年間（1662～1723）人士，有〈法華寺〉詩，如下：

> 舊時書舍幾經遷？翠柏修篁引客憐。人去蝶回渾是夢（寺舊名夢蝶
> 園），僧歸花落已多年！茶廚不認避煙鶴，竹徑猶存映月川。一片紅
> 塵何處洗？南華此日有新篇。〔註131〕

此詩乃是憑弔李茂春之作。首二句書寫作者對於當時李茂春所活動的書舍已歷經了多少的變化，有所感慨，因而接著書寫翠柏修竹之景，應是當年陪伴

〔註128〕范勝雄：《府城叢談（2）》，臺南市政府，出版，1998年，頁3。

〔註129〕高拱乾：《臺灣府志・人物志・流寓》，臺灣文獻叢刊，第六五種，卷八，頁211。

〔註130〕劉良璧：《重修福建臺灣府志・古蹟（井泉、宮室、寺觀、宅墓附）・寺觀（附）・臺灣縣》，臺灣文獻叢刊，第七四種，卷十八，頁467。

〔註131〕黃元弼：〈法華寺〉，《臺灣縣志・藝文志十・詩・法華寺・黃元弼》，臺灣文獻叢刊，第一○三種，頁274。

李茂春的景觀，而對牠們有所憐惜。接著以莊周夢蝶的譬喻書寫人生如夢的
感傷。現在煮茶的人應該不會認得當初陪著李茂春的避煙鶴，只有竹林裡的
小徑中還存有當時映月的那條川水。身在紅塵之中，要到何處洗清心的疑慮
呢？莊周的南華經在此日當有新的篇章，等著我們去拜讀。

　　王名標（？～？）爲清康熙年間（1662～1723）臺灣諸生，其〈法華寺〉：

　　　　野寺鐘初起，香臺竹半遮。松陰堪繫馬，徑曲不容車。吠客穿籬犬，

　　　　窺人隱樹鴉。老僧談妙諦，古佛坐蓮花。何處尋夢蝶（舊名夢蝶園）？

　　　　還來問法華。樓高雲未散，山靜日將斜。園木生佳果，齋廚煮素茶。

　　　　徘徊憐景色，歸路繞煙霞。〔註132〕

王名標此詩爲書寫其遊法華寺之作。前六句爲作者前往法華寺中所見所聞。
首先鐘聲初起，莊重的鐘聲傳來，引人心神警醒。而寺廟隱約的出現竹林中。
松樹蔭下正好繫馬，因爲此處小徑彎曲，車子不能通過。走近法華寺時，又
有穿過籬笆的狗吠客而來，樹林間也有窺視人的烏鴉隱藏其中。接著四句書
寫進入了法華寺的情形。在此處聆聽老和尚談論著佛法奧妙的道理，而古佛
就做在蓮花之上。要尋找昔日的夢蝶園，就要問此處法華寺的人。後六句書
寫法華寺日落之時的景色，作者也因此踏上歸程。

　　王之科（？～？）亦有清康熙年間（1662～1723），有〈法華寺〉：

　　　　愛此泉林好，來遊李氏園。沿溪花覆地，遠迤竹成垣。蝶夢空今古，

　　　　經聲幾寂喧。酒闌酣索句，絕勝入桃源。〔註133〕

王之科此詩稱讚法華寺景色優美，而以桃源喻之。因爲此處泉水和林木優美，
所以成爲名勝，沿著溪水，旁有落花覆蓋了地面，而竹林也在此處形成一處
圍牆。夢蝶的典故，使得浮生若夢的蒼涼之感頓現，而有寂寞之意。在酒酣
之際，開始思索著如何寫成詩作，這裡的勝景，可說是桃源之地啊。

　　曾源昌（？～？）爲清康熙60年（1721）歲貢生，其〈法華寺〉：

　　　　路轉幽篁裏，逶迤匝淺苔。莿桐將合抱，香檨未成胎。樓聳懸鐘鼓，

　　　　庭荒闢草萊；燒檀飄户外，啼鳥傍林隈。離德昭金殿（前殿祀火神，

　　　　匾曰「離德昭明」），禪心悟劫灰。雖多收敗葉，漸欲變枯荄。觀射

　　　　亭猶在，息機人未回（宋澄菴明府結茅亭校射，扁曰「息機」；蓋射

〔註132〕王名標：〈法華寺〉，《臺灣縣志・藝文志十・詩・法華寺・王名標》，臺灣文
　　　　獻叢刊，第一○三種，頁272。

〔註133〕王之科：〈法華寺〉，《臺灣縣志・藝文志十・詩・法華寺・王之科》，臺灣文
　　　　獻叢刊，第一○三種，頁272。

畢停驂處也）。無心溪水去，有意野雲來。殘蕊風輕剪，寒爐火欲煤。
村煙空處渡，野色望中開。誰展揮毫手（鼓山遊僧摹「藏空」兩字，
絕佳）？同傾瀹茗杯。猶遲辭丈室，相顧兩無猜。〔註134〕

曾源昌此詩書寫遊法華寺的感想。前八句爲作者在法華寺周邊景色的書寫。
在路轉進竹林間的小徑時，他看到了淺淺青苔伴著蜿蜒的小徑，莿桐樹的樹
幹已經長成需要二人合抱才可以圍住，而芒果樹尚幼小，未能結成果實。在
高樓中懸著鐘鼓，庭院仍有許多荒蕪之處，等待開闢。寺內燃燒的檀香飄到
戶外，鳥兒在樹林間鳴叫著。接著六句書寫法華寺中的情景。先寫前殿祀火
神，因此在那裡詩人在此體悟著劫灰所代表的意義。在此有許多敗葉，也漸
漸地變成乾枯的草根。宋永清所建立的息機亭還在，只是當時之人現今也不
在了。溪水無心的離開此處，只有野雲有意，時時來眷顧。後八句書寫作者
在室內向外觀看的情景。風輕輕地吹著，猶如剪刀一般地裁剪著殘餘的花瓣，
室內一陣寒冷，需要有煤火來溫暖。村裡的炊煙緩緩地上升，往空餘的地方
飄去，野外的景色在整個視野放開中，一望無遺。鼓山有一位遊僧寫了非常
好的「藏空」二字，我們二人在此同時喝起茶來，等到要向方丈告別，離開
屋子時，二人都還相當依依不捨，因爲難得遇到心意相合、沒有猜忌的人。

　　陳文達（？～？）清康熙46年（1707）歲貢，善文工詩，曾經參與修訂
《臺灣府志》、《臺灣縣志》、《鳳山縣志》，亦有〈法華寺〉詩，如下：

嚮晨趨野寺，泉籟共幽清。法雨敲仙唄，疏煙濕磬聲。蟲吟物外想，
蝶夢幽中生。頓覺無塵礙，道心處處明。〔註135〕

作者於清晨前往野外的法華寺，在泉水泠泠的幽清環境中，徜徉其間，有法
雨、疏煙、梵唄、磬聲、蟲吟等物聲相伴，頓覺心境開闊，道心清明。

　　乾、嘉年間的章甫（1760～1816）有〈法華寺懷古〉（古夢蝶園舊址，蔣金
竹太守布山門景勝，鑿池造龍舟，建半月樓觀美人競渡；今廢矣）：

法華景勝幾時荒，剩水殘山惹恨長！蝶化空尋高士夢，龍歸不鬥美
人妝。通幽縱曲高低徑，隨喜難分上下方。舊事風流何處問？月樓
無語自淒涼！〔註136〕

〔註134〕曾源昌：〈法華寺〉，《臺灣縣志・藝文志十・詩・法華寺・曾源昌》，臺灣文
　　　　獻叢刊，第一〇三種，頁271～272。
〔註135〕陳文達：〈法華寺〉，《臺灣詩乘》，臺灣文獻叢刊，第六四種，卷二，頁98。
〔註136〕章甫：《半崧集簡編・七言律・法華寺懷古》，臺灣文獻叢刊，第二〇一種，
　　　　頁19。

章甫此詩有懷古傷今之意。以蔣允君太守於法華寺建半月樓，而有端午節觀美中競渡龍舟的雅事主題，寫其已經荒廢，剩水殘山，美人亦不見競渡，內心有悽涼之感。

　　謝金鑾（1757～1820）於 1804 年來臺，亦有〈鄭六亭先生同遊法華寺〉之作：

> 避炎無計作逃奔，日日邀人欵寺門。世事竟須從佛化，古人幸得到今論。斷虹殘雨南湖院，粥鼓茶香夢蝶園。賴有鄭虔歌當泣，燈前霽月上修垣。〔註137〕

謝金鑾此詩將法華寺視為避暑之地。因為臺地炎熱，所以他天天邀人到法華寺避暑。他將鄭兼才（1758～1822）比擬作鄭虔，對臺地教育盡心盡力，令人敬重、感佩。

　　陳廷珪（？～？），為清嘉慶年間（1796～1820）人士，臺灣縣學稟生，其〈法華寺懷古〉：

> 抬提古蹟蝶園中，物化都從佛化空。池水何緣含舊綠，岸風猶自落殘紅。茫茫湖海寰中客，栩栩江山夢裏翁。吾輩尋春談往事，曇花坐對冷簾櫳。〔註138〕

陳廷珪此詩名為懷古，但所言相當隱晦，從此處為李茂春的居處，筆者推測所懷之人應為李茂春。從物化成空，景物依舊，人事已非，全詩充滿感傷的情調。

　　陳肇興（1831～？），咸豐 3 年（1853）入庠邑，補廩膳生，其〈法華寺〉：

> 誰攜廚饌訪煙蘿，一路薰風颭綺羅。遺老昔曾稱菩薩，名園今已屬頭陀。夢中蝴蝶迷人慣，世外鶯花奉佛多。日暮歸來鐘磬寂，榕陰竹影共婆娑。〔註139〕

前二句書寫穿著華貴的女子攜帶著飯菜前往法華寺。三、四句中，詩人表達對李茂春的懷念。昔日被稱為李菩薩的李茂春，他所留下來的庭園已成為現

〔註137〕謝金鑾：〈鄭六亭先生同遊法華寺〉，《續修臺灣縣志‧藝文（三）‧詩‧鄭六亭先生同遊法華寺》，臺灣文獻叢刊，第一四○種，卷八，頁 616。

〔註138〕陳廷珪：〈法華寺懷古〉，《續修臺灣縣志‧藝文（三）‧詩‧法華寺懷古‧陳廷珪》，臺灣文獻叢刊，第一四○種，卷八，頁 620。

〔註139〕陳肇興：〈法華寺〉，《全臺詩——智慧型全臺詩知識庫》，上網日期：20141102，網址：http://xdcm.nmtl.gov.tw/twp/b/b02.htm。此詩收於陳肇興《陶村詩稿》卷一，癸丑年（1853）作品。

今的法華寺。五、六句，在美夢中的蝴蝶原本就是相當迷人，人往往留戀其中，難以自拔，世俗中的風塵女子很多都信奉菩薩。七、八句書寫在黃昏時，所有人都回去之後，法華寺一片寂靜，只有榕樹和竹子隨著風起舞搖擺。

陳肇興在 1859 年又有〈春日重遊法華寺〉二首：

其一

城南風日太清妍，半醉扶尋陌上鈿。十里梨雲吹不斷，酒旗紅出綠
楊煙。〔註140〕

此詩中，陳肇興筆下所呈現的法華寺是遊覽勝地，而往來其中最美麗的風景，就是出遊的女子。前二句所書寫的就是出遊的女子把城南的風景襯得太過清新妍麗，使得詩人不禁重扶殘醉，要去尋找女子所遺落在陌上的花鈿。梨花正盛開，風吹十里，依然還見梨花開的盛景，在一片綠楊柳之中，有紅色的酒旗從中招搖，相當醒目。

其二

烏鵲飛飛過寺門，數聲鐘磬又黃昏。茶煙禪榻都零落，誰識當年夢
蝶園。〔註141〕

在黃昏之時，只剩烏鵲飛過寺門，伴隨著數聲鐘磬，一切顯得寂寥。茶煙禪榻在賓客離去之後呈現零零落落的景象，在這一天的活動中，誰還會認得當年夢蝶園的樣子呢？

光緒時期來臺的唐贊袞亦有〈蝶夢園〉詩：

有李正青者，當明季之遭迍，念時□而高蹈；離漳郡之家山，依臺
疆之洞壑。門迎魁斗之山，徑繞竹溪之寺。遊塵囂於海國，絕中朝
蝶使之來；留勝躅於芳園，等海外蜉蝣之夢。化莊周之蝶，韻事猶
存；臥諸葛之龍，高風已邈。法華寺裏，溯鄭王闢土之年；永康里
中，留陳子銘碑之句。嗟乎！日月如梭，滄桑幾度；榮枯靡常，古
今同慨！始知天地一夢區也、功名一夢況也。臨風憑弔，撫景裴衣
□回；會其意旨，發為歌什。

門迎魁斗美人鄉，寂寞園亭冷夕陽；一枕陶然誰喚覺，蓬蓬為蝶忽

〔註140〕陳肇興：〈春日重遊法華寺〉，《陶村詩稿・卷四・己未・春日重遊法華寺》，
臺灣文獻叢刊，第一四四種，卷四，頁50。
〔註141〕陳肇興：〈春日重遊法華寺〉，《陶村詩稿・卷四・己未・春日重遊法華寺》，
臺灣文獻叢刊，第一四四種，卷四，頁50。

爲莊！殘碑鬼物護山河，中有高人隱薜蘿；化蝶尋秋香入夢，感時
花濺淚痕多！〔註142〕

由詩序中，可知作者有所感慨，原因在於「日月如梭，滄桑幾度；榮枯靡常，
古今同慨」，因而發之爲詩。首二句書寫法華寺的大門可以迎接魁斗山及美人
鄉，然而在夕陽西下之時，寺裡平日還是相當的清冷。三、四句書寫人生如
夢，然而總有夢醒之時。醒時總有惘然之感，如同莊周疑惑自己是蝴蝶還是
莊周一般。後四句則是在書寫李茂春的精神魂魄依然想要護衛著山河，令人
爲之感動。

傅于天（？～？）與三角仔庄笳雲山莊呂汝玉、汝修、汝成昆仲交遊，
相與唱和，亦與丘龍章、逢甲父子交篤。有〈法華寺〉詩，如下：

弔古情深最可憐，重遊勝地集群賢。現身莫問莊生事，蝴蝶依依似
昔年。〔註143〕

詩中充滿了對李茂春的憐惜。首二句說明詩人和友人同時至法華寺遊玩，然
而詩人所著重者在於對李茂春的同情，所以他說「弔古情深最可憐」。三、四
句，則有物是人非的滄桑之慨。

呂汝修（1855～1889），師事吳子光。與其兄呂汝玉、其弟呂汝成合稱「海
東三鳳」，亦有〈遊法華寺〉：

夢蝶園空亦可憐，我來何處問遺賢。一龕剩有彌陀佛，不見詩人二
百年。浮李沉瓜到晚晴，修篁夏玉類搊箏。何須更借龍皮扇，鎮日
微涼閣殿生。〔註144〕

前四句中，呂汝修表達對李茂春的懷念，並因此詢問遺老有關當年之事。然
而法華寺本身亦有變動，一龕上現在只剩彌勒佛，而詩人早已二百年前就不
存在了。後四句則是書寫法華寺的夏季相當的涼爽，可以在此地浮李沉瓜，
享受夏日食用沁涼水果的暢快，風吹過竹林的聲音相當清脆悅耳，近似於彈
奏的箏音。法華寺中終日都是涼爽怡人，因此在此地是不需要龍皮扇來生風，

〔註142〕唐贊袞：〈蝶夢園〉，《臺灣關係文獻集零・十六・臺陽集・蝶夢園》，臺灣文
獻叢刊，第三〇九種，頁149。
〔註143〕傅于天：〈法華寺〉，《全臺詩——智慧型全臺詩知識庫》，上網日期：20141102，
網址：http://xdcm.nmtl.gov.tw/twp/b/b02.htm。《海東三鳳集・竹溪唱和集》、《臺
灣詩錄拾遺》。
〔註144〕呂汝修：〈遊法華寺〉，《全臺詩——智慧型全臺詩知識庫》，上網日期：
20141102，網址：http://xdcm.nmtl.gov.tw/twp/b/b02.htm。《餐霞子遺稿》、《竹
溪唱和集》。

產生涼意。

　　丘逢甲（1864～1912）亦有〈法華寺〉：

　　　　同此城南眼界開，登臨多爲昔賢哀。啣花鹿去餘青草，弔古人稀長

　　　　綠苔。佛座鐘聲驚夢幻，旃檀香篆熱爐灰。當年蝴蝶今何在，惆悵

　　　　莊周此日來。〔註145〕

此詩爲哀悼李茂春之詩。首二句點出自己登臨有哀傷之感。三、四句表現了
景物與昔時相比，亦有不合之處。五、六句以佛寺的鐘聲驚醒了生活於夢幻
之中的人，頂級的香篆亦作者並以莊周夢蝶之典故，將自己譬喻爲「惆悵莊
周」，表示內心的憑弔。

　　羅秀惠（1865～1943），在1898年有〈次陳渭川詞兄題法華寺韻〉：

　　　　一灣新綠漲橫溪，老柏森森夕照西。幾處落鬘輸古佛，數聲牧笛答

　　　　村雞。蒲團僧去禪心寂，樹杪雲連雨腳齊。忽憶南華聞說法，天花

　　　　亂落鳥空啼。〔註146〕

此詩爲羅秀惠的應和之作。畫面相當鮮明。首2句摹寫溪水漲起，呈現一片
灣灣的綠意，襯著日落時分的夕陽，照著茂盛的老柏。有著古意與蒼涼。接
著再搭配牧笛與村雞之聲，亦有幾分寥落之感。在和尚已離去的情況下，蒲
團顯得空虛，亦無禪心的呈現可言。樹梢上烏雲集結，因此雨開始密集地下。
忽然想起曾經有人說《南華經》的奧妙內容，那時可以說是天花因而墜落，
鳥兒也因此在空中鳴叫盛況。

　　許南英（1855～1917）有〈除夕日遊法華寺看梅〉，爲辛丑至壬寅（1901
～1902）所作：

　　　　除歲迎年忙不了，獨遊華寺探新春。寺僧亦向忙中去，讓與梅花作

　　　　主人。〔註147〕

〔註145〕丘逢甲：〈法華寺〉，《全臺詩——智慧型全臺詩知識庫》，上網日期：20141102，
　　　　網址：http://xdcm.nmtl.gov.tw/twp/b/b02.htm。此詩收於《柏莊詩草‧丘倉海
　　　　先生詩文錄》，又載王國璠編《柏莊詩草》、《海東三鳳集‧竹溪唱和集》。

〔註146〕羅秀惠：〈次陳渭川詞兄題法華寺韻〉，《全臺詩——智慧型全臺詩知識庫》，
　　　　上網日期：20141102，網址：http://xdcm.nmtl.gov.tw/twp/b/b02.htm。此詩收
　　　　於《臺灣日日新報》，「文苑」欄，1898年7月28日，第一版。

〔註147〕許南英：〈除夕日遊法華寺看梅〉，《全臺詩——智慧型全臺詩知識庫》，上網日
　　　　期：20141102，網址：http://xdcm.nmtl.gov.tw/twp/b/b02.htm。此詩收於許南英
　　　　《窺園留草》，又載《臺灣日日新報》，「藝苑」欄，1906年11月20日，第一
　　　　版、《臺灣日日新報‧漢文版》，「藝苑」欄，1906年11月20日，第一版。

許南英在除夕之時心血來潮,前往法華寺,因而留下此作。詩人一開始就意在言外,指稱在農曆除夕忙不了,為何會不忙呢?詩人並未明言,概因江山改易,歲時節令亦有所更動吧。為何選擇到法華寺呢?為的就是探新春。到了法華寺後發覺寺裡的僧人皆忙著除夕之事,所以詩人就讓梅花做主人來款待自己了。其中以梅花作主人,顯示了作者的雅趣。

　　林朝崧(1875～1915)在日治時期,亦有〈法華寺〉:

　　　　破寺無僧住,我來尋斷碑。荒園蝶影少,古樹鳥聲悲。大夢前人覺,
　　　　禪宗此日衰。如聞龍象泣,雨漏壞龕帷。〔註148〕

作者直接批評法華寺為破寺,並指出此地並無僧人在此駐守。因此林朝崧就在此地尋找斷碑,想讀讀碑上的記載。昔日的夢蝶園,今日已荒蕪,且蝶影稀少,只有古樹上有鳥兒在悲傷的啼叫。禪宗在此時亦已衰落,法華寺中年久失修,下雨時,雨滲漏而敗壞龕帷時,彷彿可以聽見龍象在哭泣。

　　蔡佩香(1867～1925)在1906年有〈法華寺觀寧靖王介圭歌〉:

　　　　法華寺外泓清可,法華寺中曇一朵。安閒徒步上高堂,祝融手執介
　　　　圭璋。殷勤訪問誰奇器,說是天球當日置。輔國將軍始授封,諸侯
　　　　錫爾最玲瓏。光騰煥若堅凝具,色美溫其特達佈。圓龍方虎象清真,
　　　　晉璧楚珩堪比鄰。雖是渡臺辭鄉里,深深愛惜猶無已。太息投繯絕
　　　　命陳,君臣大節此圭伸。流落人間纔覓得,每年一獻上南極。神光
　　　　拂拂昭代新,顧盼留連想古人。〔註149〕

在《臺灣雜詠》中述及寧靖王介圭之事,如下:

　　　　道光年間,農人掘土得圭:法華寺僧奇成以穀易之,滌去塵埃,見
　　　　「朱術桂」三字,知為王物。近已飭藏祠中。〔註150〕

介圭為一種大玉。根據上文,道光年間有農人掘土時得到玉圭,法華寺的和尚以穀物和他交換,在和尚用水將玉上的塵埃洗淨時,看見玉上有「朱術桂」三個字,於是就知道此玉原先為朱術桂所有,因此法華寺就將此玉收藏於寺

〔註148〕林朝崧:〈法華寺〉,《無悶草堂詩存・卷三(丙午至庚戌)・法華寺》,臺灣文
　　　　獻叢刊,第七二種,頁88。

〔註149〕蔡佩香:〈法華寺觀寧靖王介圭歌〉,《全臺詩——智慧型全臺詩知識庫》,上
　　　　網日期:20141102,網址:http://xdcm.nmtl.gov.tw/twp/b/b02.htm。此詩收於
　　　　《臺灣日日新報》,「詞林」欄,1906年12月26日,第一版,又載《漢文臺
　　　　灣日日新報》,「藝苑」欄,1906年12月26日,第一版。

〔註150〕何澂刊刻:《臺灣雜詠合刻・臺灣雜詠合刻・續詠十二首(原註)》,臺灣文獻
　　　　叢刊,第二八種,頁50。

中。而詩人蔡佩香到法華寺觀賞此玉，內心有所感觸，因而發之爲詩。蔡佩香看到的介圭，在火神祝融的手上。問寺人之人，才知道就是朱術桂之介圭，且以爲乃其受封爲輔國將軍時才有此玉圭。雖然告別了家鄉，來到臺地，但仍然相當珍愛這個玉圭。可嘆的是結局乃是自縊殉節，而此玉圭也就流落民間。現在只要看到這一個介珪，就會讓人開始緬懷他。

蔡佩香在 1918 年亦有〈題法華寺夢蝶園重修落成〉詩，如下：

> 一番氣象一番新，一夢方殘一夢眞。蝶影去留人在否，鐘聲斷續韻相因。梵宮高拱無塵俗，禪榻深藏隱茂春。地勝正多泉石趣，重來光彩老吟身。〔註151〕

法華寺經過一番修整後，氣象一新。詩人有所感慨，因而發之爲詩。蝶影去留之間，人事業已歷經變遷，鐘聲在斷續之間仍有餘韻可以相承接。改建後的法華寺爲高拱的形勢，而禪榻之中，還是有著隱士李茂春的精神。此地仍有許多值得賞玩的泉石山水，還是值得我們在此流連忘返。

林維朝（1868～1934）〈過法華寺弔李茂春〉三首，如下：

其一

> 有明海外一孤臣，夢蝶園中托此身。蒿目神州悲易代，甘心荒島作遺民。鴻篇著作傳孤憤，佛果菩提證淨因。古刹荒涼餘址在，徘徊憑弔倍傷神。〔註152〕

林維朝此詩仍在憑弔李茂春，對於其以明海外孤臣，甘作荒島遺民的氣節，相當感佩。因此在此古刹荒涼的餘址上，作者在此徘徊憑弔，爲之神傷不已。

其二

> 法華寺外獨徘徊，忍向青天問劫灰。夢蝶先生化蝶去，空餘舊址長莓苔。〔註153〕

〔註151〕蔡佩香：〈題法華寺夢蝶園重修落成〉，《全臺詩——智慧型全臺詩知識庫》，上網日期：20141102，網址：http://xdcm.nmtl.gov.tw/twp/b/b02.htm。此詩收於《臺灣日日新報》，「詩壇」欄，1918 年 12 月 16 日，第四版。

〔註152〕林維朝：〈過法華寺弔李茂春〉，《全臺詩——智慧型全臺詩知識庫》，上網日期：20141102，網址：http://xdcm.nmtl.gov.tw/twp/b/b02.htm。此詩收於陳素雲《林維朝詩文集・初囀集》。

〔註153〕林維朝：〈過法華寺弔李茂春〉，《全臺詩——智慧型全臺詩知識庫》，上網日期：20141102，網址：http://xdcm.nmtl.gov.tw/twp/b/b02.htm。此詩收於陳素雲《林維朝詩文集・初囀集》。

詩人有藉他人酒杯，以澆自己心中塊壘之感。首句書寫詩人在法華寺外獨自
徘徊許久，忍不住要向青天詢問：為何國家要遭逢如此的災難？而青天並沒
有回答。只留下許多青苔長在李茂春夢蝶園的舊址上。

其三

茅屋棲遲老一生，菩提證果自娛情。祇今古寺鐘魚響，彷彿當年誦
佛聲。〔註154〕

首二句書寫想像中的李茂春如何在茅屋中度過一生，三、四句則是描寫古寺
中的鐘與木魚的聲響，彷彿當年隱士的誦佛聲。

連城璧（1873～1958）亦有〈過法華寺弔李茂春（第三期課題）〉詩二首，
如下：

其一

桃源海外作遺民，一角園林結淨因。菩薩名傳真活佛，蒙莊夢斷老
詩人。優曇劫幻虛陳跡，古貝經殘證化身。片石城南今尚在，我來
憑弔轉傷神。〔註155〕

連城璧此詩亦是著重書寫李茂春的海外遺民的身份。因而憑弔他時，亦會為
其氣節所感動，而為之感慨不已。

其二

滄桑變幻幾經年，訪古遊來禮佛前。廟貌巍然高士地，詩魂歸傍大
明天。霸圖已失騎鯨主，海國難尋夢蝶仙。今日上方隨喜處，孝廉
身世感雲煙。〔註156〕

在歷經了許多滄海桑田，江山已改的情況下，詩人已難以追尋當年的痕跡，
一切都杳若雲煙。

王則修（1867～1952），臺南大目降（今新化）人，有〈法華寺重興三十

〔註154〕林維朝：〈過法華寺弔李茂春〉，《全臺詩——智慧型全臺詩知識庫》，上網日
期：20141102，網址：http://xdcm.nmtl.gov.tw/twp/b/b02.htm。此詩收於陳素
雲《林維朝詩文集・初囀集》。

〔註155〕連城璧：〈過法華寺弔李茂春（第三期課題）〉，《全臺詩——智慧型全臺詩知
識庫》，上網日期：20141102，網址：http://xdcm.nmtl.gov.tw/twp/b/b02.htm。
此詩收於「連城璧詩集」手稿。

〔註156〕連城璧：〈過法華寺弔李茂春（第三期課題）〉，《全臺詩——智慧型全臺詩知
識庫》，上網日期：20141102，網址：http://xdcm.nmtl.gov.tw/twp/b/b02.htm。
此詩收於「連城璧詩集」手稿。

週年紀念〉二首：

其一

三百年來蝶夢捐，法華寺古半頹然。重興有待高僧德，趺坐能安入
定禪。朗朗經聲多歲月，幢幢佛火熾香煙。迄今卅載叢林茂，整頓
群推住職賢。〔註157〕

首二句書寫法華寺經過了三百年，其中有大半都是頹然待修。幸運的是有住
持如此的優秀，將法華寺大肆整修後，而有了一番新的面貌。

其二

善感由來品似仙，惠心獨運覺無邊。住將杖錫安符缽，職奉袈裟伴
老禪。法號久標雙大字，華嚴長鎮卅週年。紀功崇德叢林古，念念
猶如蝶夢牽。〔註158〕

此詩乃是讚頌參與整修的住持，在整修已過30年後，大家依然還是相當感念。

謝國文（1887～1938）臺南人。亦有〈過法華寺弔李茂春〉詩，如下：

策寒城南外，淒然劫後塵。鴉啼蕭寺晚，蝶戀故園春。遺跡傳明士，
殘碑說鄭民。至今憑弔者，不見夢中人。〔註159〕

謝國文此詩表達了對李茂春的緬懷，他所著重之處仍然是在於其為明朝的遺
民氣節。

趙鍾麒（1863～1936）在1934年有〈法華寺〉詩：

南郭招提感慨多，徘徊桔柣舊山河。鄭王別館鶯花歇，名士荒園蝶
夢過。半月樓沉歌管寂，三摩地闢梵音哦。泠泠清磬悠悠處，可有
天花墜落麼。〔註160〕

〔註157〕王則修：〈法華寺重興三十週年紀念〉，《全臺詩——智慧型全臺詩知識庫》，
　　　　上網日期：20141102，網址：http://xdcm.nmtl.gov.tw/twp/b/b02.htm。此詩收
　　　　於《則修先生詩文集續編·三槐堂詩草》。
〔註158〕王則修：〈法華寺重興三十週年紀念〉，《全臺詩——智慧型全臺詩知識庫》，
　　　　上網日期：20141102，網址：http://xdcm.nmtl.gov.tw/twp/b/b02.htm。此詩收
　　　　於《則修先生詩文集續編·三槐堂詩草》。
〔註159〕謝國文：〈過法華寺弔李茂春〉，《全臺詩——智慧型全臺詩知識庫》，上網日期：
　　　　20141102，網址：http://xdcm.nmtl.gov.tw/twp/b/b02.htm。收於《省廬遺稿》。
〔註160〕趙鍾麒：〈法華寺〉，《全臺詩——智慧型全臺詩知識庫》，上網日期：20141102，
　　　　網址：http://xdcm.nmtl.gov.tw/twp/b/b02.htm。此詩收於曾笑雲《東寧擊缽吟
　　　　後集》，又載盧嘉興〈記臺南府城詩壇領袖趙雲石喬梓〉、石萬壽〈趙雲石喬
　　　　梓詩文初輯——詩〉。

趙鍾麒在法華寺的歷史背景下，有所感慨，因爲此地曾爲舊山河的活動中心，然而現今鄭王別館鶯花已經停止了，名士的故園亦已荒蕪，蝶夢已過。此地只有傳來梵音，不知清磬悠悠的地方，是否有天花紛紛墜落，以示佛理的高妙？

徐杰夫（1873～1959）1935年有〈過法華寺弔李茂春〉云：

> 淚灑煤山總未乾，孤臣無計挽迴瀾。奔來鯤島心尤痛，小築茅亭膝易安。日誦佛經空色相，時懷君父瀝忠肝。城南古寺停驂問，感慨滄桑改舊觀。〔註161〕

徐杰夫在1935年仍然在憑弔李茂春，主要是痛惜李茂春因爲孤臣無計力挽狂瀾的悲痛，所以才會以佛理來求解脫。作者並認爲李茂春在日誦佛經之時，其心心念念仍是家國之思，君父忠肝之念，所以作者才會在法華寺已是歷經滄桑，舊觀大改之時，仍會受到李茂春的感動，繼續爲其停驂、感慨。

法華寺由於具有李茂春曾在此居住過的歷史背景，所以在鼎革之際，便格外引人傷感。而佛門之地，具有鼓勵人勿執著，超脫現實，探求永恆智慧的修行目的。騷人墨客蒞臨此地，多有感慨，發而爲詩。

清領初期，法華寺因爲景色優美，成爲詩人尋幽訪勝的地方：「野寺鐘初起，香臺竹半遮」、「酒闌酣索句，絕勝入桃源」。詩人亦藉由李茂春夢蝶園的典故，抒發人生如夢的無常感慨，如「蝶夢空今古，經聲幾寂喧」、「人去蝶回渾是夢，僧歸花落已多年」、「蟲吟物外想，蝶夢幽中生」之句。

清領後期，法華寺依舊爲清幽的佛門聖地，有榕蔭、綠竹相伴，如「日暮歸來鐘磬寂，榕陰竹影共婆娑」、「浮李沉瓜到晚晴，修篁戞玉類搊箏」。但也有因西風東漸，戰火侵逼，感傷時局無常的詩句，如：「殘碑鬼物護山河，中有高人隱薜蘿；化蝶尋秋香入夢，感時花濺淚痕多」、「現身莫問莊生事，蝴蝶依依似昔年」。

日治時期，詩人因政權的改易，對李茂春的身世更能感同身受，更加強調他的遺民身分，如：「有明海外一孤臣，夢蝶園中托此身。舉目神州悲易代，甘心荒島作遺民」、「有明海外一孤臣，夢蝶園中托此身」、「桃源海外作遺民，一角園林結淨因」、「南郭招提感慨多，徘徊桔柣舊山河。鄭王別館鶯花歇，名士荒園蝶夢過」、「遺跡傳明士，殘碑說鄭民」、「淚灑煤山總未乾，孤臣無計挽迴瀾」之句，皆別有沉痛蒼涼之感。

〔註161〕徐杰夫：〈過法華寺弔李茂春〉，《全臺詩──智慧型全臺詩知識庫》，上網日期：20141102，網址：http://xdcm.nmtl.gov.tw/twp/b/b02.htm。此詩收於賴子清《臺灣詩醇》，又載《嘉義縣志‧學藝志》。

圖 23　開元寺，上網日期：20150306，網址：http://tw01.org/profiles/blogs/lai-qing-de-ji-de-dao-tai-nan。

圖 24　開元寺（日治時期明信片）上網日期：20150619，網址：http://blog.xuite.net/c0916439966/twblog/115160302-%E6%88%80%E5%BF%B5%E5%8F%B0%E5%8D%97%E6%83%85---%E9%96%8B%E5%85%83%E5%AF%BA(%E6%97%A5%E6%93%9A%E6%99%82%E6%9C%9F%E6%98%8E%E4%BF%A1%E7%89%87)。

圖 25　七絃竹（開元寺後院）（相傳鄭經的母親董氏，素來鍾愛修竹居於「北
　　　　園別館」時，特地從河南臥龍岡，飄洋過海，移植竹中異品──七絃
　　　　竹來台種植，迄今逾 300 年，依然生氣蓬勃，欣欣向榮），上網日期：
　　　　20150619，網址：http://xi5398.pixnet.net/blog/post/21698968-%E5%8F%
　　　　B0%E5%8D%97%E9%96%8B%E5%85%83%E5%AF%BA%EF%BC%
　　　　88%E5%8D%81%E4%B8%89-%EF%BC%89-%E5%BE%8C%E9%99%
　　　　A2%26%E4%B8%83%E7%B5%83%E7%AB%B9%EF%BC%8897.6.29
　　　　%EF%BC%89。

三、海會寺（開元寺）

臺南開元寺位於臺灣臺南市北區，在 1985 年已是二級古蹟，原稱「海會寺」：

> 臺南開元寺位於臺灣臺南市北區，清朝時的柴頭港溪溪畔，於民國
> 74 年（1985 年）8 月 19 日公告爲二級古蹟。該寺創於清朝康熙年
> 間，原稱海會寺，是台灣著名的寺廟和最早創立的官方寺院。[註162]

開元寺建於 1680 年（永曆 34 年），曾經是鄭經運籌帷幄之地，有「承天府行臺」之稱，也是鄭經圍射酣樂之所，鄭經之母董氏晚年安居於此，具有歷史傳奇色彩，又有榴禪寺及海靖寺之稱，咸豐年間改名「開元寺」，此後即成定稱：

> 臺南地區的佛教大叢林。位於洲仔尾（今臺南市北區一帶），建於
> 1680 年（永曆 34 年），是鄭經圍射酣樂之所；鄭經之母董氏晚年安
> 居於此，又有洲仔尾園亭、鄭氏北園、鄭氏舊宅的別稱，此地也是
> 鄭經運籌帷幄之地，因此又有「承天府行臺」之稱。鄭氏降清後，
> 1690 年（康熙 29 年），臺灣鎮總兵王化行以臺灣「惟少一梵剎」，
> 提議改建爲寺，獲臺廈道兵巡王效宗許可，聘請從中國江西雲遊來
> 臺的志中禪師爲第一任住持，翌年 4 月落成，名爲海會寺，又名榴
> 禪（環）寺、開元寺。[註163]
>
> 到了乾隆 15 年（1750 年），巡道書成重修該寺，且因該寺多石榴又
> 是禪宗流派臨濟宗在臺灣的本山，便改寺名爲「榴禪寺」，但不久又
> 恢復舊名。乾隆 42 年（1772 年），臺灣知府蔣元樞整修該寺，並奠
> 基該寺的格局，並留下碑記。[註164]
>
> 海靖寺舊名海會寺，在永康里，即鄭氏北園也。康熙二十九年，臺
> 廈道王效宗、總鎮王化行改建爲寺，亦名開元寺。嘉慶元年，提督
> 哈當阿修，改今名。[註165]

[註162] 〈開元寺（臺南）〉，上網日期：20150102，網址：http://zh.wikipedia.org/wiki/%
E9%96%8B%E5%85%83%E5%AF%BA_%28%E8%87%BA%E5%8D%97%29。

[註163] 闞正宗：〈開元寺〉，《臺灣大百科全書》，文化部，上網日期：20150619，網
址：http://nrch.cca.gov.tw/twpedia.php?id=4347。

[註164] 遠流臺灣館：《台南歷史深度旅遊》，臺北市遠流出版社，2003 年，頁 252～
273 頁。

[註165] 孫爾準等修、陳壽祺纂：《福建通志臺灣府·錄自重纂福建通志卷二百六十五·
臺灣府臺灣縣》，臺灣文獻叢刊，第八四種，卷二百六十五，頁 889。

在嘉慶元年（1796 年）時，爲慶祝皇帝登基，臺灣總兵哈當阿遂取「聖天子綏靖海疆至意」將寺名改爲「海靖寺」，並予以重修、題獻三匾。〔註166〕

咸豐九年（1859 年）時，寺名確定爲「開元寺」。〔註167〕

高拱乾《臺灣府志》記載海會寺爲康熙 29 年建，其前身爲鄭氏別館，此爲最早的方志文獻紀錄：

> 海會寺　康熙二十九年建。在府治北六里許。舊爲鄭氏別館；蕩平之後，總鎮王化行、臺廈道王效宗因其故趾建爲寺宇。佛像最勝，住僧雲集焉（碑記載「藝文志」）。〔註168〕

康熙時，王化行、王效宗將此地改爲海會寺，此地佛像最爲莊嚴，因而前來的僧侶相當多。乾隆時，劉良璧《重修福建臺灣府志》亦有相類似的記載：

> 海會寺：即鄭氏北園也。康熙二十九年，臺廈道王效宗、總鎮王化行改建爲寺。佛像莊嚴，寺宇寬敞；亦名開元寺。寺田在寺後洲仔莊，五十甲；又寺前園六甲零，又檨園一所，爲本寺香燈。〔註169〕

海會寺的前身爲鄭氏北園，後來改建爲海會寺，此處佛像莊嚴，寺宇寬敞，又稱爲開元寺。道光時，李元春《臺灣志略》記載北園別館：

> 北園別館，在永康里。鄭爲其母董氏建，後廢。康熙二十五年，巡道周昌因其地有茂林深竹，乃結亭築室爲之記，且繪而圖之。諸羅令季麒光顏曰「致徹」。二十九年，巡道王效宗、總鎮王化行改爲海會寺。〔註170〕

北園別館是鄭經爲他的母親董夫人所建，此地有茂林深竹，甚爲清幽。由於此地爲明鄭時期領導者及家族的重要活動據點，因此，相關作甚多，茲舉要分述之。

齊體物有〈北園別館（即海會寺）〉詩，如下：

> 冷月橫斜弔子規，當年黃幄爾徒爲？梁塵尚逐梵音起，幡影猶疑舞

〔註166〕石萬壽：《樂君甲子集》，臺南市政府文化局，2004 年，218～219 頁。

〔註167〕傅朝卿：《台南市古蹟與歷史建築總覽》，臺南市：臺灣建築與文化資產出版社，2001 年，頁 136～137。

〔註168〕高拱乾：《臺灣府志·外志·寺觀（附宮廟）》，臺灣文獻叢刊，第六五種，卷九，頁 219。

〔註169〕劉良璧：《重修福建臺灣府志·古蹟（井泉、宮室、寺觀、宅墓附）·寺觀（附）·臺灣縣》，臺灣文獻叢刊，第七四種，卷十八，頁 466。

〔註170〕李元春：《臺灣志略·勝蹟》，臺灣文獻叢刊，第一八種，卷一，頁 44。

袖垂。風雨有時聞響屧，林花何處長胭脂？是空是色渾閒事，祇合
登臨不合悲。〔註171〕

由「幡影猶疑舞袖垂」、「林花何處長胭脂」、「是空是色渾閒事」之句中，可
以看出齊體物有批判鄭經在北園別館中縱情聲色之意。

　　婁廣（？～？），康熙 44 年（1705）任分巡臺廈道標守備。亦有〈海會
寺〉：

此地當年擬館娃，蜃樓海市霸圖賒。王孫已去遺芳草，宮院誰來掃
落花。歌管聲沈聞貝葉【歌管聲沈聞貝梵】，舞衫采徹現袈裟。我非
佞佛閒隨喜【我非竹院空閒過】，喜見梯航屬一家。〔註172〕

婁廣此詩「此地當年擬館娃，蜃樓海市霸圖賒」二句，批判鄭經在北園別館
縱情聲色、蓄養美女，因此，鄭氏的霸業如海市蜃樓一般虛幻。「歌管聲沈聞
貝葉，舞衫采徹現袈裟」二句則是書寫海會寺已成佛門之區，歌管之聲已湮
沒而不聞，代之而起的是誦經的聲音，頗有景物移易，世事無常之感。

　　李欽文（？～？），康熙 60 年（1721）歲貢生。其〈海會寺〉：

迴思往事白雲間，止有青松不解顏。魚鼓高低忙處響，鳥笙上下靜
中環。天開海國蓮稱社，月映蜂臺禪閉關。休問當年衰盛事，於今
長見老僧閒。〔註173〕

「魚鼓高低忙處響，鳥笙上下靜中環。天開海國蓮稱社，月映蜂臺禪閉關」
四句描繪海會寺現狀為佛寺莊嚴之地，處處充滿著佛教警醒世人的梵音，禪
意處處可見。「休問當年衰盛事，於今長見老僧閒」二句，則是直接指出：當
年明鄭時期北園別館的衰盛之事，猶如一場夢幻，不需再提，現今所見，只
有眼前的老和尚悠閒地在此地修行。

　　孫元衡（？～？），於 1705 年來臺，有〈陪憲副王公、總戎張公偕諸僚
友往觀禾稼，歸途讌集海會寺，抵暮而返〉三首：

其一

海國原多稼，年來旱病耕。一秋逢十雨，庶類得更生。綠野稅珍駕，

〔註171〕齊體物：〈北園別館（即海會寺）〉，《臺灣府志・藝文志・詩・海會寺》，臺灣
　　　　文獻叢刊，第六五種，卷十，頁 287。
〔註172〕婁廣：〈海會寺〉，《重修福建臺灣府志・藝文（奏疏、公移、文、序、記、賦、
　　　　詩）・詩・海會寺・婁廣》，臺灣文獻叢刊，第七四種，卷二十，頁 584。
〔註173〕李欽文：〈海會寺〉，《重修福建臺灣府志・詩・海會寺・李欽文》，臺灣文獻
　　　　叢刊，第七四種，卷二十，頁 585。

青林枉結旌。斯遊真省歛（時有租糧緩征之請），田父喜相迎。〔註174〕

由詩題可知，作者乃是和同事一起觀看農作物生長的情形，在歸程中到海會寺用餐而寫下的作品。在此詩中，書寫了農作物由於乾旱的問題，提及地方官為民著想，而時有向中央請求緩征租糧的舉動，因而農夫都高興地迎接地方官的到來。

其二

民氣經秋靜，風光入野閒。錦鞍牛共馬（從者皆乘黃犢），隊仗役兼

蠻。蔗葉青連海，稻花香過山。三農逢樂歲，辛苦念孤鰥。〔註175〕

此詩書寫了作者眼中臺地農作物茂盛生長的情形，有蔗葉青青如海般遼闊及稻花的香味在另一座山都可以聞得到。「錦鞍牛共馬（從者皆乘黃犢），隊仗役兼蠻」二句書寫臺南的特有景觀——騎乘牛車及任用當地的原住民為衛兵，擔任手持儀仗隊伍。「三農逢樂歲，辛苦念孤鰥」之句表達作者身為地方官，在樂歲之時，仍是不忘關心社會上的弱勢族群。

其三

回轡入禪林，停輿就夕陰。餓鷗鳴斗酒，飛騎致庖禽。布席山門敞，

行廚竹徑深。雙榕亂黃鳥，鐘磬會清音。〔註176〕

此詩書寫作者三人在海會寺中宴集的情形。在日落返程的路途中，他們在海會寺停留下來，就寺中用餐。在佛教莊嚴的場地中，有著黃鳥在雙榕中鳴叫，亦有鐘磬之清音，陪伴著作者三人，亦是相當愜意。

張湄（？～？）乾隆 6 年（1741）任巡臺御史兼理提督學政，有〈勸農歸，路經海會寺次韻〉：

其一

山郭雨初霽，招提忽入來。寒雲流梵韻，濕翠上蓮臺。□為投詩滿

（僧石峰能詩），扉緣憩客開。催耕餘好鳥，人靜語林隈。〔註177〕

此詩為作者的應和之作，亦是在勸農耕種之後，路經海會寺而有所吟詠。「山郭雨初霽，招提忽入來。寒雲流梵韻，濕翠上蓮臺」四句敘述：在山上雨初

〔註174〕孫元衡：《赤崁集‧戊子》，臺灣文獻叢刊，第一○種，卷四，頁75。

〔註175〕孫元衡：《赤崁集‧戊子》，臺灣文獻叢刊，第一○種，卷四，頁75。

〔註176〕孫元衡：《赤崁集‧戊子》，臺灣文獻叢刊，第一○種，卷四，頁75。

〔註177〕張湄：〈勸農歸路經海會寺次韻〉，《重修福建臺灣府志‧詩‧勸農歸路經海會寺次韻》，臺灣文獻叢刊，第七四種，頁596。

停之時，有遊行僧忽然進入法會寺中。此時，天上寒雲呈現出佛教禪宗的韻致，濕潤綠色苔蘚也在臺階上留下別有幽趣的痕跡。「□爲投詩滿，扉緣憩客開」二句書寫海會寺有僧人擅詩，因此吸引騷人墨客們不斷與他相互唱和；此地的山門總是因爲歡迎客人到此歇息，時常敞開。「催耕餘好鳥，人靜語林隈」二句，敘述在催耕之後，海會寺一帶已無人語喧譁，只有美妙的鳥鳴聲，襯托山林的寧靜，也顯出詩人的悠閒。

其二

> 野趣自清曠，豐年情不同：泉香茶碗碧，火宿石鑪紅。眺海三層閣，
> 栽花半畝宮。舊時歌舞處，夕磬散煙空。〔註178〕

作者書寫了在海會寺悠閒。「泉香茶碗碧，火宿石鑪紅。眺海三層閣，栽花半畝宮」四句表達作者在此可以享用到好泉烹煮出來的茶，也可擁著爐火在此地過夜，更可在三層閣高之處遠眺海域，或在以往的宮室中栽種了半畝大的花圃。視野所及，一片優美的景色。「舊時歌舞處，夕磬散煙空」二句，敘述了作者的今昔之感：以往鄭經縱情歌舞的氛圍，現在因爲佛寺黃昏敲磬的聲音，化爲煙消霧散，不見踪跡。

張湄亦有〈海會寺〉，亦頗有物換星移的感慨：

> 歌罷蠻腔易梵腔【歌罷蠻姬易梵腔】，層樓煙際晚鐘撞。吟詩賭弈人
> 稀到，閒煞孤寒白菊牕。〔註179〕

「歌罷蠻腔易梵腔，層樓煙際晚鐘撞」二句書寫海會寺歷經鄭經縱情歌舞之後，已改變充滿佛樂的海會寺。晚間時，在煙霧瀰漫的層樓之間，會有晚鐘，用以提醒世人。「吟詩賭弈人稀到，閒煞孤寒白菊牕」二句敘述當時吟詩、賭弈，人聲喧鬧的歡宴景象，現在已是相當罕見，致使海會寺種著白菊的窗子，顯得更爲孤寂、寒冷。

林振芳（？～？），清乾隆34年（1769）鳳山縣歲貢。有〈遊海會寺〉：

> 獨愛清幽此地來，不辭芒屨踏蒼苔。煙迷竹徑鐘聲遠，雲歛溪山梵
> 宇開。勝蹟何須金布砌，上方寧異玉生臺。談空閒士遲歸思，無數

〔註178〕張湄：〈勸農歸路經海會寺次韻〉，《重修福建臺灣府志·詩·勸農歸路經海會寺次韻》，臺灣文獻叢刊，第七四種，頁596。
〔註179〕張湄：〈海會寺〉，《續修臺灣府志·雜記·寺廟·附考》，臺灣文獻叢刊，第一二一種，卷十九，頁651。

閒禽綠水隈。〔註180〕

「獨愛清幽此地來，不辭芒屨踏蒼苔」二句書寫因為海會寺的清幽，作者穿著草鞋，踏著青翠苔痕的石階，到此來尋幽訪勝。「煙迷竹徑鐘聲遠，雲斂溪山梵宇開」二句敘寫在一片雲霧繚繞的竹徑中，可以聽到遠處傳來的鐘聲；雲霧在此地徘徊聚合，相當有韻致。「勝蹟何須金布砌，上方寧異玉生臺。談空閒士遲歸思，無數閒禽綠水隈」四句中，作者直言：勝地何須金碧輝煌，因為在談玄論道，相當快樂，使得作者在此地流連忘返，遲遲沒有回去的意思。

書山（？～1775），清乾隆7年（1742）任巡視臺灣監察御史，其〈勸農歸路經海會寺與諸同人分賦〉詩三首：

其一

雨後勸農畢，還尋古剎來。鐘聲飄蘚徑，衲子出香臺。莿竹排簷種，
優曇滿院開。分題禪榻畔，小憩水雲隈。〔註181〕

此詩亦是作者進行勸農後，回程路經海會寺的應和之作。「鐘聲飄蘚徑，衲子出香臺。莿竹排簷種，優曇滿院開」四句描述海會寺的鐘聲從長滿了苔蘚的小徑飄盪著，和尚從香臺後出現，屋簷下種的是一排排莿竹，優曇花還在庭院中盛開。「分題禪榻畔，小憩水雲隈」二句描寫作者在詩會分題賦詩之後，在山水彎曲的幽靜之處稍作休息。

其二

問訊詞壇客，山僧逸興同。地高晴翠合，林靜妙香通。登眺消塵慮，
安閒步梵宮。寸心持半偈，頓覺海天空。〔註182〕

「地高晴翠合，林靜妙香通」二句藉由書寫此地景致的幽靜、佳妙，表達作者內心的平靜喜悅。「登眺消塵慮，安閒步梵宮」二句敘寫作者登高遠眺及安閒散步於其中，所有塵思俗慮一掃而空。「寸心持半偈，頓覺海天空」之句，可知作者修習佛教偈語，因有所領悟，頓時覺得海闊天空。

〔註180〕林振芳：〈遊海會寺〉，《重修鳳山縣志·藝文志（中）·詩賦·遊海會寺》，臺灣文獻叢刊，第一四六種，卷十二中，頁419～420。

〔註181〕書山：〈勸農歸路經海會寺與諸同人分賦〉，《重修福建臺灣府志·詩·勸農歸路經海會寺與諸同人分賦》，臺灣文獻叢刊，第七四種，頁597。

〔註182〕書山：〈勸農歸路經海會寺與諸同人分賦〉，《重修福建臺灣府志·詩·勸農歸路經海會寺與諸同人分賦》，臺灣文獻叢刊，第七四種，頁597。

其三

勸農親民事【勤農親民事】【省稼親民事】【省藉親民事】，歸途逸興
同。地高濃翠合，林靜妙香通。喜得千村雨，閒來一畝宮。寸心持
半偈，頓覺海天空。〔註183〕

此詩與其二的詩句有所重合，蓋傳抄訛誤之故。但此詩表達作者身爲地方官
關心農事、關懷百姓的行爲。由於一切順利，因而在勸農耕種之時後，仍有
逸興，因而停下來觀察海會寺的景色，頓時有海闊天空之感。

　　錢琦（1704～？）有〈海會寺〉如下：

草莽英雄地，樓臺歌舞春。荒煙迷斷礎，淨業懺前因。潮長龍歸缽，
亭空鳥喚人。自今依慧日，無復海揚塵。〔註184〕

錢琦此詩乃書寫明鄭時期的舊事，表達今昔之感，亦期待干戈無復再起。「草
莽英雄地，樓臺歌舞春」二句敘述此地昔日爲明鄭時期的重要活動地點，曾
經多少次的樓臺歌舞，春日歡宴在此進行。「荒煙迷斷礎，淨業懺前因。潮長
龍歸缽，亭空鳥喚人。」四句敘寫昔日的樓臺化爲荒煙蔓草之間的斷礎，曾
經的草莽英雄在現今海會寺中佛法的籠罩下，也應好好懺悔自身的過失。傳
說中的海中之龍已皈依佛法，昔日的亭臺只留下鳥鳴。「自今依慧日，無復海
揚塵」二句書寫作者內心的期待：海會寺建成之後，日後不再有戰爭出現。

　　陳輝（？～？）爲乾隆 3 年（1738）舉人。善文工詩。其〈海會寺次壁
間韻〉：

疏桐曲逕對荒亭，得句閒吟任放情。處處青畦延綠畝，村村柳暗又
花明。禪居筧水當廚近，野笠鋤雲掠地輕。古寺鐘敲天境外，霸圖
空剩舊雕楹。〔註185〕

「處處青畦延綠畝，村村柳暗又花明。禪居筧水當廚近，野笠鋤雲掠地輕」
四句書寫自然風景的迷人，表露作者內心的平靜、悠閒。「古寺鐘敲天境外，
霸圖空剩舊雕楹」二句指出在鄭氏別館成爲海會寺後，此地已是古寺鐘聲在

〔註183〕書山：〈勸農歸路經海會寺與諸同人分賦〉，《重修福建臺灣府志・詩・勸農歸
　　　　路經海會寺與諸同人分賦》，臺灣文獻叢刊，第七四種，頁 597。
〔註184〕錢琦：〈海會寺〉，《重修臺灣縣志・祠宇志・祠（附寺宇）・寺宇（附）・海會
　　　　寺・巡臺御史錢琦詩》，臺灣文獻叢刊，第一一三種，卷六，頁 195～196。
〔註185〕陳輝：〈海會寺次壁間韻〉，《全臺詩——智慧型全臺詩知識庫》，上網日期：
　　　　20141102，網址：http://xdcm.nmtl.gov.tw/twp/b/b02.htm。此詩收於六十七《使
　　　　署閒情》，又載陳漢光《臺灣詩錄》。

天際迴盪，當年歌舞不見，只剩下舊有的雕楹可以證明當年明鄭時期的霸業。

陳輝亦有〈春日遊海會寺〉：

> 翠竹斜榕小徑通【翠竹青榕小徑通】，招提舊日館娃宮【招提舊是館
> 娃宮】。曇花冷對粧樓月，貝葉寒生舞殿風。野色蒼茫留院落，溪煙
> 黯淡到簾櫳。尋春莫問歡娛事，霸業興亡總是空。〔註186〕

「曇花冷對粧樓月，貝葉寒生舞殿風」二句表達對明鄭王朝的感慨，昔日歌
舞昇平的鄭氏別館，今日成為曇花、貝葉圍繞的海會寺，因此，最後說出「霸
業興亡總是空」之語。

盧九圍（？～？）乾隆年間（1736～1795）邑諸生，有〈海會寺（舊為
榴環寺）〉：

> 月戶雲扉半草萊，猶誇當日起樓臺。寒枝莫辨金環處，貝闕誰留玉
> 帶來？織水真機魚活潑，縈花幻夢蝶徘徊。高僧自證無生訣，懶向
> 他年論劫灰。〔註187〕

盧九圍此詩同樣也書寫此地明鄭時期王朝的興衰，末四句「織水真機魚活潑，
縈花幻夢蝶徘徊。高僧自證無生訣，懶向他年論劫灰」指出：作者感慨人間
世事興亡成敗，如夢似幻，猶如莊周夢蝶。經由海會寺的高僧的講經說法，
作者內心有所體悟，朝代興亡更迭只是諸法無常的顯現，已無須再執著、深
究。

黃汝濟（？～？）嘉慶 5 年（1800）拔貢，有〈重陽日同友人遊海會寺
席上分韻拈得禪字〉：

> 昔擬館娃今禮禪，樓臺鐘鼓尚依然。為乘豪興酬佳節，暫憩叢林淨
> 俗緣。地久莫尋藏蟒穴，庭空猶見散花天。與君話盡興亡事，半是
> 詩狂半酒顛。〔註188〕

首二句「昔擬館娃今禮禪，樓臺鐘鼓尚依然」書寫今昔對比，以前為鄭經縱
情聲色的場所，現在是禮佛的海會寺，以往的樓臺鐘鼓，如今依然存在。「為

〔註186〕陳輝：〈春日遊海會寺〉，《重修臺灣府志・藝文（六）・詩（三）・春日遊海會
寺》，臺灣文獻叢刊，第一〇五種，卷二十五，頁805。

〔註187〕盧九圍：〈海會寺〉，《重修臺灣府志・藝文（六）・詩（三）・海會寺》，臺灣
文獻叢刊，第一〇五種，卷二十五，頁807。

〔註188〕黃汝濟：〈重陽日同友人遊海會寺席上分韻拈得禪字〉，《全臺詩——智慧型全
臺詩知識庫》，上網日期：20141102，網址：http://xdcm.nmtl.gov.tw/twp/b/b02.
htm。此詩收於薛志亮《續修臺灣縣志》〈藝文〉。

乘豪興酬佳節，暫憩叢林淨俗緣」二句點明詩人在重陽節時，和朋友來到此處歇息。「地久莫尋藏蟒穴，庭空猶見散花天」二句敘及以往明鄭時期的一切，因爲時隔甚久，已無從尋起，曾經人聲喧鬧的庭院現今已淨空，到處可見佛寺事物。「與君話盡興亡事，半是詩狂半酒顛」二句說明作者和朋友在重陽佳節，爲了賦詩和酒談，不禁聊起當年明鄭時期的興亡之事。

張以仁（？～？），清嘉慶年間人士（1796～1820），嘉義縣學稟生。有〈秋月遊海會寺〉二首：

其一

黃花黃葉逼深秋，出郭來從野寺遊。抖擻征衣還未了，一聲清磬度
林邱。〔註189〕

此詩爲七言絕句。「黃花黃葉逼深秋，出郭來從野寺遊」二句書寫在深秋之時，來海會寺遊玩。「抖擻征衣還未了，一聲清磬度林邱」二句敘述作者在忙著整理自己的衣服時，從遠處樹林裡傳來清磬之聲。在秋天夜晚散步，在林間傳來清磬之音，頗有餘音繚繞、滌淨心靈之感。

其二

密竹深林舊館娃，霸圖空後現袈裟。只今一片禪心月，曾照當年舞
袖家。〔註190〕

「密竹深林舊館娃，霸圖空後現袈裟」二句書寫在此地一片茂密的竹林深處，是昔年鄭經蓄養美人的場所，明鄭時期的霸業化爲空之後，這裡轉變爲海會寺，有很多身著袈裟的僧侶在此聚集。「只今一片禪心月，曾照當年舞袖家」二句敘寫現在海會寺的夜晚，只有一片充滿禪意的月光，照耀著當年美人歌舞之處。

日治時期，有許多以開元寺爲題之詩，春秋佳日會集，南社舉行擊鉢吟與詩鐘競作，平日亦有例會小集，開元寺爲社員最常聚會的場所。以此爲題的詩作相當多，茲舉要分述之。

吳德功（1850～1924），世居彰化，有〈開元寺〉：

臺陽城北鄭家園，樹木陰森鳥雀喧。策士謀臣同憩息，祇今建寺號

〔註189〕張以仁：〈秋月遊海會寺〉，《續修臺灣縣志·藝文（三）·詩·秋月遊海會寺·
　　　　張以仁》，臺灣文獻叢刊，第一四〇種，卷八，頁629。

〔註190〕張以仁：〈秋月遊海會寺〉，《續修臺灣縣志·藝文（三）·詩·秋月遊海會寺·
　　　　張以仁》，臺灣文獻叢刊，第一四〇種，卷八，頁629。

開元。〔註 191〕

「臺陽城北鄭家園，樹木陰森鳥雀喧」首二句以今昔對比，呈現清寂之感。昔日的明鄭北園，在樹木森森中只有鳥雀在此喧鬧。「策士謀臣同憩息，祇今建寺號開元」二句書寫當時的策士謀臣與鄭經同在此處歇息、宴會，現今只有佛寺之名爲「開元」。昔時的雄心，與現今景況相較，作者內心深深的感慨不言而喻。

林朝崧（1875～1915）有〈游開元寺有感（作者註：「以下己酉（1909）。」）〉：

> 江城煙景正陽春，訪古招提話劫塵。半壁東南猶可據，一家楚越太無因。滄桑故國悲遺老，花木荒園説養親。日暮倚欄聽杜宇，聲聲似怨董夫人。〔註 192〕

「江城煙景正陽春，訪古招提話劫塵」二句說明林朝崧到開元寺訪古，聽到了僧侶談論起當年明鄭的衰亡。「半壁東南猶可據，一家楚越太無因」二句批判鄭經去世後，家族爲了權勢鬥爭，實在是令人無法理解。「日暮倚欄聽杜宇，聲聲似怨董夫人」二句作者心中對董夫人插手國事，引發東寧政變，致使鄭克𡒊被殺害，頗有微辭。

謝國文（1887～1938）〈宿開元寺與笑菊詞長話別即事并似成圓愼淨兩上人〉：

> 玉蘭香澹一龕鐙，復甫斯庵本寺僧。鐘鼓夜闌人不寐，煙花春盡雨尤蒸。叩關我問天眞佛，去國誰憐耐久朋。食菜思蓴了無味，超然何處避蒼蠅。〔註 193〕

「玉蘭香澹一龕鐙，復甫斯庵本寺僧」二句藉明鄭時期陳永華及沈光文二人譬喻友人，表達了對友人的讚美及敬重。「叩關我問天眞佛，去國誰憐耐久朋」二句敘述作者告別友人的不捨之情。「食菜思蓴了無味，超然何處避蒼蠅」二句書寫思鄉歸隱的心境，不願再沾染人事間各項事物的紛紛擾擾。

蔡佩香（1867～1925）在 1918 年有〈張肖文先生同遊開元寺〉：

〔註 191〕吳德功：〈開元寺〉，《臺灣詩鈔・吳德功・開元寺》，臺灣文獻叢刊，第二八○種，卷十一，頁 195。

〔註 192〕林朝崧：〈游開元寺有感（作者註：「以下己酉（1909）。」）〉，《全臺詩——智慧型全臺詩知識庫》，上網日期：20141102，網址：http://xdcm.nmtl.gov.tw/twp/b/b02.htm。此詩收於《無悶草堂詩存》。

〔註 193〕謝國文：〈宿開元寺與笑菊詞長話別即事并似成圓愼淨兩上人〉，《全臺詩——智慧型全臺詩知識庫》，上網日期：20141102，網址：http://xdcm.nmtl.gov.tw/twp/b/b02.htm。收於《省廬遺稿》。

鄭家霸氣已全收，勝蹟東瀛此尚留。佛自無言施露淨，僧還入定等
雲遊。禪心一片清如水，暮色千株冷近秋。楹帖半皆名士撰，嗟吁
歲月古今流。〔註194〕

日治時期的開元寺爲觀光名勝之一，因此詩人蔡佩香和友人張肖文同遊開元
寺之後，而有此作。首二句「鄭家霸氣已全收，勝蹟東瀛此尚留」即點出此
處的歷史，昔日爲鄭家的北園別館，今日成爲大家遊歷的觀光勝地。「佛自無
言施露淨，僧還入定等雲遊。禪心一片清如水，暮色千株冷近秋」四句表達：
此地已轉爲佛門聖地，所以淡化了昔日的興衰。「楹帖半皆名士撰，嗟吁歲月
古今流」二句書寫在這裡有許多名人留下的詩作墨蹟，看著它們，不禁令人
感嘆自古至今，時間的流逝不曾停歇。

　　趙鍾麒（1863～1936），有〈過開元寺有作 得魚韻〉發表於 1919 年：

大地如爐熱未袪，借來僧院夏消除。抽身塵海隨鴻爪，飽飯香廚飫
野蔬。萬古繁華同嚼蠟，一時群動止蝡蛆。詩人亦自饒清福，雅有
同心爾汝予。〔註195〕

此詩爲應和之作。「大地如爐熱未袪，借來僧院夏消除」二句書寫臺南夏季炎
熱，因此作者前來開元寺避暑消夏。「抽身塵海隨鴻爪，飽飯香廚飫野蔬。萬
古繁華同嚼蠟，一時群動止蝡蛆」四句中，作者以雪泥鴻爪之喻，說自己前
來此處的偶然，在此飽餐了一頓鄉野蔬食；在此歷史悠久的開元寺，忽然覺
悟自古以來的繁華之景都不是眞實不變的存在，如同嚼蠟一般的無趣。人的
一生爲了名利熙熙攘攘，亦如同蟲蛆蝡動，終將止息。「詩人亦自饒清福，雅
有同心爾汝予」二句敘述：詩人是幸運的，富有清福，得以和同樣擁有閒逸
悠雅友人享受一分清閒啊！

　　開元寺前身爲鄭氏別館，清領時期名稱數變，日治時期爲許多詩人集會
賦詩之處，其歷史淵源甚深。清領時期的古典詩論及開元寺者，多批判鄭經
縱情聲色之言，如：「梁塵尚逐梵音起，幡影猶疑舞袖垂」、「此地當年擬館娃，

〔註194〕蔡佩香：〈張肖文先生同遊開元寺〉，《全臺詩——智慧型全臺詩知識庫》，上
　　　　網日期：20141102，網址：http://xdcm.nmtl.gov.tw/twp/b/b02.htm。此詩收於
　　　　《臺灣日日新報》，「詩壇」欄，1918 年 10 月 3 日，第六版。
〔註195〕趙鍾麒：〈過開元寺有作 得魚韻〉，《全臺詩——智慧型全臺詩知識庫》，上
　　　　網日期：20141102，網址：http://xdcm.nmtl.gov.tw/twp/b/b02.htm。此詩收於
　　　　黃慎淨《開元寺徵詩錄》，又載盧嘉興〈記臺南府城詩壇領袖趙雲石喬梓〉、
　　　　盧嘉興〈北園別館與開元寺〉、石萬壽〈趙雲石喬梓詩文初輯－詩〉。

蜃樓海市霸圖賒」、「密竹深林舊館娃，霸圖空後現袈裟」。而地方官勸農亦於
海會寺休息，而多所賦詩，表達對臺灣人民的鼓勵，如：「民氣經秋靜，風光
入野聞」、「野趣自清曠，豐年情不同」。

　　日治時期，開元寺為當地詩人舉行集會的重要場所，歷經政權改易之後，
論及明鄭王朝的興衰，頗有藉此喻彼之意，如：「策士謀臣同憩息，祇今建寺
號開元」、「日暮倚欄聽杜宇，聲聲似怨董夫人」。隨著時光流逝，來到開元寺
踏青、避暑的古典詩作，可以明顯地感受到悲涼漸消，禪悅漸顯，如：「禪心
一片清如水，暮色千株冷近秋」、「佛自無言施露淨，僧還入定等雲遊」、「大
地如爐熱未祛，借來僧院夏消除。抽身塵海隨鴻爪，飽飯香廚飫野蔬」之句，
皆是如此。

圖 26　彌陀寺，上網日期：20150625，網址：http://old.tncsec.gov.tw/b_native/
index_view.php?act=home&c03=40&a01=0301&c04=3&num=1869。

圖 27　彌陀寺內殿，上網日期：20150625，網址：http://www.vrwalker.net/tw/
scenery_view.php?tbname=scenerys&serno=293。

四、彌陀寺

　　彌陀寺為臺灣府城四大古剎之一，目前位於臺南市東門路，民國 60 年曾
動工重建：

> 彌陀寺位於台南市東門路，創建於明末永曆年間，清康熙五十七年
> 重修擴建，嘉慶年間又再次整修，素有台灣古都四大古剎之稱，歷
> 時三百餘載。民國初年雖曾修葺，至民國五十四年，寺宇早已腐蝕
> 危墜，滿目瘡痍，遂於民國六十年始動工重建。〔註196〕
>
> 彌陀寺最初創建時因規模不大，原稱「彌陀室」，主祀阿彌陀佛，後
> 來在清康熙年間逐漸擴建，遂改名為「彌陀寺」。到了清乾隆年間，
> 該寺已成為府城七寺八廟之一。〔註197〕

〔註196〕〈彌陀寺　臺南生活美學館〉，上網日期：20150625，網址：http://old.tncsec.gov.
　　　　tw/b_native/index_view.php?act=home&c03=40&a01=0301&c04=3&num=1869。
〔註197〕傅朝卿：《台南市古蹟與歷史建築總覽》，臺南市：臺灣建築與文化資產出版
　　　　社，2001 年，頁 144。

佛寺建築本身卻先是在二次大戰中被盟軍轟炸，雖然在戰爭結束後曾予以整修，但最後還是在民國 60 年（1971 年）將原本建築全數拆毀，於民國 69 年（1980 年）建成今天的樣貌。〔註198〕

《重修福建臺灣府志》記載清朝乾隆以前彌陀寺的大略情形：

> 彌陀寺：在永康里東門內。年久傾圮。康熙五十八年，僧一□至自武彝，募化重興。寺田在鳳山縣嘉祥里阿嗹甲尾園一所，年收粟七十二石；又寺後園一坵，黃士甫、曾亨觀捐置爲本寺香燈。〔註199〕

彌陀寺在永康里中，並沒有說明建於何時，只表示：康熙 58 年時，年久傾倒毀壞，後經僧人募款重建。

目前以彌陀寺爲題的詩作，共有 8 首，與其他三寺相較，數量較少，茲分述之。

黃廷光（？～？），康熙年間（1662～1723）人士，有〈花朝遊彌陀寺〉：

> 聯步禪林眼欲迷，枝頭簇簇繞東西。遊人隊裏探花信，社燕飛來蹴絮泥。到處中和饒好景，誰家紅紫不成蹊。彌陀散出天香滿，喚醒流鶯百囀啼。〔註200〕

詩人寫出春天到彌陀寺的美好景象。此處林木蒼翠茂密，讓人目不暇接。在一片遊人之中，仍可看到許多美好的花傳遞了春天來臨的消息，燕子也銜泥開始築巢。觸目所及，都是紅紫一片的花海。彌陀寺的阿彌陀佛在此散出天香，喚醒了此處的黃鶯，昭告著春天的美好氣息。

張馼（？～？）康熙 47 年（1708）任臺灣水師協標左營守備，1721 年曾來臺協助平亂，其〈彌陀寺〉：

> 參差搖竹影，勝地造香林。不覺塵方淨，能生興轉深。佛壇著妙相，午磬響清音。佳境終難得，還同坐夕陰。〔註201〕

詩人稱讚彌陀寺的清幽佳境，令人流連忘返。首先寫此地有著清幽的竹林，隨風擺動，頗有韻致。使得前來此處遊賞的人滌除塵垢，內心頗有觸發。在

〔註198〕傅朝卿：《台南市古蹟與歷史建築總覽》，臺南市：臺灣建築與文化資產出版社，2001 年，頁 144。

〔註199〕劉良璧：《重修福建臺灣府志・古蹟（井泉、宮室、寺觀、宅墓附）・寺觀・（附）・臺灣縣》，臺灣文獻叢刊，第七四種，卷十八，頁 467。

〔註200〕黃廷光：〈花朝遊彌陀寺〉，《臺灣縣志・藝文志十・詩・花朝遊彌陀寺・黃廷光》，臺灣文獻叢刊，第一○三種，頁 274。

〔註201〕張馼：〈彌陀寺〉，《臺灣縣志・藝文志十・詩・彌陀寺・張馼》，臺灣文獻叢刊，第一○三種，頁 272～273。

佛法的薰陶下，詩人心境有所提升，在此地坐上一整天，都意猶未盡。

張湄在乾隆 6 年（公元 1741 年）巡視臺灣，其〈彌陀寺〉二首：

其一

宦踪重溟外，遊情半日閒。妙香禪室靜，灌木鳥音蠻。種葉常書偈，

留雲早掩關。稍聞烹水法，容我坐苔斑。〔註202〕

張湄到臺地宦遊，對他而言，難免有陌生之感，到彌陀寺遊玩，恰可以讓自己有著半日的清閒，讓自己所有紓解。在幽靜的禪室中，可以聽到灌木邊的鳥兒鳴唱著屬於臺地特有的樂音。此地的樹葉常被用來書寫佛教的偈語。詩人自謙的表示自己對於烹茶煮水稍有涉獵，希望能讓自己留在此處品茗，欣賞風景。

其二

何必遠城郭，已空車馬塵；因心川共逝，觸指月如輪。客愧乘槎使，

僧兼賣卜人。他時期再訪，幽夢或通津。〔註203〕

張湄此詩表達了他對仕途上的期待。首二句「何必遠城郭，已空車馬塵」首先書寫了彌陀寺的幽靜，認為不須名山大川，在臺城附近即可有隔絕車馬喧囂的地方。三、四句「因心川共逝，觸指月如輪」，作者表達了自己內心的幽靜，因為心與流水合而為一，感覺自己融合在大自然之中，幾乎伸手就可以觸碰到如輪的明月。「客愧乘槎使，僧兼賣卜人」二句作者書寫自己在臺地宦遊的感慨，也說明了此地的僧人亦能解籤賣卜。末二句「他時期再訪，幽夢或通津」，作者表達自己嚮往通津的高位，而期待下次再來拜訪。

書山（？～1775），乾隆 7 年（1742）任巡視臺灣監察御史，有〈彌陀寺〉：

秀色園林夕照明，浮嵐卷盡竹煙清。去來小蝶花間舞，斷續秋蟬葉

底鳴。幾處平臺涼影淡，數層敞榭翠濤傾。耽幽衲子應閒坐，讀罷

愣嚴詩又成。〔註204〕

〔註202〕張湄：〈彌陀寺〉，《續修臺灣縣志·藝文（三）·詩·彌陀寺》，臺灣文獻叢刊，第一四〇種，卷八，頁 570～571。

〔註203〕張湄：〈彌陀寺〉，《續修臺灣縣志·藝文（三）·詩·彌陀寺》，臺灣文獻叢刊，第一四〇種，卷八，頁 570～571。

〔註204〕書山：〈彌陀寺〉，《重修臺灣縣志·祠宇志·祠（附寺宇）·寺宇（附）·彌陀寺·巡臺御史書山詩》，臺灣文獻叢刊，第一一三種，卷六，頁 201。

書山此詩書寫秋季時自己到彌陀寺遊賞的超脫之情。「秀色園林夕照明，浮嵐卷盡竹煙清」二句首先敘寫彌陀寺園林景色的秀美清明。「去來小蝶花間舞，斷續秋蟬葉底鳴」二句描繪此處在秋天之時，小小的蝴蝶在花間飛舞，秋蟬隱在樹葉之間鳴唱。「耽幽衲子應閒坐，讀罷愣嚴詩又成」二句表達自己與僧侶同坐，感受此處幽靜美好，在讀完佛經之後，詩人接著完成詩作，可見此間的靜謐，讓詩人頗有感觸。

費應豫（？～？），乾隆 9 年（1744）12 月，以任滿彰化知縣委署臺灣府糧捕海防通判，其〈彌陀寺〉：

> 馬首從東轉，禪扉一徑荒。柳陰垂古井，花氣近迴廊。擘荔頻傾碧，
> 烹茶淺泛黃。山僧無俗韻，盡日檢醫方。〔註205〕

由「馬首從東轉，禪扉一徑荒」二句，可以窺見詩人到彌陀寺的路線：馬兒從東邊轉入，就看到了佛寺大門前荒涼的小徑。「柳陰垂古井，花氣近迴廊。擘荔頻傾碧，烹茶淺泛黃」四句摹寫詩人進入彌陀寺後所見的景色：可以看到在古井旁有垂柳相伴，迴廊間有著濃郁的花香。擘荔等植物在眼前展現一片碧綠，而僧人所煮出的茶色清淺泛黃，頗有韻致。「山僧無俗韻，盡日檢醫方」二句稱讚此地僧人：在這裡修行的僧人都是不俗的，終日除了修行讀經之外，還會研讀醫書。

清領後期的施梅樵（1870～1949）亦有〈春日遊彌陀寺〉二首：

其一

> 古剎仍無恙，清遊正及時。綠楊侵曲徑，碧蘚繡崇碑。好事僧青眼，
> 多情佛白眉。心香供一瓣，不效俗人癡。〔註206〕

「古剎仍無恙，清遊正及時」二句說明歷史悠久彌陀寺仍舊存在，詩人趁著美好的春天及時到那兒遊玩。「綠楊侵曲徑，碧蘚繡崇碑」二句書寫詩人眼前的景色為一片綠意：綠色的楊柳侵入了彎彎的小徑，高高的碑上已長了碧綠的苔蘚。此二句說明彌陀寺的清幽。「好事僧青眼，多情佛白眉」二句說明此地因為有僧人的熱情的款待，顯得阿彌陀佛白眉的容顏更形慈悲莊嚴。「心香

〔註205〕費應豫：〈彌陀寺〉，《重修臺灣縣志‧祠宇志‧祠（附寺宇）‧寺宇（附）‧彌陀寺‧彰化令費應豫詩》，臺灣文獻叢刊，第一一三種，卷六，頁 201。

〔註206〕施梅樵：〈春日遊彌陀寺〉，《全臺詩——智慧型全臺詩知識庫》，上網日期：20141102，網址：http://xdcm.nmtl.gov.tw/twp/b/b02.htm。此詩收於《捲濤閣詩草》。

供一瓣，不效俗人癡」二句書寫作者對佛菩薩供上一瓣心香，寄予虔敬的心，而不效法世俗之人的執著。

其二

> 有約尋詩侶，同登選佛場。暖風茶鼎沸，活火篆爐香。法會知無礙，
>
> 心齋守太常。晚鐘聲百八，新月照禪床。〔註207〕

此詩書寫詩人來到彌陀寺的活動，書寫著寺中寧靜。首二句「有約尋詩侶，同登選佛場」點明詩人因為和友人有約，而來到了彌陀寺。「暖風茶鼎沸，活火篆爐香」二句描寫自己和友人在香煙繚繞之下品茗：在此處有溫暖的春風吹拂，茶也在鼎裡烹煮著。「法會知無礙，心齋守太常」表達詩人內心的修持：在此參悟佛法，修持心齋，使自己心境純一，沒有掛礙。「晚鐘聲百八，新月照禪床」二句書寫在黃昏時，傳來陣陣的鐘聲，新月也前來照著詩人休息的禪床。此詩中雖有許多人為的活動描寫，卻傳達出幽靜脫俗之感。

　　清領時期，古典詩中的彌陀寺是詩人郊遊踏青、尋幽訪勝的好去處：在花朝時可以探訪，如「遊人隊裏探花信，社燕飛來蹴絮泥」、「柳陰垂古井，花氣近迴廊」、「古剎仍無恙，清遊正及時。綠楊侵曲徑，碧蘚繡崇碑」；在秋季時亦是良辰，如「去來小蝶花間舞，斷續秋蟬葉底鳴」之句。而「彌陀寺」在古典詩作的呈現皆是「不覺塵方淨，能生興轉深。佛壇著妙相，午磬響清音」的清幽之境，令人俗慮漸消，流連忘返。

　　康熙時高拱乾之後有臺郡八景的題詠，臺南地區具有五處：安平、鹿耳門、七鯤身嶼、斐亭、澄臺；乾隆時錢琦之後有臺邑八景的題詠，臺南地區亦具有五景：赤嵌樓、鹿耳門、七鯤身嶼、鯽魚潭、關廟。臺南地區誠為臺灣最具有歷史文化積澱之處。

　　先民渡海來臺，臺南地區為首行之區。明鄭時期，此處為詩人們暫棲之區，對臺南當地的謳歌甚少。清領前期，宦遊詩人隻身遠渡重洋，所面臨的是歷經荷蘭及明鄭治理的臺南地區，與中土大不相同的環境，感慨實深，詩作甚多。臺郡八景及臺邑八景詩作足以說明臺南地區在臺灣發展時的輝煌地位。許多重要的交通要道、休閒活動景點等人潮匯聚之處，亦有許多題詠：鹽水港、魁斗山、五妃廟、四寺（竹溪寺、法華寺、開元寺、彌陀寺）等。

〔註207〕施梅樵：〈春日遊彌陀寺〉，《全臺詩——智慧型全臺詩知識庫》，上網日期：20141102，網址：http://xdcm.nmtl.gov.tw/twp/b/b02.htm。此詩收於《捲濤閣詩草》。

　　清領後期、日治時期，臺江陸化，臺南沿海一帶地貌改變，臺南地區港口的機能優勢漸失，政治上的地位被臺北取代。重以西風東漸，新帝國主義侵略，滄海桑田、政權改易，臺南地區成爲詩人懷舊時的重要代表。

第八章　名勝的書寫（下）
——清代臺灣八景詩的書寫

第一節　赤嵌與安平

　　論及臺南地區，不能忽略「赤嵌」（「赤崁」）區域，此處為清代乾隆中期以前臺灣最熱鬧的地方，如下：

> 「赤崁文化園區」曾是台灣最早期移民的渡口，古稱「赤崁」為原住民西拉雅平埔族「赤崁社」聚落所在，西濱廣闊的台江內海，西元 1625 年台南赤崁台地已建立街市，荷蘭人、日本人和中國人都來這裡做生意，當時以大井頭為港口發展出十字大街（今民權路與忠義路十字路口）。所發展四坊已成形，迄清乾隆中期已是當時台灣最熱鬧商業重心。〔註1〕

然而，觀諸文獻，筆者發覺在清朝方志之中有將赤嵌樓與安平城名稱混淆之處，故在此，先行辨析其名稱指涉為何。

一、「赤嵌城」名稱

　　赤嵌城，本來專指荷據時期的普羅民遮城，明鄭時期的承天府。在高拱乾於康熙 34 年（1695）所纂輯的《臺灣府志》中即將安平城及赤嵌樓分別稱

〔註1〕 2015 年 5 月 25 日參考自 http://www.tainanstory.com.tw/index.php/8-introducing-cultural-park/6-chiqian-cultural-park。

爲：臺灣城及赤嵌城，如下：

> 惟建臺灣、赤嵌二城（臺灣城，今安平鎮城；赤嵌城，今紅毛樓），
> 規制甚小，名城而實非城。設市於臺灣城外，遂成海濱一大聚落。
> 〔註2〕

而同一書中亦有楊文魁（1684 年來臺）〈臺灣紀略碑文〉，其中亦將赤嵌城與安平鎮城分別稱之：

> 故明天啓間，海寇顏思齊入巢於此，始有漢人從而至者。後爲荷蘭
> 所據，東建赤嵌城、西築安平鎮城；彼所以圖往來貿易，作貯頓之
> 藪也。〔註3〕

在康熙 59 年（1720），王禮（康熙五十八年（1719）來臺）〔註4〕主修、陳文達編纂所纂輯的《臺灣縣志》中赤嵌城之名，亦指赤嵌樓：

> 赤嵌城，在鎮北坊，紅毛所築也。又名紅毛樓。周圍四十五丈三尺，
> 高三丈六尺餘；以洞油和灰砌磚而成，無雉堞。鄭氏以貯火藥軍器，
> 今仍之。道標守備撥兵五名看守，兼司啓閉。〔註5〕

乾隆五年（1740），由劉良璧所纂修的《重修福建臺灣府志》將赤嵌城專稱赤嵌樓。如下：

> 赤嵌城：在鎮北坊。紅毛人所築也，又名紅毛樓。鄭氏以貯火藥軍
> 器。今頗圮。
>
> 紅毛城：在安平鎮。紅毛時，於一鯤身頂築小城，又遶其麓而周築
> 之爲外城。城垣用糖水調灰疊磚，堅埒於石。凡三層：下一層入地
> 丈餘，而空其中。凡百食物及備用者悉貯之。雉堞俱釘以鐵，廣二
> 百七十七丈六尺、高三丈有奇；女陴、更寮，星聯內城。樓屋曲折
> 高低，棟樑堅巨，灰飾精緻。瞭亭、螺梯、風洞、機井，鬼工奇絕。
> 近海短牆年久傾圮，潮水輒至城下；日夕衝激，頗需修理。東南由

〔註2〕 高拱乾：《臺灣府志・封域志・建置》，臺灣文獻叢刊，第六五種，臺灣銀行
經濟研究室出版，卷一，頁 5。

〔註3〕 楊文魁：〈臺灣紀略碑文〉，《臺灣府志・藝文志・記》，臺灣文獻叢刊，第六
五種，臺灣銀行經濟研究室出版，卷十，頁 265～266。

〔註4〕 張子文、郭啓傳、林偉洲：《臺灣歷史人物小傳──明清暨日據時期》，國家圖
書館，民國 92 年 12 月，頁 45。

〔註5〕 王禮主修、陳文達編纂：《臺灣縣志・雜記志九・古蹟・城》，臺灣文獻叢刊，
第一〇三種，臺灣銀行經濟研究室出版，頁 205。

瀨口陸行，歷鯤身三十里可至；東由鎮渡頭，一葦杭之。〔註6〕

由上述可知，赤嵌城指的是赤崁樓，而紅毛城指的是安平古堡。然而在《重修福建臺灣府志》同一本書中，劉良璧另有雍正七年（1729）年所寫的〈紅毛城記〉則是說安平鎮上有赤嵌城，如下：

> 安平一鎮，左連鯤身、右隔蕭壠，兩臂灣抱，沙如牛角；一鎮巋然，為咽喉之區。守安平，則舟師不能飛渡，而臺郡貼然。鎮有赤嵌城，為紅毛所築。周二百餘丈、高四丈許、寬一丈許，厚磚為質，砌以蛤沙、搗以糯汁，堅如金石，鋤不能劈。式倣西洋，方圓合度，儼若畫棟雕欄之象焉。城小而高，上有官署，協鎮不居。己酉之秋，余再署鳳篆。值風災，民居多壞，賑災安平，並勻攤其稅。甫登城，見夫蓬蓽之飄落、小艇之灣泊，而知海角黔黎之疾苦也；見夫商船之出入、風帆之上下，知澤國生民水性固所慣習也。東顧郡治，煙火萬家、雞犬相聞，青山一帶，城郭闠如，知苞桑之尚待綢繆也；西望澎湖三十六島，若隱若見於煙波浩淼間，不瞬息而巨浪接天，聲聞若雷，黃霧四塞，飛沙撲面，知海外之風景變幻不常也。顧司閽者問之曰：「此署何為久空」？閽者曰：「先年作官署，常有紅袍人出見，署故空」。余笑曰：「爾所謂紅袍者，豈紅毛之土官耶？抑鄭氏之偽職耶？方今聖天子在上。聲教四訖，海外荒陬，收入版圖六十餘年，而舊孽遊魂尚戀此署，不亦謬乎」？城故堅，亦極要，與郡中紅毛樓相望。〔註7〕

可知雍正年間已有將安平的紅毛城與赤嵌樓皆稱為「赤嵌城」的記錄。筆者以為：或許二者皆為紅毛人所建，是以名稱時有互混淆的現象，而劉良璧亦沒有察覺此中的歧異之處。

到了1744年《重修臺灣府志》中的記載，亦將安平城稱為「赤嵌城」。《重修臺灣府志》乃是六十七擔任滿籍巡臺御史，並與漢籍巡臺御史范咸重修編訂，記載：

> 荷蘭取其地，因築赤嵌城以居（即今安平鎮城）。〔註8〕

〔註6〕　劉良璧纂輯：《重修福建臺灣府志・古蹟（井泉、宮室、寺觀、宅墓附）・臺灣縣》，臺灣文獻叢刊，第七四種，臺灣銀行經濟研究室出版，卷十八，頁463。

〔註7〕　劉良璧纂輯：《重修福建臺灣府志・記・紅毛城記》，臺灣文獻叢刊，第七四種，臺灣銀行經濟研究室出版頁557。

〔註8〕　范咸、六十七：《重修臺灣府志・封域・建置》，臺灣文獻叢刊，第105種，

其中，即明白地以「赤嵌城」稱安平城。之後嘉慶年間的《清一統志臺灣府‧古蹟》，亦將赤嵌城之名分屬赤嵌樓及安平城，如下：

> 赤嵌城：……萬歷末，紅夷荷蘭國欲據澎湖，尋徙北港，因招集人民商賈爲窟穴。崇禎八年，紅夷始築赤嵌城。本朝順治十八年，鄭成功與倭使何斌通謀，破逐紅夷，取其地建爲承天府。康熙二十二年，鄭克塽降，改設臺灣府，尋移治永康里，即今府治。舊志：紅夷所築赤嵌城，方圓僅半里許，上構重樓，以爲居室。府志：赤嵌樓在鎮北坊，又名紅毛樓，今漸圮。

> 臺灣故城：在臺灣縣西南二十里。明崇禎八年，荷蘭夷築。方圓一里。右憑鹿耳，左面海洋。並設市城外，以通漳、泉商賈。後鄭成功居此，更名安平鎮。府志：紅毛城在安平鎮，亦名安平城，又名赤嵌城。荷蘭於一鯤身頂築小城，又築外城繞其麓。城垣疊甃凡三層。下一層入地丈餘而空其中，雉堞俱釘以鐵，廣二百七十七丈六尺，高三丈有奇，女牆更察，與內城相聯綴，瞭亭螺梯，風洞機井，鬼工奇絕。本朝康熙五十七年修。〔註9〕

道光年間來臺的李元春（1769～1854）〔註10〕《臺灣志略》中述及安平城及赤嵌樓的沿革，亦以「赤嵌城」稱安平城：

> 赤嵌城，亦名臺灣城，在安平鎮。〔註11〕

> 赤嵌樓，在鎮北坊。……閩人謂水涯高處爲「墈」，訛作「嵌」。而臺地所用磚瓦皆赤色，朝曦夕照，若虹吐、若霞蒸，故與安平城俱稱赤嵌。〔註12〕

自《重修福建臺灣府志》後，赤嵌城即包含著赤嵌樓及安平古堡二地，而從《臺灣志略》中「而臺地所用磚瓦皆赤色，朝曦夕照，若虹吐、若霞蒸，故與安平城俱稱赤嵌」之語，可知二者皆名爲「赤嵌城」，乃在於二者皆位於水涯高處，且所用磚瓦皆爲赤色之故。

臺灣銀行經濟研究室出版，卷一，頁3。
〔註9〕 《清一統志臺灣府‧古蹟》，頁24。
〔註10〕 張子文、郭啓傳、林偉洲：《臺灣歷史人物小傳——明清暨日據時期》，國家圖書館，民國92年12月，頁162。
〔註11〕 李元春：《臺灣志略‧勝蹟》，臺灣文獻叢刊，第十八種，臺灣銀行經濟研究社出版，卷一，頁42～43。
〔註12〕 李元春：《臺灣志略‧勝蹟》，臺灣文獻叢刊，第十八種，臺灣銀行經濟研究社出版，卷一，頁41～42。

　　筆者以為赤嵌城之名在康熙時期專指赤嵌樓。雍正年間因為安平城及赤嵌樓皆為荷蘭人所建，皆以赤色磚瓦為之，名稱漸有混淆。劉良璧於雍正七年（1729）的〈紅毛城記〉為安平城稱為赤嵌城的最早文字記錄。而范咸及六十七所纂輯的《重修臺灣府志》為最早正式將赤嵌城分屬安平城及赤嵌樓的史書記錄。

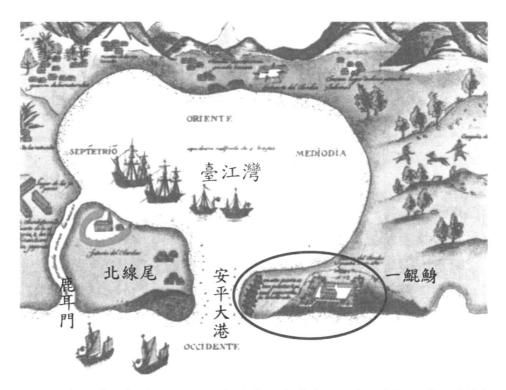

圖 28　臺江灣初期（1624～1662）臺南區海岸沙洲及海埔地狀況圖，資料來源：王信智《日治時代安平港口機能的變遷》，國立臺東大學教育研究所碩士論文，2005 年，頁 18。

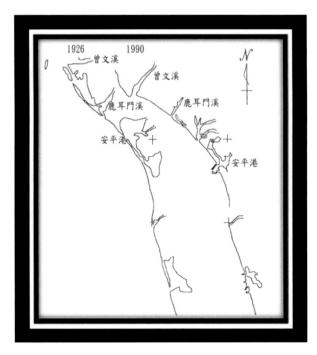

圖 29　1926 年與 1990 年台南安平港口與海岸狀況圖，資料來源：王信智《日
　　　　治時代安平港口機能的變遷》，國立臺東大學教育研究所碩士論文，
　　　　2005 年，頁 20。

圖 30　熱蘭遮城，模型，上網日期：20150306，網址：moon258147.nidbox.com。

圖 31　熱蘭遮城，軍裝局，上網日期：20150305，http://blog.xuite.net/moon
258147/blog/35860352-%E2%98%85%E7%86%B1%E8%98%AD%E9%
81%AE%E5%9F%8E%E2%98%85%E5%AE%89%E5%B9%B3%E5%8
F%A4%E5%A0%A1。

圖 32　熱蘭遮城城牆遺址，上網日期：20181120
　　　網址：https://tw.news.yahoo.com/-032935194.html。

圖 33　安平夕照，上網日期：20150306，網址：http://viablog.okmall.tw/blogview.
php?blogid=115。

圖 34　南市以安平追想曲為主題，打造「金小姐」雕像，立於東興洋行附近，
成為公共藝術地標之一。（自由時報記者洪瑞琴攝）上網日期：20150531
網址：http://iservice.ltn.com.tw/IService3/newspic.php?pic=http://www.
libertytimes.com.tw/2011/new/dec/4/images/bigPic/151.jpg。

圖 35 一九二三年安平港口。（翻攝自台灣開拓史料蠟像館資料）上網日期：
20150531 網址：http://iservice.ltn.com.tw/IService3/newspic.php?pic=http://
www.libertytimes.com.tw/2011/new/dec/4/images/bigPic/154.jpg。

二、安平

（一）安平

「身穿花紅長洋裝，風吹金髮思情郎……」在膾炙人口的〈安平追想曲〉
中，傳達的是安平一位混血女子的心聲，也呈現著「安平」特殊的時空背景。
現今最能代表臺南的觀光勝地為何？除去安平，真會遜色不少，至今旅遊網
站的文字宣傳最能展現其端倪：

> 瞭解台灣歷史，應從臺南開始；追溯臺南的發展，應從安平著手；
> 遊歷安平的遺跡，應從「安平古堡」出發。〔註13〕

簡而言之，安平城是臺灣歷史的開端之地。而現今臺南市政府永華市政中心
就在安平區，此處在荷蘭治臺時期就開始發展：

〔註13〕 〈Travel & Hotel 大台灣旅遊資訊網──台南旅遊安平古堡介紹〉，網址：
http://travel.tw.tranews.com/view/tainan/anpingkupao/，上網日期：20140528。

> 現今臺南市政府永華市政中心（原省轄臺南市政府）即座落安平區，
> 區內北端為老安平聚落，為臺灣最早開發地之一，在荷蘭時期時這
> 裡建有大員市鎮。此處是臺灣最古老的市鎮，而「臺灣」之名也與
> 「大員」相關（荷語：Tayouan）。〔註14〕

荷蘭人在此建立「大員」市鎮。1622 至 1634 年之間亦於此地建造「熱蘭遮城」，
此城為荷治時期統治臺灣的中心：

> 西元 1622 年（明天啓二年）荷蘭人派員探測臺灣港（即今日的安
> 平），以軍商結合的荷蘭人於 1624 年進佔此地，並建造熱蘭遮城作
> 為防禦要塞，全部工程完工於 1634 年，在荷蘭時期，這裡曾是統治
> 臺灣的政治以及經濟中心。〔註15〕

當時荷蘭人是以一牛皮來騙取土地，《小琉球漫誌》記載如下：

> 荷蘭紅毛舟遭颶風飄此，愛其地，借居；土番不可，乃紿之曰：得
> 一牛皮地足矣。遂許之。紅毛剪牛皮如縷，圈匝已數十丈，因築安
> 平鎮、赤崁城，漳泉商賈集焉。〔註16〕

當時荷蘭人向原住民所圈圍的地有數十丈，在此建造了安平鎮、赤嵌城，漳、
泉的商人因而開始在此聚集、經商。明朝永曆 15 年（西元 1661 年），鄭成功
取代荷蘭人管理臺灣，將大員改為安平〔註17〕，當時並設有安平鎮。

現今所稱的安平，在清領及日治時期為南臺灣的大港：

> 一般所稱的安平，僅指舊安平，為歷史悠久、古蹟眾多的知名觀光
> 區。老安平聚落旁有安平舊港，清領時期至日治初期曾為南臺灣第
> 一大港，今已封淤。〔註18〕

現今安平舊港已經封淤，其景況雖然今昔大不相同，但因歷史悠久，觀光價

〔註14〕 〈安平區〉，網址：http://zh.wikipedia.org/wiki/%E5%AE%89%E5%B9%B3%
E5%8D%80，上網日期：20141102。

〔註15〕 〈Travel & Hotel 大台灣旅遊資訊網──台南旅遊安平古堡介紹・安平古堡歷
史革〉，上網日期：20141102，網址：http://travel.tw.tranews.com/view/tainan/
anpingkupao/。

〔註16〕 朱仕玠：《小琉球漫誌・海東紀勝（上）》，臺灣文獻叢刊，第三種，臺灣銀行
經濟研究室出版，卷二，頁 15〜16。

〔註17〕 此名乃取自福建省泉州府連接晉江與武榮的安平橋。〈安平區〉，上網日期：
20141102，網址：http://zh.wikipedia.org/wiki/%E5%AE%89%E5%B9%B3%E5
%8D%80。

〔註18〕 〈安平區〉，上網日期：20141102 網址：http://zh.wikipedia.org/wiki/%E5%AE%
89%E5%B9%B3%E5%8D%80。

值頗高。此外，安平古堡爲國家一級古蹟，其中構造爲：

> 現今，臺南安平古堡爲國家一級古蹟，古稱熱蘭遮城，創建於西元
> 1624 年，在 1634 年完工之時，分爲内外兩城，爲上面兩層，地下
> 一層深一丈餘的三層式建築。内城形方，下層建築作爲倉庫用。地
> 面上的城壁高三丈餘，四隅壁厚六尺。上、下層四角各有稜堡，各
> 有五門大砲，爲砲塔之用。在臺基各邊中央各有半圓堡，半圓形中
> 央各有一井。北側有樓梯及小門可通往地下室。〔註19〕

從清領到日治時期，安平城逐漸失去軍事價值，因而城磚被大量拆除：

> 清康熙年間，臺灣納入版圖，政治中心移至府城内，臺灣城逐漸喪
> 失軍事價值，因此大量拆除城磚加以運用，沈葆楨建造億載金城時，
> 也曾破臺灣城壁，以其磚興建。現今安平古堡是日本人建於熱蘭遮
> 城的遺址上幾經屢次修建而成。日治時期，内城荷式建築已荒廢，
> 僅存南面城壁。爲了建造海關宿舍，日本人在其上改建日式住房，
> 重建方形臺階式的磚砌高臺。之後爲了在 1930 年所舉行的台灣文化
> 三百年紀念大典，拆除官舍，蓋起拱券式的洋樓建築，這就是後人
> 所熟知的台南旅遊景點安平古堡。因此現在的安平古堡是日治時
> 期，日本人建於熱蘭遮城的遺址上，幾經屢次修建而成爲今日的紀
> 念館，並在光復後稱爲「安平古堡」，沿用至今。目前眞正荷蘭時期
> 的遺跡，僅存古堡前方馬路邊原爲外城南面城壁遺跡的磚牆。〔註20〕

現在的安平古堡乃是日人修建而成，荷蘭人當時所建的熱蘭遮城僅存外城南
面的磚牆城壁。

清朝乾隆時，朱仕玠《小琉球漫志》中有安平城的記載：

> 安平鎮在一鯤身上，府治對岸，有紅毛築城，方圓一里。築城時，
> 用大磚、桐油灰共搗而成。城基入地丈餘。深廣亦一、二丈。城墙
> 各垛，俱用鐵釘釘之。城極堅固。城外平廣約八、九里，突起海中，
> 與鹿耳門稅館相對，地比稅館倍四、五。二地遙望，如石印二顆，
> 分立海口；環以鯤身繚繞，形勢險固，爲咽喉之地。内設副將，統

〔註19〕　〈Travel & Hotel 大台灣旅遊資訊網──台南旅遊安平古堡介紹〉，上網日期：
　　　　　20141102，網址：http://travel.tw.tranews.com/view/tainan/anpingkupao/。
〔註20〕　〈Travel & Hotel 大台灣旅遊資訊網──台南旅遊安平古堡介紹〉，上網日期：
　　　　　20141102 網址：http://travel.tw.tranews.com/view/tainan/anpingkupao/。

水師三營。府治至安平鎮，水行約十里；至鹿耳門稅館，水行約三
十里。〔註21〕

當時，臺江內海尚未淤積，安平城為掌控臺海的重要之地。朱仕玠記錄：安
平城位放一鯤身上，為荷蘭人所建，非常堅固，與鹿耳門稅館相對，二地分
立海口，鯤身環繞於外，形勢險固，為咽喉之地。安平城內有水師三營，負
責戍守此處。

　　道光年間來臺的李元春（1769～1854）〔註22〕《臺灣志略》中亦有述及
清朝安平城的延革：

> 赤嵌城，亦名臺灣城，在安平鎮。一鯤身沙磧孤浮海上，西南一道
> 沙線，遙連二鯤身至七鯤身，以達府治；灣轉內抱，北與鹿耳門隔
> 港犄角，如龜蛇相會狀。明萬曆末，荷蘭設市於此，築磚城，制若
> 崇臺。海濱沙環水曲曰灣，又泊舟處概謂之灣；此臺灣所由名也。
> 城基方廣二百七十六丈六尺，高凡三丈有奇，為兩層，各立雉堞，
> 釘以鐵。瞭亭星布，凌空縹渺。上層縮入丈許。設門三。北門額鏤
> 灰字，莫能識；大約記創築歲月者。東畔嵌空數處，為曲洞，為幽
> 宮。城上四隅箕張・現存千斤大□十五位。複道重樓，傾圮已盡，
> 基址可辨。下層四面加圓凸，南北規井，下入於海，上出於城，以
> 防火攻。現存大砲四位。西城基內一井，半露半隱，水極清冽，可
> 於城上引汲。西北隅繚築為外城，抵於海。屋址高低，佶曲迷離。
> 其間政府第宅、舞歌榭亭，化為瓦礫。倚城舊樓一座，榱棟堅巨；
> 機車一軸，可挽重物以登城。大砲凡數位，內城之北基，下闢小門，
> 傴僂而入，磴道曲窄，已崩壞。地下有磚洞，高廣丈餘，長數丈，
> 曲轉旁出。舊傳近海處曾露一洞，內得鉛子數百斛，今失其處。又
> 舊志所載螺梯、風洞，俱不可復見。大抵此城磚砌層疊，悉以糖水、
> 糯汁搗蜃灰傅之，堅不可劈。其中或實或虛，鬼工奇絕，難以跡求。
> 國朝康熙元年，偽鄭就內城改建內府，塞北門，欲闢南門，斧鑿不
> 能入乃止。又惡臺灣之名（閩音呼似埋完），改稱安平；門曰閶闔，

〔註21〕 朱仕玠：《小琉球漫誌・海東紀勝・上》，臺灣文獻叢刊，第三種，臺灣銀行
　　　　經濟研究室出版，卷二，頁18。

〔註22〕 張子文、郭啓傳、林偉洲：《臺灣歷史人物小傳——明清暨日據時期》，國家
　　　　圖書館，民國92年12月，頁162。

以春秋時鄭國有闔閭之門也。入版圖後，爲協鎮署，廢而不居。颱
颶飄搖，連年地震，遂致傾圮。五十七年，鳳山縣知縣李丕煜奉文
葺之，前爲門，中爲堂，後爲署，旁列小屋數間，今貯火藥軍裝。
乾隆十三年，協鎮沈廷耀建塘房二間於外城南門內，撥兵防守。先
是北面臨海一帶，短牆坍塌，潮水齧城基：雍正十一年，協鎮陳倫
炯砌之。乾隆十四年，城西北暨教場南海岸沖崩計一百八丈，邑監
生方策捐銀三百兩築沙堤，協鎮沈廷耀成之。〔註23〕

李元春記錄：赤嵌城，亦名臺灣城，在安平鎮。由於此處「海濱沙環水曲」、
又爲「泊舟處」，故名之爲「臺灣」。此說明臺灣名稱的由來。赤嵌城基方廣
二百七十六丈六尺，高凡三丈有奇，爲兩層，各立雉堞，釘以鐵。而西城的
城基所在之處有一井，水質相當清冽。

　　李元春又曾經提及安平的航口功能的變化：

安平鎮大港在臺江西南、赤嵌城之西。紅毛時，巨舟悉從此入，泊
於臺江。自鄭成功由鹿耳門入臺，後遂淤淺。今惟南路貿易之船經
此，巨舟不得入矣。〔註24〕

安平之所以能成爲臺灣最早開發之區，其港口的功能相當重要。因爲當時巨
舟可自此而入於臺江，而後來臺江的陸化的緣故，使得巨舟已不得再入此處。

（二）安平詩

　　由於安平爲臺灣最先開發的地區，清朝來臺的詩人，幾乎都會登臨於此，
因此，以安平爲題的詩作相當的多，茲略舉數首分述之：

　　宋永清（？～？）山東萊陽人。清康熙四十三年（1704）以漢軍正紅旗
監生任鳳山知縣，有〈赤嵌城〉之作：

城俯汪洋島嶼孤，週遭樓閣倚菰蒲。一翻風雨醒殘夢，萬頃波濤冷
壯圖。戍卒戈船蟠地利，桑麻雞犬附天都。閭閻近已敷文教，不是
殊方舊楷模。〔註25〕

此詩書寫了安平城地理環境的特殊，位於島嶼之上，安平城可以直接俯看汪

〔註23〕李元春：《臺灣志略・勝蹟》，臺灣文獻叢刊，第一八種，臺灣銀行經濟研究
　　　　室出版，卷一，頁42～43。
〔註24〕李元春：《臺灣志略・勝蹟》，臺灣文獻叢刊，第一八種，臺灣銀行經濟研究
　　　　室出版，卷一，頁14。
〔註25〕宋永清：〈赤嵌城〉，《重修福建臺灣府志・詩》，臺灣文獻叢刊，第七四種，
　　　　臺灣銀行經濟研究室，頁585。

洋大海，周遭的樓閣都直接與水面相接。在風雨之中驚醒了詩人的殘夢，在這壯闊的萬頃波濤中，自身本有的雄心壯志也被風雨吹冷。此處仍具有重要的戰略地位，因此有兵船在此戍守，臨近的村落中也有平民百姓在此處種植農作物。這一帶聚落之中已經開始有實施教化，已不是當初荷蘭人統治的風貌。

清康熙年間（1662～1723）的林鳳飛（？～？）有〈登紅毛城詩〉詩，表達了懷古荒涼之感：

> 海上孤城落日昏，水天無際欲銷魂。雲拖雨腳鯤身島，風送潮頭鹿
> 耳門。堪笑霸圖歸幻夢，獨留遺跡引寒暄。紆迴磴路誰過問，止有
> 萋萋碧草痕。〔註26〕

詩人在日落時分登上孤城，遠望著水天遼闊無際，心裡黯然神傷。雲層厚重，在鯤身島及鹿耳門皆是風雨景象。在此處只遺留歷史的陳跡，而當年荷蘭及鄭氏的霸權，如今只成幻夢一場，成為後人的談笑之資。迂迴彎曲的石階目前亦只剩萋萋芳草，又有誰來過問它們的情況呢？

曾源昌（？～？），廈門曾厝垵人。清康熙六十年（1721）歲貢生，官訓導。有〈登紅毛城〉之作：

> 巨海水奔流，安平鎮最要。斯地古荷蘭，□城築何巧！暮角聲清淒，
> 震天萬疊砲。自誇不拔基，伊誰敢與較？詎知鄭氏藩，劍芒日邊耀；
> 吞併氣正雄，鳩巢鵲所造。割據三十年，舳艫城下繞。門戶鍵澎湖，
> 臺彝奉偽詔。夫何振王師，海氛倏已掃。揚帆窮絕域，波臣樂前導。
> 皇恩何汪濊，殘黎遍慰勞。酋長納款多，諸社齊歡笑。今我渡江來，
> 城高恣憑眺。層層磴紆迴，靄靄雲籠罩。潔井泉猶甘，地洞路仍拗。
> 牆宇嗟傾頹；庫藏憐破耗。庭角黑沙堆，榭頭殘月照。忽聽潮聲喧，
> 西風晚狂叫。鯤身七點浮，戍卒嚴水道。羽旂巡殘堞；鼓聲無亂噪。
> 愛此清晏時，遊情隨處好。〔註27〕

曾源昌詩中敘述赤嵌城的歷史。首先說明其港口地位重要，在巨海之中是最重要的港口根據地。荷蘭人在此處建立了堅固的熱蘭遮城，再加上西方的大

〔註26〕范咸纂輯：《重修臺灣府志・雜記・樓堞・附考》臺灣文獻叢刊，第一〇五種，
　　　臺灣銀行經濟研究室，卷十九，頁541。

〔註27〕曾源昌：〈赤嵌城〉，王必昌纂輯，《重修臺灣縣志・雜紀・古蹟（附宅墓）・
　　　赤嵌城・同安歲貢曾源昌詩》，臺灣文獻叢刊，第一一三種，臺灣銀行經濟研
　　　究室，卷十五，頁533～534。

砲，因此自我誇耀的以為奠定了難以動搖的堅固城堡，那裡知道鄭成功將他
們趕走，將此地據為己有，割據了三十年。幸虧有聖主在世，恩澤南被，將
鄭氏政權瓦解，解救在臺灣的原住民。現在我渡海前來，在此高高的赤嵌城
恣意眺望。可以看到層層的石階迂迴地旋繞，而靄靄的暮雲重重的籠罩著赤
嵌城。此地西邊城基的井依然潔淨甘甜，通往地洞的路依然彎彎曲曲。感嘆
的是城牆及樓宇已傾頹，庫藏之物亦殘破耗損。在秋天的夜晚仍可以聽到潮
聲洶湧、大聲狂呼。在這七個鯤身沙洲島上有軍士嚴守著水道，巡守著這片
殘破的城牆，此地戰鼓已許久未曾響起。身處於如此的太平盛世，詩人的遊
興大起，覺得四處風光皆是美好、可愛。

　　李欽文（？～？），字世?，臺灣府治東安坊人。清康熙六十年（1721）
歲貢生。曾任福建南靖訓導。能文工詩。有〈登紅毛城〉：

> 高築堅城自昔時，登臨遠眺快襟期。潮聲暗逐風聲急，帆影還隨雲
> 影移。鹿耳浮沉天以外，鯤身隱現水之湄。於今休問當年事，總為
> 王朝壯國基。〔註28〕

此詩敘述赤嵌城自以往荷人時期就開始營造建築了，使得後來的人們就可以
痛快地登臨遠眺，飽覽壯闊的海景：可以看到帆影隨著雲影移動，可以耳聞
風聲伴著潮聲。在遠處的天邊可以望見鹿耳門浮沉於海上，在臨近的水邊可
以看見二鯤身至七鯤身隱隱約約地出現。在現在就不要再去追問當年在此處
的是非過往吧，畢竟他們當時的所作所為也為了現在的臺灣打下了建設的基
礎。

　　因躲避朱一貴亂事，享譽鄉里的卓夢采（？～？），亦有〈紅毛城〉詩，
呈現了安平城的雄偉壯闊之景：

> 荒夷遺舊壘，砥柱障神都。天塹凌江漢，崇墉控越、吳。水光浮日
> 出，波影撼城趨。雉堞蒼□斷，津樓晚氣孤。鯤隊薄暮岸，鹿聚碧
> 沙艣。湖色晴看雨，潮聲夜聽枹。海天金鎖鑰，雲物舊闉闍。眾志
> 成城固，聲靈溢海隅。〔註29〕

荷蘭人所遺留下來的舊城，如同中流砥柱般，是神都的屏障。這裡的水域是

〔註28〕李欽文：〈赤嵌城〉，王必昌纂輯，《重修臺灣縣志‧雜紀‧古蹟（附宅墓）‧
　　　　赤嵌城‧貢生李欽文詩》，臺灣文獻叢刊，第一一三種，臺灣銀行經濟研究室，
　　　　卷十五，頁534。

〔註29〕卓夢采：〈紅毛城〉，《重修鳳山縣志‧藝文志（中）‧詩賦》，臺灣文獻叢刊，
　　　　第一四六種，臺灣銀行經濟研究室，卷十二，頁434。

超越江、漢的天然大溝，而雄偉的城堡，控制著越、吳等江南重要之區。倒映於水中的太陽隨著水波出現，波浪中的光影以搖撼城堡的聲勢拍打著岸邊。在日暮時分，斜陽照著頹圮的短牆、樓宇，呈現孤單蒼涼的氣息。白日裡，景色宜晴宜雨；晚間時，適合聽取潮聲及小船浮沉之聲。此處地勢險要，是進入臺灣的鎖鑰之地。只要眾人齊心一意，赤嵌城將在海東之處永遠堅固不朽，聲名顯赫。

曾參與《鳳山縣志編纂》的陳慧（？～？），為雍正七年（1729）貢生，其〈登紅毛城〉：

> 迴想當年匠石工，層層疊繞捲長風。波流遠去潮聲急，山勢飛來地脈雄。幾葉漁舟隱現裏，數村煙火微茫中。而今一眺情何限，鹿耳沙鯤壯海東。〔註30〕

此詩呈現安平城的雄偉壯闊感。面對陌生的海外疆域。安平是清初詩人們進入臺灣島時的最重要地點。因此詩人登上紅毛城，回想當年築城情形，那些石匠們是如何的盡心力，才能建造出如此雄偉的城堡，現在，在一層一層的建築中時時可以感覺長風直捲而上。波流雖然遠離，但此處的潮聲依然急速流動。遠眺著臺灣島，可見山勢地胍雄偉相連。雖然是日暮時分，村中煙火微茫、數艘小漁船隱隱出現的煙霧中，然而遠眺時仍然可以感受到此處鹿耳門及七個鯤身島嶼所營造出來的海東雄壯氣勢。

林麟昭（？～？），臺灣縣生員。清乾隆間（1736～1795）府學邑庠生，生平不詳，有〈赤嵌城〉詩：

> 歌舞樓臺半已傾，女牆斜日照孤城；閒庭無復生芳草，複道猶聞喚曉鶯。往事空悲時節換，聖朝長幸泰階平。縱教沙磧千年在，烽靜無煙夜月明。〔註31〕

此詩帶有強烈的懷古氣息。詩人眼中的安平城已是大半傾頹，以前的歌舞樓臺現在已不復見，所見的只是夕陽斜照之下的女牆呈現寥落的氣氛。閒置的庭院亦無芳草出現，在複道之中彷彿可以聽到曉鶯的鳴叫聲。如此淒清的氣氛，令人感慨時空的無常變換，可以慶幸的是現在是聖主當朝，仍屬於太平

〔註30〕 陳慧：〈赤嵌城〉，王必昌纂輯，《重修臺灣縣志·雜紀·古蹟（附宅墓）·赤嵌城·諸羅歲貢陳慧詩》，臺灣文獻叢刊，第一一三種，臺灣銀行經濟研究室，卷十五，頁534。

〔註31〕 林麟昭：〈赤嵌城〉，《重修臺灣府志·藝文（六）·詩（三）》，臺灣文獻叢刊，第一〇五種，臺灣銀行經濟研究室，卷二十五，頁808。

盛世。在這樣烽火不興無煙的皎潔月光下，只有沙磧千年常在，沒有改變。

　　傅汝霖（？～？），字雨若，鳳山縣人，乾隆間（1736～1795）附生，生平不詳，其〈赤嵌城〉詩：

> 千重雲海繞城東，影落平沙夕照紅。夜月飛銀漁火暗，晚煙積翠戍
> 樓空。星分牛女雙垣外，地隔蓬萊一水通。好向安瀾徵曁記，由來
> 聲教紀攸同。〔註32〕

赤嵌城東邊有千重雲海繚繞，在夕陽照射下影子斜落在平沙上。夜間月光照耀，水面閃爍著波光，猶如銀魚飛快地遊動，岸邊漁舟中的燈火昏暗。在晚上煙霧迷濛之中，戍樓已沒有人留守。此地可見星宿中牛郎星與織女星分屬於兩個城牆之外。與仙島臺灣隔著臺江內海，但水域是相通的。由於禮樂教化已在這個地區傳布，所以，此地目前是屬於水波平靜的太平盛世時期。

　　范昌治（？～？），在清乾隆七年（1742）由興化知府調任臺灣府知府，乾隆十年（1745）解任，其〈安平鎮〉：

> 臺灣何崛岉，安平祗孤島。兀立大海中，洪波際天杪【洶浪際天杪】。
> 鹿耳接鯤身，沙線明晶晶。重門分界險，梐櫃不輕掉。拱護府基雄，
> 灣環曲臂繞。守土一麾來，愛此屏藩好。夏日縱扁舟【暇日縱扁舟】，
> 望洋恣遠眺。憶昔宦遊人，無如東坡老。文從海外豪，光燄增奇巧。
> 固陋每自慚，雕蟲先壓倒。下車況匝月【下車況匝月】，狂吟何草草。
> 所志不在詩，因之寄懷抱。私冀胸次間，與海同大小。百川盡傾輸，
> 萬象皆明瞭。秋濤動山岳，春波潤枯槁。轉愧願難酬，問心可得表。
> 保赤貴誠求，誇浮何足道。回看戍卒忙，艨艟鐙齊燎。亟命掛帆歸，
> 迅疾等飛鳥。人坐畫中船，月湧冰輪皎【水湧冰輪皎】。〔註33〕

詩中書寫安平特殊的地理位置，在大海中兀立的孤島，拱護、環繞著臺灣府。在此處可以盡情地放舟遊玩，極目望洋。以往最有名的宦遊人當推蘇軾，雖然詩人自認不如蘇軾有才華，但來到此處，亦想要以詩來寄託懷抱。在飽覽如此雄偉的海上風光後，自覺胸次有所擴大。安平鎮海域中的秋濤足以撼動山岳、春波亦足以滋潤枯槁的大地。詩人因而反思自身，只求自己能在浮沉

〔註32〕傅汝霖：〈赤嵌城〉，《鳳山縣采訪冊·癸部·藝文（二）·詩詞》，臺灣文獻叢
　　　　刊，第七三種，臺灣銀行經濟研究室，頁446。

〔註33〕范昌治：〈安平鎮〉，《重修福建臺灣府志·詩》，臺灣文獻叢刊，第七四種，
　　　　臺灣銀行經濟研究室，頁598。

的人世重視自我修養中的誠正及赤子之心。在安平鎮中仍有戍卒在巡守，船上的燈火在夜幕展開時，同時亮起。因此，詩人要求掛帆要回府治，舟行相當快速，幾乎與飛鳥相等。水中蕩漾的皎潔月光中，詩人搭乘船回程。

乾隆時，安平城有閱武之儀式，在乾隆十年（1745）四月任巡臺御史兼理學政，並與六十七共同進行《重修臺灣府志》之編纂的范咸（？～？）有〈安平城閱武宴集〉二首：

二首之一

牙幢直上赤嵌城，鼓吹高傳畫角聲。持節繡衣周內史，橐弓鐵甲漢家營。盛時獮狩風還古，海外煙塵靜不驚。閒煞熊羆擊刁斗，承平是處久銷兵。〔註34〕

牙旗在赤嵌城中高高升起，畫角聲也在此時響亮傳出。自己如同漢代周亞夫巡視軍紀嚴明的細柳營。因為此處承平已久，海外煙塵靜不驚，使得如熊羆般勇猛的士兵因為閒煞而擊刁斗，兵器都閒置無用了。

二首之二

香清歌管在層城，進酒微聞宴笑聲。錦簇華筵瑤島月，叢殘高壘舊時營。遙傳鼉鼓風逾勁，穩臥魚龍夜息驚。敢謂儒生矜緩帶，太平天子不忘兵。〔註35〕

此首書寫閱武後的宴集，有歌管的音樂聲、酒香、笑語，許多達官貴人集聚此時，詩人最後仍宣示：在太平盛世，自已仍會居安思危，不忘兵事。

覺羅四明（？～？）清乾隆二十四年（1759）任臺灣知府，有〈安平閱武晚歸〉：

荷蘭城外靜鯨鯢，細柳軍容振鼓鼙。旌斾衝波光閃爍，艨艟拍浪影離迷。王朝赫赫聲靈遠，海國桓桓步伐齊。卻喜歸來乘暮汐，沙燈漁火滿長隄。〔註36〕

在赤嵌城外海域平靜無波，鯨鯢等類亦處沉靜之期。「鯨鯢」二字，意有所指，

〔註34〕范咸纂輯：《重修臺灣府志・雜記・樓堞・附考》，臺灣文獻叢刊，第一〇五種，臺灣銀行經濟研究室，卷十九，頁542。
〔註35〕范咸纂輯：《重修臺灣府志・雜記・樓堞・附考》，臺灣文獻叢刊，第一〇五種，臺灣銀行經濟研究室，卷十九，頁542。
〔註36〕覺羅四明：〈安平閱武晚歸〉《續修臺灣府志・藝文（七）・詩（四）》，臺灣文獻叢刊，第一二一種，臺灣銀行經濟研究室，卷二十六，頁959。

相傳鄭成功爲鯨魚化身，鯨鯢沉靜意指承平時期，並無亂事出現。其傳聞紀
錄如下：

> 鄭成功起兵，荼毒濱海，民間患之；有問善知識云：「此何孽，肆毒
> 若是」？答曰：「乃東海長鯨也」！問何時而滅，曰：「歸東即逝」！
> 凡成功所犯之處，如南京、溫、台并及臺灣，舟至海水爲之暴漲。
> 順治辛丑攻臺灣紅毛，先望見一人冠帶騎鯨，從鹿耳門而入；隨後，
> 成功諸舟由是港進。癸卯，成功未疾時，轄下夢見前導稱成功至，
> 視之，乃鯨首冠帶乘馬，由鯤身東入於海外；未幾成功病卒，正符
> 「歸東即逝」之語；則其子若孫皆鯨種也。〔註37〕

> 鄭成功起兵猖獗，有僧識前因，語人曰：「此東海大鯨也」。問「何
> 時而滅」？僧曰：「歸東即滅矣」。凡成功兵到處，海水皆暴漲。順
> 治辛丑攻臺灣紅毛，先夢見一人冠帶騎鯨，從鹿耳門入；未幾成功
> 突至，紅毛遂遁。明年五月，其轄下人復夢一鯨魚，冠帶乘馬，由
> 鯤身出海外，而成功遽卒。正應「歸東即滅」之語。異哉。〔註38〕

以上二篇傳聞皆述鄭成功與鯨魚事，皆以爲：鄭成功爲東海大鯨化身；鄭成
功冠帶騎鯨，入鹿耳門；有人夢見鯨魚本身冠帶乘馬，出海外，不久鄭成功
去世。是以，論述鄭成功之古典詩皆常有以鯨相比擬。而覺羅四明此詩亦是
如此。在承平時期，王朝赫赫聲威遠，正是閱兵時最大的感受。詩人在感受
帝國聲威之後，最喜愛的卻是黃昏時夕陽西下，沙洲中的漁火布滿長隄的特
殊美景。

乾隆16年擔任（1751）二月任巡臺御史的錢琦（1704～？）亦有相類似
的描述，如〈晚從安平渡海歸署〉：

> 平堤含夕景，煙樹半模糊。乘興晚喚渡，一葉如飛鳧。正值風色好
> 【正值風光好】，渡海如渡湖。千丈澄素練，十幅掛輕蒲。沙鯤明漁
> 火，紅影透菰蘆。上亂星斗宿【上射星斗宿】，紛射黿鼉居。水氣摩
> 盪之，散作千驪珠。橫空一鉤月，墮入崑崙墟。似欲釣六鰲，驚走
> 小魚僉鯝。須臾近彼岸，潮退泥沙淤。滄海幻桑田，輥轆駕牛車。
> 爾時夜氣靜，萬籟歸虛無。栩栩不自覺，恍惚凌仙壺【恍惚凌仙廬】。

〔註37〕黃叔璥撰：《臺海使槎錄・赤崁筆談・紀異》，臺灣文獻叢刊，第四種，臺灣
　　　　銀行經濟研究室，卷四，頁79。
〔註38〕李元春：《臺灣志略・叢談》，臺灣文獻叢刊，第一八種，臺灣銀行經濟研究
　　　　室，卷二，頁86。

歸來猶認夢，好手誰繪圖。我夙抱遊癖，而爲緇塵污。翻身六合外。

乃得縱所如。因悟天地大，到處皆蓬廬。心清境自適，底用戀鄉閭。

嗟彼井中蛙，局局徒拘墟。〔註39〕

在晚間從安平回到衙署，所見夕陽下的安平，呈現的是一幅圖畫似的美景。
在晚渡時，船速飛快，直可與飛鳥相比。此時正值風光特美的時刻，海域平
靜無波如同千丈清澈的白練，浩瀚華美。而沙鯤上明亮的漁火，在菰草與蘆
葦中透出紅色的光影，與天上的星斗和廣大的海面，伴著皎潔的月光，構成了
一個迷幻的仙境世界。而詩人浸淫其中，心清自適，心境亦有了超脫的感悟。

陳輝（？～？），字旭初，號明之，臺灣縣人。清乾隆三年（1738）舉人。
善文工詩。曾參與劉良璧續修《臺灣府志》及《續修臺灣府志》之纂修。其
〈渡安平〉：

碧流春色海天寬，島嶼蒼茫雨後看。半棹斜翻雲影碎，片帆遙送浪
花殘。沙浮曲岸漁人宅，樹隱孤村戰將壇。曾是昔年歌舞地，寒城
寂寂暮煙寒【空城寂寂暮煙寒】【空城寂寞暮煙寒】。〔註40〕

在春天雨後看安平城，有著蒼茫的感受，在船槳破水之際映在水中的雲影破
碎，詩人在帆船上遙送著殘破的浪花離去。安平城以往曾經是繁華的歌舞地，
現今卻成爲黃昏時寂靜無人一座寒冷的孤城。

朱士玠，1765 來臺，其〈安平鎮詩〉云：

重鎮壓瀛壖，周遭樹營柵。東迴瞻府治，十里驚湍隔。屹屹番子城
（土人名赤崁、安平二城，統名番子城），荷蘭舊擘畫。興朝聲教闊，
外海恣開闢。維天生五材，並用敢離邊。設帥制狡獷，心輸由吭搤。
大閱當嚴冬，千艘壅潮窄。皀纛咽笳鼓，摩動閃雲隙。令傳齊三呼，
狂趂淘濤黑。髣髴遶鯨鯢，森森鬥鋋戟。誓將髑髏塵，肯惜腰脊磔。
淵客竄污淤，海童韜蹤跡。張幕簡趫材，僄狡迅鶻擊。將軍粲然笑，
磊落賚金帛。頹陽入濛汜，餘霞爛西赤。飲至動鐃歌，滄溟夜寥闃。

〔註41〕

〔註39〕錢琦：〈晚從安平渡海歸署〉，《重修臺灣縣志·藝文志（二）·詩》，臺灣文獻
叢刊，第一一三種，臺灣銀行經濟研究室出版，卷十四，頁512。

〔註40〕陳輝：〈渡安平〉，《重修臺灣府志·藝文（六）·詩（三）》，臺灣文獻叢刊，
第一〇五種，臺灣銀行經濟研究室出版，卷二十五，頁805。

〔註41〕朱仕玠：《小琉球漫誌·海東紀勝（上）》，臺灣文獻叢刊，第三種，臺灣銀行
經濟研究室出版，卷二，頁18。

此詩乃冬季閱武之詩，內容書寫了軍船的威武，彷彿在海中遭遇了鯨鯢，依然奮不顧身的與之戰鬥，不惜犧牲生命也要達成保衛的任務，將軍因而開懷而有所賞賜。在嘹亮的軍歌中，飲宴才結束，此時整個夜晚大海呈現的是一片寂寥。

嘉慶 12 年（1807 年）編纂完成的《續修臺灣縣志》有陳斗南（乾隆（1736～1795）邑諸生）〈登安平鎮城〉：

> 霽雨孤城曙色多，雲中雙闕鬱嵯峨。縱橫輦道空車馬，寂靜宮庭鎖
> 蔦蘿。事去重更新海宇，客來憑弔舊山河。鯤身逐處潮聲亂，數片
> 歸帆泛綠波。〔註42〕

此詩中的安平鎮是早晨雨停後的景象，雲層仍然籠罩著城堡。安平城此時已成為遊客憑弔之處，因此所見的景象為蔦蘿布滿了宮庭的荒寂之景。

嘉慶八年（1803）任臺灣縣學訓導的黃對揚（？～？），有〈臺郡紅毛樓在縣治之左舊址猶存聞密室之下有地道通安平未之詳也樓半傾壞房室幽奧久封塵土人蹤罕到登覽一周用成七律〉：

> 紅彝市宅踞臺灣，今日殘樓付等閒。複道久緣塵土塞，斜梯誰向古
> 籐攀。巢營兔窟門如竇，室繞蛇行路幾彎。俯瞰安平餘舊築，百年
> 風雨洗苔斑。〔註43〕

詩中書寫的安平，已是殘樓等閒之地：塵封已久的地道及古籐攀爬的斜梯，如兔窟洞口的門及蛇行般的動線。百年風雨下的安平舊建築，已是苔蘚斑痕滿布之處。此詩書寫了安平城的殘破。

許青麟（？～？），清道光年間（1821～1850）人士，其生平不詳，其〈安平望海歌〉：

> 孤島潛連赤嵌中，洪濤萬頃歸朦朧。南望鯤身路杳杳，北看鹿耳波
> 瀜瀜。樓臺縹緲成蜃氣，魚龍出沒翻蛟宮。遠嶼晴時如一粟，紫瀾
> 生處迴長風。盪胸始覺雲夢小，放眼方知天地空。大壑蒼茫望未了，
> 日腳插入秋波紅。曾經滄海難為水，況極蓬瀛東復東。〔註44〕

〔註42〕陳斗南：〈登安平鎮城〉，《續修臺灣縣志·藝文（三）·詩》，臺灣文獻叢刊，第一四〇種，臺灣銀行經濟研究室出版，卷八，頁573～574。
〔註43〕黃對揚：〈臺郡紅毛樓〉，《續修臺灣縣志·藝文（三）·詩》，臺灣文獻叢刊，第一四〇種，臺灣銀行經濟研究室出版，卷八，頁620。
〔註44〕許青麟：〈安平望海歌〉，《全臺詩——智慧型全臺詩知識庫》，上網日期：20141102，網址：http://xdcm.nmtl.gov.tw/twp/b/b02.htm。

詩人書寫了在安平望海的特殊感受：萬頃的波濤下，南望鯤身隱隱約約的出現，向北可見鹿耳門波水平和。在緲緲的霧氣之中可見海市蜃樓的奇景，隱約之中彷彿可見蛟龍鬧海宮的景象。看過此番景象，詩人讚嘆：曾經滄海難為水，更何況是傳說中的仙島東境的大海啊！

林樹梅（？～？），清道光四年（1824）從其養父林廷福自海壇來臺任臺灣水師副總兵之職，平許尙、楊良彬反抗事件。道光六年（1826），又隨其父來臺駐西螺堡，調署澎湖左營遊擊。其〈重至安平鎮〉：

> 又來經舊鎮【日斜經舊鎮】，指點七鯤洲。父執多青眼，軍民半白頭。
>
> 樓高邊海戍【危樓邊海戍】，路隔瘴雲秋【客路瘴雲秋】。不盡當年感【不盡重來感】，何心話壯遊。〔註45〕

林樹梅因爲有戰事而再次重來安平鎮，是以詩中充滿了軍士戍守海域的嚴肅之感，而在如此的氣氛之下，詩人是沒有心思談論壯遊之事。

同治10年（1871）年付梓的《東瀛識略》中敘述，安平因爲臺江內海的淤積陸化，與府治已可陸行，因此沒有天險的優勢了，如下：

> 百餘年來，淤沙擁塞，安平至郡已可陸行。〔註46〕

而劉家謀（1814～1853）〈海音詩〉亦有所論述：

一百首之五

> 大井頭，在西定坊，昔年泊舟上渡處；今去海岸一里許。赤嵌樓在安平鎮；自郡至鎮，舟行常患風濤；今則由陸路可達矣。天險漸失，防海者所宜知也。
>
> 舊跡空餘大井頭，敗篷斷纜可曾留？滄桑變幻眞彈指，徒步同登赤嵌樓。〔註47〕

劉家謀以府治到安平的交通，已非昔日的舟行，而是徒步可到，書寫了滄海變成桑田的無常之感。自此之後，書寫安平的古典詩，以海洋爲素材的詩句大幅減少。

李逢時（1829～1876）生平事蹟不詳，同治元年（1862）應台灣道兼學

〔註45〕林樹梅：〈重至安平鎮〉，《全臺詩——智慧型全臺詩知識庫》，上網日期：20141102，網址：http://xdcm.nmtl.gov.tw/twp/b/b02.htm。

〔註46〕丁紹儀：《東瀛識略‧海防、物產‧海防》，臺灣文獻叢刊，第二種，臺灣銀行經濟研究室出版，卷五，頁51。

〔註47〕劉家謀：《海音詩》，《臺灣雜詠合刻》，臺灣文獻叢刊，第二八種，頁6。

政孔昭慈之聘為幕賓，其〈安平即景〉：

> 鹿耳門前春燕飛，鼓聲喧處海船歸。白沙翠竹江村路，漁父肩頭蚌
> 蛤肥。〔註48〕

李逢時筆下的安平已是漁村景象，白沙、翠竹、村路，漁父肩膀上有著肥美
的蚌蛤，恬靜的氛圍，儼然一福漁村風情畫。

周懋琦（？～？）同治元年（1862）來臺幫辦軍務；同治二年（1863）
丁日健任臺澎兵備道，周懋琦以主事參謀軍事，同治十一年任臺灣知府兼任
按察使銜臺灣兵備道，光緒五年（1879）再任臺灣知府。其〈泊安平〉：

> 又泊安平渡，扶檣望舊遊。人家連斷嶼，城郭枕寒流。千首詩何益，
> 三年政未成。吹簫重過此，牢落不勝情。〔註49〕

周懋琦數度來往臺灣，因為仕途的不順遂，使得他在詩中所呈現的是感傷的
情懷，目下的安平城枕著寒流，猶如詩人心中亦是寒流相伴。「吹簫」二字，
用伍子胥吳市吹簫乞食的典故，說明自己仕途的悲涼之感。

楊浚（1830～1890）於同治八年（1869）遊臺，受淡水同知陳培桂之聘，
纂修《淡水廳志》；同治九年（1870）修志完成後離臺。在臺詩作中有〈十月
二日家敬堂總戎邀同安平觀水戰〉：

> 我聞在昔昆明池，魚龍起舞揚旌旗。天子教士習水戰，驅使河伯如
> 嬰兒。又聞三千水犀甲，錢塘酣鬥何爽颯。金牛出沒疊雪幢，至今
> 江上談兵法。吾家威武稱樓船，將軍橫海多象賢。邀我安平同拭目，
> 此事道隔三十年。一朝訓練百廢舉，火光轟烈波心炬。馮夷慴伏支
> 祁愁，桓桓羆虎艨艟旅。夾岸觀者如堵牆，都盧妙技登牙檣。盤旋
> 百戲不一足，疾風西下如鳥翔。更入水中列鵝鸛，重開一幅麒麟幔。
> 高臺鼕鼓正三撾，喊聲直欲干霄漢。歸來慰問弓衣寒，持杯勞酒三
> 軍懽。書生長揖參末座，紀述大筆迴紫瀾。軍容從此留圖畫，赤嵌
> 城頭明月挂。障川一柱立東溟，知有七鯤中流拜。〔註50〕

「邀我安平同拭目，此事道隔三十年。一朝訓練百廢舉，火光轟烈波心炬」

〔註48〕李逢時：〈安平即景〉，《全臺詩──智慧型全臺詩知識庫》，上網日期：
　　　　20141102，網址：http://xdcm.nmtl.gov.tw/twp/b/b02.htm。

〔註49〕周懋琦：〈泊安平〉，《全臺詩──智慧型全臺詩知識庫》，上網日期：20141102，
　　　　網址：http://xdcm.nmtl.gov.tw/twp/b/b02.htm。

〔註50〕楊浚：〈十月二日，家敬堂總戎鉀南邀同安平觀水戰〉，《臺灣詩鈔》，臺灣文
　　　　獻叢刊，第二八○種，臺灣銀行經濟研究室，卷四，頁79。

說明已有三十年沒有進行水戰演習，而此次的演習的意義相當重大，且由「火光轟烈」四字，可知此次演習所使用的兵器已以往不同。詩人並書寫了士兵的戰技高超，直可以百戲的神奇相比擬，爬竿登上船的桅杆、在疾勁的風下如鳥快速的飛下、又在水中列隊形，整體團結的口令聲直上雲霄，如此軍容、如此士氣，皆在詩人筆下鮮活的呈現。在 1869 年之時安平閱武的景象，顯現了清朝對臺灣的治理較以往積極。

唐贊袞 1891 年（光緒 17 年），奉旨擔任按察使銜分巡台灣兵備道，其〈平安行〉：

> 余守延平，首縣爲南平；適家大人官衢道，首縣爲西安：當時有「南平、西安」之詠。茲守臺南，首縣恰爲安平；是合二而爲一也。曾於「順恕堂」題有聯云：「處事常思順恕，居官皆得平安」；亦可謂天造地設也。
>
> 居官得平安，遇合亦足異；欲慰高堂望，「平安」字頻寄。家種竹一竿，慈雲覆青鸞；竿頭饒進步，一字一平安（時䰈兒隨侍在黔，連接家大人信並寄有䰈兒課作，頗覺進功）。瑗得平安書，投諸澗水中（宋胡安定得家書上有「平安」二字，投之澗中）；袞製平安箋（余以「平安家報」四字製有信箋），浣諸鯤海東。〔註51〕

唐贊袞的平安詩，可見其心中對平安的渴望。在甲午戰爭之前所寫，可見其心中對國家的局勢並不懷有足夠的信心。唐贊袞亦有描述安平海浪波濤洶湧之作，如〈安平口自春徂秋，湧聲震懾；其地即鯤身也〉：

> 老鯤復作惡，噴浪相陵虐；願張錢王弩，一射狂濤落！〔註52〕

由他對海浪的聲勢有所畏懼，而以老鯤作惡來形容。並以唐時吳越王錢鏐，命令弓弩手張弓射潮，潮水因此後退的故事，來表達自己的勇武之情。

大體而言，清朝末年時，安平的重要性已不如從前，臺江的陸化使得安平港口地位漸爲高雄港所取代：

> 清末隨著台灣政治重心北移，安平港的重要性不如從前。而歲月的積累亦加速台江的陸化，清中葉後，淤積速度加快，台南府城和安

〔註51〕唐贊袞：〈平安行〉，《臺陽集》，《臺灣關係文獻集零·十六》，臺灣文獻叢刊，第三〇九種，頁 177。

〔註52〕唐贊袞：〈安平口自春徂秋，湧聲震懾；其地即鯤身也〉，《臺陽集》，《臺灣關係文獻集零·十六》，臺灣文獻叢刊，第三〇九種，頁 180。

平之間，倚賴運河聯繫。然人力的挖掘，終究難以抗衡洪水的填塞。

昔時寬闊的台江灣水域，終究成爲鯤鯓潟湖。港灣日漸淤淺，日治

之後，安平港對外口岸的地位，漸爲高雄港所奪。〔註53〕

日治時期，江山易主，安平港灣日漸淤淺，而此時期論及安平的詩作，多半充斥著懷古傷時之情，頗有意在言外之感。

　　林朝崧（1875～1915），號癡仙，爲日治時期臺灣最富盛名的傳統詩社「櫟社」創始人，其〈安平〉：

茫茫天塹海門開，無復長鯨跋浪來。卻憶鄭家全盛日，荷蘭城畔受

降回。〔註54〕

「長鯨跋浪」乃意指鄭成功當時收復臺灣，將荷蘭人趕走之事。然而現今天塹海門已開，卻沒有民族英雄將外族降伏的事。隱微地表露了作者心中渴望與失落。

　　傅錫祺（1872～1946）在明治39年（1906）加入日治時期最富盛名的詩社「櫟社」，爲創社九老之一。大正六年（1917）接替因病去世的賴紹堯擔任社長一職，至戰後1946年去世爲止，擔任社長時間近三十年之久，其人其詩完整見證櫟社之興衰，是該社靈魂人物之一。傅氏對推展櫟社活動、在異族統治下保存漢文化有強烈的使命感，但他一生以明哲保身爲處世哲學，曾應日本之邀擔任潭子區長、庄長，合計十一年四個月，絕不涉足反抗色彩的政治運動，與林獻堂、林幼春等櫟社主幹差異甚大。然而，其〈安平〉之作，仍可窺出其內心感傷：

七鯤遙望立安平，不絕風濤作怒鳴。百里江山重易主，那堪鹿耳話

騎鯨。〔註55〕

在七鯤身上看著安平城，耳邊傳來的是怒吼的風濤聲。眼前所見的江山又再次易主了，那裡還能再聽到當年鄭成功騎鯨進入鹿耳門的典故呢？從不忍聽聞，可窺見其心中的憂思。

〔註53〕 張巧芳：《地方文化的形成及其意義—安平地方的個案研究》，國立臺南大學鄉土文化研究所碩士論文，2001年，頁53。

〔註54〕 林朝崧：〈安平〉，《無悶草堂詩存‧丙午至庚戌》，臺灣文獻叢刊，第七二種，臺灣銀行經濟研究室，卷三，頁107。

〔註55〕 傅錫祺：〈安平〉，廖振富按：櫟社己酉年（1909）第二期月課稿，《全臺詩——智慧型全臺詩知識庫》，上網日期：20141102，網址：http://xdcm.nmtl. gov.tw/twp/b/b02.htm。

趙鍾麒（1863～1936），清臺灣府治清水寺街（今臺南市）人，在明治三十九年（1906）與蔡國琳、連雅堂、胡殿鵬等臺南詩友創辦「南社」，並繼蔡國琳之後於明治四十二年（1909）擔任社長，直至昭和十一年（1936）過世。其〈安平懷古〉，抒發了對英雄的渴盼：

> 七鯤之海鹿稱雄。雙耳高嵬據天險，一江襟帶四交通。陳稜略地不能取，空委蠻荒成棄土。草雞讖啓神州歸，遂與澎湖扼門户。澎湖原是古蓬壺，海上仙山入錦圖。麻姑三笑蓬萊淺，賸有王城落日孤。嗚呼，一角牛皮幾興廢，靖海樓船可能再。茫茫沙汕青水邊，攬轡躊躕生慷慨。〔註56〕

詩中書寫了安平自古以來的傳說，首先說明了安平據有天險的重要地位。接著書寫了隋代時的陳稜曾經攻打琉球國的典故，及鄭成功以臺灣爲反清復明的基地。最後作者提出疑問：靖海樓船可能再來嗎？將其內心的渴望表露無疑。

林維朝（1868～1934）在乙未割臺（1895）之時，攜眷返回福建原籍。但是，在明治30年（1897）因爲水土不服，加上懷鄉心切，於是挈眷歸臺。其〈安平懷古〉亦富歷史興廢的感慨：

> 當年跋浪有長鯨，海上驅來十萬兵。地剪牛皮荷鬼遁，門登鹿耳草雞鳴。霸圖似水滔滔逝，人事如棋局局更。舟子不知興廢感，時聞晚渡棹歌聲。〔註57〕

林維朝此作亦藉鄭成功當年收復臺灣之事，感慨世事如棋。而船夫不知歷史的盛衰興廢，時時還在晚間高聲唱著船歌，頗有不知亡國恨，猶唱後庭花的感慨。

蔡佩香（1867～1925），清臺灣縣（今臺南市安平）人，出身當地望族，爲光緒年間廩生，曾師事舉人蔡國琳，日治後，師徒二人於明治三十三年（1900）聯袂赴日觀光。明治三十八年（1905）與連橫於廈門合辦《福建日日新聞》，共主筆政，不及一年即停刊返臺。次年（1906）加入臺南「南社」，

〔註56〕 趙鍾麒：〈安平懷古〉，《全臺詩——智慧型全臺詩知識庫》，上網日期：20141102，網址：http://xdcm.nmtl.gov.tw/twp/b/b02.htm。此詩收於《臺南新報》，「詩壇」欄，1923年8月6日，第五版，又載黃典權《臺南市志稿·文教》、盧嘉興〈記臺南府城詩壇領袖趙雲石喬梓〉、石萬壽〈趙雲石喬梓詩文初輯——詩〉。

〔註57〕 林維朝：〈安平懷古〉，《全臺詩——智慧型全臺詩知識庫》，上網日期：20141102，網址：http://xdcm.nmtl.gov.tw/twp/b/b02.htm。此詩收於黃哲永先生藏《怡園吟草》。

並參與臺灣總督府臨時舊慣調查會之活動。在 1906 年有〈安平鎮〉之作：

> 赤崁有安平，悠然雲外生。鯤鯓相與接，鹿耳並同盟。兀立標孤嶼，
> 依稀築一城。渡頭人斷續，汕尾浪淒清。漁父憑篙托，英蠻按部行。
> 街衢雖寂寞，廟宇自神靈。到省從斯送，來臺至此迎。黑煙低樹影，
> 青水捲濤聲。旅客應留寓，淮軍失守營。放舟驚海闊，走馬著鞭輕。
> 點點鮫宮火，音音蟹市笙。民家歌郅治，海國慶咸亨。〔註58〕

「兀立標孤嶼，依稀築一城。渡頭人斷續，汕尾浪淒清」之句表達物換星移的感慨，以往孤高的赤崁城，今日卻人煙稀少，汕尾的浪花也顯現了淒涼之景。然而，同樣為安平懷古，詩中的末句「民家歌郅治，海國慶咸亨」中，卻表達了詩人對日本統治的支持、讚許。

施梅樵（1870～1949）在日本治臺後，絕意仕進，每日只以詩酒自娛。其〈遊安平次雪若韻〉四首：

> 海天一片暮雲平，有力秋風也噤聲。忽憶前游如隔世，舊盟鷗鷺尚
> 逢迎。
> 如畫江山一筆收，隨行安得覓營邱。劉綱婦夫原仙骨，只解歡娛不
> 解愁。
> 屠龍人去戍樓空，今昔風光迥不同。誰向延平乞生活，英魂尚在水
> 晶宮。
> 頹牆破屋幾人家，劫夢沉沉似散沙。留取他年修野史，門前水漲泊
> 靈槎。〔註59〕

上述四首詩中，第一首說明自己重遊安平，此時是黃昏時刻，海、天、風、雲一片平靜，恍然之間以為以往的遊安平之事遠若隔事，只有眼前的鷗鳥仍不改態度，依舊熱情的迎接自己。頗有人事變化的滄桑之感。第二首書寫江山易主的感慨，此處的地方官猶如東吳的劉綱夫婦，原本就是修仙之人，不懂得人間愁苦。第三首書寫鄭成功時代已經遠去，此處安平的風光也迥異於當時。現在誰還向他討生活呢？他自己都還在水晶宮，無法再出世了。第四

〔註58〕蔡佩香：〈安平鎮〉，《全臺詩──智慧型全臺詩知識庫》，上網日期：20141102，
　　　　網址：http://xdcm.nmtl.gov.tw/twp/b/b02.htm。此詩收於《漢文臺灣日日新報》，
　　　　「藝苑」欄，1906 年 2 月 6 日，第一版。

〔註59〕施梅樵：〈遊安平次雪若韻〉，《全臺詩──智慧型全臺詩知識庫》，上網日期：
　　　　20141102，網址：http://xdcm.nmtl.gov.tw/twp/b/b02.htm。此詩收於《捲濤閣詩
　　　　草》，又載《臺南新報》，「詩壇」欄，1923 年 8 月 27 日，第五版。

首則是書寫了安平此時衰頹之象，只能留予後人當作野史之資了。施梅樵此組詩中藉安平今昔之景，書寫了自己深刻遺憾。

除了抒發懷古之情外，亦有著眼於安平的港口功能的書寫。王則修（1867～1952）有〈安平築港歌〉二首：

其一

承天自古首開府，舟舶雲屯商賈聚。雞籠打狗漫同論，艋舺鹿江何足伍。自從沙磧日填埋，大舟小舟航者苦。夏秋浪激海門高，鯨吼鼉奔胥濤怒。成功有丸浚不深，未幾棄置同左股。運河雖亦慶開通，其奈內深外淺難容櫓。不謀亟亟築港灣，幾同有室無門戶。幸賴州市會期成，極力陳情利害剖。屢蒙督府賜測量，一朝認可來港部。需費約須幾萬千，全盤豫算七十五。州市負擔按二成，其餘八成歸國帑。興工浚築在明春，繼續三年功可數。疏鑿免乘大禹車，射潮何事錢王弩。惟以機械易為功，轆轆排沙並挖土。他年築港告功成，始信天工人力補。君不見基隆古洪荒，今已安全築船塢。又不見高雄昔廢墟，今已防波若牆堵。安平準此建奇功，當與二港分旗鼓。我今攬轡望澄清，不禁口歌足蹈兼手舞。〔註60〕

王則修為臺南大目降（今新化）人，在乙未（1895）割臺後，1896 年攜家人內渡至漳州府龍溪縣，但仍在明治 35 年（1902）始返臺，對於臺南有著深切的關懷。詩中「自從沙磧日填埋，大舟小舟航者苦」之句書寫安平日漸淤淺，使得船隻通行困難。在日本政府願意加以規畫，中央負責八成經費，地方負責二成。只要持續三年以機械來輔助排沙與挖土，相信將可大功告成。由「雞籠打狗漫同論，艋舺鹿江何足伍」及「君不見基隆古洪荒，今已安全築船塢。又不見高雄昔廢墟，今已防波若牆堵。安平準此建奇功，當與二港分旗鼓」數句，可見王則修對安平不如以往的港口機能，有著強烈的感慨與期待。

在 1823 年的風雨中，鹿耳門港被毀，安平因海沙推移，反而成為兼具國防、貿易的要港：

西元 1823 年鹿耳門港被洪水沖毀，而安平則因海沙推移，港口反較前略深，於是與北線尾島上新興的四草湖合稱臺灣港，兼具國防及貿易功能，成為臺灣南部及台灣府城（今臺南市）的要港。西元 1865

〔註60〕 王則修著，龔顯宗編：〈安平築港歌〉，《則修先生詩文集·下編》，臺南：臺南市立圖書館，2004 年，12 月，頁 345。

年臺灣由於天津條約開港，安平港亦被列為條約港之一，海關、洋行紛紛設立。但是不久後，安平港港被漂砂淤積，灣内的安平島接連陸地，船舶僅能碇泊於距舊港口兩海浬處。日治時期時，台灣總督府利用舊運河水道，自安平海關循鹽水溪至海口予以疏濬，惟舊運河易於淤積，須經常疏濬，極不經濟，所遂於 1908 年興築高雄港後取代之。後臺灣總督府於 1921 年至 1926 年間開鑿臺南新運河，並於終點設置堆貨場倉庫，碼頭約 1,780 公尺。但由於因出口一段河道淤塞，於是在 1935 年至 1936 年間於舊港口南 2 公里處闢安平港新港口，取代臺灣港的營運，並築導流堤二道，港口長 160 公尺，自港口再挖濬航道 2 公里，與新運河接通，築岸約 500 公尺，總經費 77 萬日圓，但是第二次世界大戰時設備遭受破壞。〔註61〕

日治時期，由於出口河道淤塞，在 1935 年至 1936 年新闢安平新港，詩人此詩的背景，或許就在此時。

其二

古稱富庶繁華地，承天第一開靈秘，安平首府之咽喉，商賈雲屯舟楫列。歲月遷移陵谷改，河渠壅塞延鯤海。沙淺石驚浪拍天，航行每畏南流殆。自是商舶絕往來，潏湃胥濤日夜哀。不急浚深築堤堰，南州商業幾衰頹。問題實切關生死，商山協會爭奮起。齊向督府苦陳情，請得補助援州市。何來議論半紛紛，各執偏見不可聞。或謂生成天塹險，或謂徒增市債恐無勳。庸知媧皇煉石天能補，何況區區洳如門戶。有心不怕浪淘沙，銳意何難潮射弩。叱退河伯浚深渠，排沙砌石功無餘。防波堤築兩岸立，中似夢澤水涵潴。從此舟楫出入安如駛，始信愚公移山山能徙。壯哉浚渫告成功，直可基隆高雄二港雄並峙。〔註62〕

首先「古稱富庶繁華地，承天第一開靈秘，安平首府之咽喉，商賈雲屯舟楫列」之句，書寫了安平舊日繁華，為臺灣重要門戶，擁有萬商雲集、舟船羅列的景象。「歲月遷移陵谷改，河渠壅塞延鯤海。沙淺石驚浪拍天，航行每畏

〔註61〕〈安平港〉，上網日期：20150529 網址：http://zh.wikipedia.org/wiki/%E5%AE%89%E5%B9%B3%E6%B8%AF。

〔註62〕王則修著，龔顯宗編：〈安平築港歌〉，《則修先生詩文集・下編》，臺南：臺南市立圖書館，2004 年 12 月，頁 342。

南流殆。自是商舶絕往來，溺洋胥濤日夜哀」數句則是在感嘆由於河沙淤積，而使得沙淺石驚，商船都拒絕往來，商業往來幾近衰頹。「齊向督府苦陳情，請得補助援州市。何來議論半紛紛，各執偏見不可聞。或謂生成天塹險，或謂徒增市債恐無勳」爲了解決問題，必須請中央援助，然而，卻有人心懷憂懼，不願支持。最後作者大聲疾呼：「有心不怕浪淘沙，銳意何難潮射弩。叱退河伯浚深渠，排沙砌石功無餘」只要有心，一切都不是問題。等到大功告成之時，就是安平可與基隆及高雄海港地位並列之時。

（三）安平晚渡

在清初的郡治八景中，以「安平晚渡」爲首，自康熙時，高拱乾（？～？）開始有題詠之作：

> 又郡八景：曰安平晚渡，沙鯤漁火，鹿耳春潮，雞籠積雪（此屬淡水），東溟曉日（同上），西嶼落霞（屬澎湖），澄臺觀海，斐亭聽濤（俱在道署內；自巡道高拱乾以下，皆有題詠）。〔註63〕

郡治八景中有五景在臺南（安平晚渡、沙鯤漁火、鹿耳春潮、澄臺觀海、斐亭聽濤），其中〈安平晚渡〉數量相當多，茲試分析數首如下：

高拱乾（？～？）在清康熙 31 年（1692）擔任分巡臺廈兵備道，在任內纂修《臺灣府志》，這是臺灣第一本官修志書，其〈安平晚渡〉：

> 日腳紅彝疊，煙中喚渡聲。一鉤新月淺，幾幅淡帆輕。岸闊天遲暝，風微浪不生。漁樵爭去路，總是畫圖情。〔註64〕

「日腳紅彝疊，煙中喚渡聲」書寫黃昏時煙霧中傳來渡船吆喝聲的安平城。「一鉤新月淺，幾幅淡帆輕」之句將安平晚渡美如圖畫的靜美，具體呈現出來。「岸闊天遲暝，風微浪不生」呈現遼闊平靜的海天景象，頗有太平盛世之象。

齊體物（？～？）在 1691 年擔任臺灣府海防補盜同知，其〈安平晚渡〉：

> 十里平鋪練，孤城落照邊。帆爭雲裏鳥，人坐畫中船；浪撼魚龍宅，盂懸上下天。遠沙漁火起，點點聚寒煙。〔註65〕

〔註63〕李元春：《臺灣志略・地志》，臺灣文獻叢刊，第一八種，臺灣銀行經濟研究室，卷一，頁12。

〔註64〕高拱乾：〈臺灣八景〉，《臺灣府志・藝文志・詩》，臺灣文獻叢刊，第六五種，臺灣銀行經濟研究室，卷十，頁279。

〔註65〕齊體物：〈臺灣八景〉，《臺灣府志・藝文志・詩》，臺灣文獻叢刊，第六五種，臺灣銀行經濟研究室，卷十，頁284。

詩人筆下的安平多了一些寂寥的氣息，雖然有海上風浪的書寫，然而「孤城落照」、「漁火寒煙」仍是有荒涼之意。

王善宗（？～？）於康熙二十九年（1690）來臺，擔任臺灣水師協左營守備之職，其〈安平晚渡〉：

> 滄海安平水不波，扁舟處處起漁歌；西山日落行人少，帆影依然晚
>
> 渡多。〔註66〕

其筆下的安平充滿著漁人的船歌，雖然是日暮時分，行人已少，但是晚上的帆影依然相當的多，所呈現的是熱鬧的黃昏景象。

陳璸（1656～1718）於康熙41年（1702）調知臺灣縣事，49年（1710）調任臺灣廈門道兼理學政，51年（1712）捐俸重修臺灣府儒學明倫堂，興建朱子祠及文昌閣，56年（1717）奉命巡海至臺，57年（1718）卒於官。平生近20年為臺灣付出、奉獻。其〈安平晚渡〉：

> 喜見妖氛盡廓清，輕舟飛渡赤嵌城。潮添洲尾藏千艘，風引澎湖瑜
>
> 七更。估客已忘川路險，側帆每帶夕陽傾。試看空水澄鮮處，似駕
>
> 神飆向大瀛。〔註67〕

詩人筆下的安平黃昏，所書寫的是輕舟飛渡之景。好似已經完全掌控了航行此海域的方法，可以直接飆向大海。

余文儀（？～1782），乾隆25年（1760）由漳州知府調任臺灣知府，27年（1762）攝海防同知，29年（1764）陞臺灣道，任間續修《臺灣府志》，其〈安平晚渡〉：

> 風撼長竿捲大旗，安平渡口夕陽時。參差颺影輕鷗泛，砰湃濤聲鐵
>
> 馬馳。收網漁郎還隱隱，招人舟子故遲遲。醉翁矯首籌同濟，燈火
>
> 連村盡繫思。〔註68〕

余文儀以歐陽脩的醉翁相比擬，欲樂民之樂，所以書寫的安平晚渡，多了對百姓活動的關懷之情。

〔註66〕王善宗：〈臺灣八景〉，《臺灣府志‧藝文志‧詩》，臺灣文獻叢刊，第六五種，臺灣銀行經濟研究室，卷十，頁289。

〔註67〕陳璸：〈安平晚渡〉，《全臺詩──智慧型全臺詩知識庫》，上網日期：20141102，網址：http://xdcm.nmtl.gov.tw/twp/b/b02.htm。援引自臺灣大學圖書館所藏道光六年（1826）木刻本，丁宗洛編輯《海康陳清端公詩集》。

〔註68〕余文儀：〈臺陽八景‧安平晚渡〉，《續修臺灣府志‧藝文（七）‧詩（四）》，臺灣文獻叢刊，第一二一種，臺灣銀行經濟研究室，卷二十六，頁965。

章甫（1760～1816），臺灣縣（今臺灣省臺南市）人，其〈安平晚渡〉：

> 江干多是老漁翁，欸乃聲聲晚渡東。落日流光知海闊，餘霞倒影覺
> 天空。浮槎未上津頭月，鼓棹齊回午後風。到岸爭先停夜泊，糊模
> 雉堞暮煙中。〔註69〕

詩中書寫的安平在捕魚人的喊聲中出現，一陣熱鬧的聲音過後，以視覺的角度，映襯的手法，以「落日流光」、「餘霞倒影」點出海闊天空的畫面。在月兒未出、午後風回時所有船隻開始動身回港。最後亦以映襯方式書寫了安平城的孤獨感。

施瓊芳（1815～1868），清臺灣縣治（今臺南市）人，其〈題臺灣府志八景圖存四　安平晚渡〉：

> 漫唱風波不可行，限茲衣帶隔安平。寒沙航泊新潮岸，落日人歸古
> 戍城。來往蒲帆隨鷺影，呼招鮑葉雜漁聲。海濱鄒魯風偏樸，不似
> 秦淮豔送迎。〔註70〕

此乃就安平晚渡圖做一番書寫，詩人筆下的安平相當的單純樸素，頗有鄒魯遺風，與江南秦淮之燈紅酒綠的繁華之景大不相同。其所書寫的是詩人心中的安平。

其子施士洁（1856～1922），與丘逢甲、許南英三位並稱為清季三大詩人，有〈安平晚渡〉二首：

其一

> 望中隱約赤嵌城，幾處遙聞喚渡聲。涼月在天風在水，艫枝搖夢出
> 安平。

其二

> 七鯤沙際數星火，四草湖邊一色秋。儂願將身化輕楫，隨他桃葉亦
> 風流。〔註71〕

〔註69〕章甫：〈臺郡八景〉，《半崧集簡編·七言律》，臺灣文獻叢刊，第二〇一種，臺灣銀行經濟研究室，頁36。

〔註70〕施瓊芳：〈安平晚渡〉，《全臺詩——智慧型全臺詩知識庫》，上網日期：20141102，網址：http://xdcm.nmtl.gov.tw/twp/b/b02.htm。原屬《石蘭山館遺稿》卷九〈詩鈔〉三。

〔註71〕施士洁：〈安平晚渡〉，《全臺詩——智慧型全臺詩知識庫》，上網日期：20141102，網址：http://xdcm.nmtl.gov.tw/twp/b/b02.htm。收於施士洁《後蘇龕詩鈔》。

第一首以遙聞喚渡聲來書寫隱隱約約的赤嵌城，詩人筆下的安平沒有歷史的滄桑感，而以涼月輕風來描摹自己的悠閒心境。第二首亦以視覺方式書寫秋天漁火明滅之美，並期許自己能化成一艘小船，徜徉在此安平夜色中。

洪繻（1866～1928），日治時期，改名繻，字棄生，絕意仕進，其〈安平晚渡〉：

> 一水漾長空，安平趁晚風。人喧春漲外，帆急暮潮中。來往舟如馬，
> 東西客似鴻。出城誰喚渡，夕色認朦朧。〔註72〕

詩人筆下的安平，是春天黃昏的場景。趁著漲潮晚風之時，帆船往來如馬、來往之客似鴻，最後就在夕色朦朧，舟人喚渡的聲音中，結束書寫了安平晚渡的景象。

丘逢甲（1864～1912）甲午戰敗後避難於祖籍廣東鎮平。在1912年病逝於鎮平時，仍臨終遺言「向南葬」，表示不忘臺灣，其〈安平晚渡〉：

> 紅毛城外海天浮，萬里征帆一望收。好是月平風定後，有人天際識
> 歸舟。〔註73〕

此詩中所書寫的安平仍具有遼闊的海景，亦有萬里的征帆。在月平風定之後，仍有歸人自遙遠的天際回港。安平在詩人的心中，不是客居之處，而是家鄉。

連城璧（1873～1958），臺灣縣寧南坊人（今臺南市），為連橫胞兄。割臺後，拒絕日方編輯地方文獻之聘。設帳授徒，鼓吹漢學，為「南社」社員，亦為臺南「西山詩社」七秀之一。其有〈題安平晚渡圖　分得齊韻七絕二首〉，頗有意在言外之感：

> 一天雲水嵌城西，斜月歸船入眼迷。鎖鑰海疆圖尚在，幾經披閱費
> 評題。
> 雲煙變幻海天齊，晚渡風光已築堤。空對此圖無恨感，何人跋浪掃
> 鯨鯢。〔註74〕

〔註72〕洪繻：〈安平晚渡〉，《全臺詩──智慧型全臺詩知識庫》，上網日期：20141102，網址：http://xdcm.nmtl.gov.tw/twp/b/b02.htm。此詩收於成文出版社《洪棄生先生遺書・寄鶴齋詩詞集・謔蹻集》，又載洪小如所藏抄本、《洪棄生先生全集》。

〔註73〕丘逢甲：〈安平晚渡〉，《全臺詩──智慧型全臺詩知識庫》，上網日期：20141102，網址：http://xdcm.nmtl.gov.tw/twp/b/b02.htm。此詩收於《柏莊詩草・丘倉海先生詩文錄》，又載王國璠編《柏莊詩草》。

〔註74〕連城璧：〈安平晚渡〉，《全臺詩──智慧型全臺詩知識庫》，上網日期：20141102，網址：http://xdcm.nmtl.gov.tw/twp/b/b02.htm。此詩收於「連城璧詩集」手稿。

此為針對安平晚渡圖之題詠，江山易主，空對海疆之圖，難免有所感慨。在觀賞一片海天雲煙變幻的場景時，雖然口稱無恨感，但最後卻道出「何人跋浪掃鯨鯢」之語，以鄭氏跋浪騎鯨的典故做結語，心中感慨，不言可喻。

與安平相關的詩中，可見時代的推移：明鄭時期目前尚無發現相關詩作留傳。清領時期，康熙 23 年至乾隆的相關詩作中，如「閭閻近已敷文教，不是殊方舊楷模」、「往事空悲時節換，聖朝長幸泰階平」之句所顯示，雖有懷古之情，其盛世太平氣象甚為鮮明。道光而後，如「滄桑變幻真彈指，徒步同登赤嵌樓」之句所呈現，太平氣象漸已消失。光緒時的安平詩如「邀我安平同拭目，此事道隔三十年。一朝訓練百廢舉，火光轟烈波心炬」之句，顯現了時代嚴厲考驗的端倪。日治時期，懷古傷感的色彩濃厚，如「屠龍人去戍樓空，今昔風光迥不同」之句，呈現了對舊文化的眷戀與感傷。

從安平詩、安平晚渡詩中，可見安平具有深刻的歷史痕跡。此處為臺灣最早開發的地區，歷經荷蘭人、明鄭、清領、日治時期的統治，其中滄海桑田的變化令人感受相當深刻。荷蘭人在此地留下的熱蘭遮城，現今僅存城南的牆面，鄭成功經由臺江圍堵此處，留下長鯨跋浪的傳說。清人經過對臺的存留之議後，對臺灣的經營亦由此處延伸。雖然在清朝咸豐、同治時期之後，安平日漸淤積，港口地位日漸下降，然而，安平因時代所留下的風華從不曾消失。

圖 36　赤嵌樓導覽平面圖，上網日期：20141103，網址：kheresy.wordpress.com。

圖 37　赤嵌樓，上網日期：20151102，網址：www.travelking.com.tw。

三、赤嵌樓

（一）赤嵌樓及赤嵌樓詩

赤嵌樓，即赤崁樓。根據臺南市文化局的資料，普羅民遮城（赤崁樓）沿革如下：

（1）1625 年，荷蘭人以布十五匹，向原住民購換赤崁一帶土地，在此設商館、市街、倉庫、醫院，並命名「普羅民遮」為街名。

（2）1653 年，因郭懷一抗荷事件，荷蘭人在赤崁修築城堡以供防禦，也做商業行政中心，荷蘭稱之「普羅民遮城」，俗稱「紅毛城」或「番仔樓」，後稱「赤崁樓」。

（3）1862 年，臺灣中南部大地震，赤崁樓上原已損壞的荷蘭建築全部倒塌。

（4）1875 年，沈葆楨為牡丹社事件領軍來臺，因行船安全，乃上奏請准建海神廟於赤崁樓遺址上。但因故延緩未建完成。

（5）1886 年，臺灣知縣沈受謙為振興文教，在赤崁樓西側建「蓬
壺書院」，並在城堡殘基上蓋五子祠〔供奉宋儒朱熹、程灝、
程頤、張載和周敦頤〕、「文昌閣」並復建海神廟。〔註75〕

由於赤嵌為清領時期臺灣地區最先開發的地區，是以常有詩作以「赤嵌」代
稱臺灣，且有許多赤嵌竹枝詞的作品來歌詠臺灣的風土民情。如乾隆時，孫
霖（？～？）〈赤嵌竹枝詞〉：

> 竹枝環繞木為城，海不揚波頌太平。滿眼珊瑚資護衛，人家籬落暮
> 煙橫。
> 作者註：「臺郡以木柵為城，環植刺竹，迄今四十年矣。遇颶風劇，
> 多摧折。是在守土者敷陳妙策，以石易之。綠珊瑚，一名綠玉樹。
> 槎枒交錯，青蔥籬落間，洵異產也。」〔註76〕

從名稱為「〈赤嵌竹枝詞〉」，可知孫霖乃以赤嵌來代稱臺灣府，亦即臺南地區。
此時，臺江內海尚未陸化，所以此詩充滿了海的遼闊之景。「竹枝環繞木為城」
之句說明此時所見的景象：以竹林為護欄，以木建造的府城。「海不揚波頌太
平」之句乃是藉著海面波瀾不興，頌揚著此時為海清河晏的太平盛世。「滿眼
珊瑚資護衛，人家籬落暮煙橫」書寫著在赤嵌城中處處可見的是家家戶戶皆以
綠珊瑚樹來當做籬笆，護衛著家園的奇特景象，在黃昏時就形成了煙霧繚繞著
綠籬，別有一番風味的美景。此詩乃是呈現著乾隆時臺南府城的專屬風景。

在現今赤崁樓周邊已被畫分為「赤崁文化園區」，區內古蹟眾多，是台灣
少數擁有荷據、明鄭建築的文化園區：

> 赤崁文化園區範圍，以赤崁樓為最大地標建築，範圍大約是新美街
> 以東，成功路以南至民權路左右的塊區，新美街一帶正是十七世紀
> 台南海岸線的位置。西元一六二四年，荷蘭人在安平築熱蘭遮城後，
> 因腹地的關係，他們選擇台江對岸的赤崁（當時台南稱平埔族人赤
> 崁社的所在地）另築一座政經中心－普羅民遮城（今赤崁樓）。並發
> 展了出赤崁街與普羅民遮街，為府城繁華的商業史揭開序幕。
> 赤崁樓是早期台南舊城發展的中心，區內古蹟眾多，是台灣少數擁

〔註75〕〈赤崁樓——臺南市政府文化局〉，上網日期：20141102，網址：http://culture.
tainan.gov.tw/historic/form/index-1.php?m2=171&id=633。

〔註76〕孫霖：〈赤嵌竹枝詞〉，《續修臺灣府志·藝文（七）·詩（四）》，臺灣文獻叢
刊，第一二一種，臺灣銀行經濟研究室，卷二十六，頁980。

有荷據、明鄭建築的文化園區。值得一提的是，在這區塊內擁有三個國家一級古蹟，除了華盛頓郵報旅遊版曾特別推薦的赤崁樓外，明朝寧靖王府邸（今大天后宮）、及由寧靖王的關帝廳改建而成的祀典武廟，都很值得一遊。另外園區內相關的老街，及其它的三級古蹟，如明鄭遺臣的住宅陳德聚堂、香火鼎盛的天公廟天壇、有著明寧靖王親書的名匾的北極殿、有著金面玄天上帝的開基靈佑宮等，也是適合探訪的古蹟景點。〔註77〕

今日臺南新美街一帶正是 17 世紀臺南海岸線的位置，可以想見當時登臨赤崁樓時，直接觀海、聽濤的壯闊感受。

根據高拱乾《臺灣府志》的記載，赤崁城當時濱海，在日暮時分，可以在此處觀賞到海市蜃樓的鉅觀：

臺灣縣，木岡山聳峙雲霄，赤崁城危臨海渚；日暮□霞，極蜃樓海市之鉅觀。〔註78〕

書中敘述赤崁城位置：

赤崁城　在府治西北隅。周圍廣四十五丈三尺、高約三丈六尺餘。無雉堞之設，名雖為城，其實樓臺而已；故又名紅毛樓。紅毛酋長居之。鄭氏因以貯火藥軍械。今仍之。〔註79〕

由上可知：赤崁城位於臺灣府治的西北角，因為沒有城牆，只能算是樓臺。當時荷蘭的首長曾在此居住，所以又稱為紅毛樓。在明鄭時期到康熙時期，這裡是軍火貯存的場所。

李元春對赤崁樓也有詳細地介紹：

赤崁樓，在鎮北坊；明萬曆末，荷蘭所築。背山面海，與安平鎮赤崁城對峙。以糖水、糯汁搗蜃灰疊磚為垣，堅埒於石。週方四十五丈三尺，無雉矢□。南北兩隅，瞭亭挺出，僅容一人站立，灰飾精緻。樓高凡三丈六尺有奇，雕欄凌空，軒豁四達。其下磚砌如巖洞，

〔註77〕〈赤崁文化園區——臺南生活網：人文景點〉，上網日期：20150525，網址：http://ezlife.tainan.gov.tw/pageB2.asp?id=%7B22AD7672-28D7-4761~9DA4-AC341AB9F30B%7D。

〔註78〕高拱乾：《臺灣府志‧封域志‧形勝》，臺灣文獻叢刊，第六五種，臺灣銀行經濟研究室，卷一，頁7。

〔註79〕高拱乾：《臺灣府志‧規制志‧城池》，臺灣文獻叢刊，第六五種，臺灣銀行經濟研究室，卷二，頁28。

曲折宏邃。右後穴窖，左後浚井。前門外左，復浚一井。門額有紅
毛字四，精鐵鑄成，莫能辨識。先是潮水直達樓下。閩人謂水涯高
處爲「墈」，訛作「嵌」。而臺地所用磚瓦皆赤色，朝曦夕照，若虹
吐、若霞蒸，故與安平城俱稱赤嵌。又以築自荷蘭，亦名紅毛樓。
僞鄭貯火藥、軍器於此。入版圖後，因之；道標撥兵看守，司啓閉。
康熙六十年，臺變，門遂不扃，賊取門額鐵字以製器。頻年地震，
屋宇傾盡，四壁陡立，惟周垣堅好如故。乾隆十五年，知縣魯鼎梅
移建縣署於其右，因嚴扃鐍；歲時則灑掃，俾邑人士覽勝焉。〔註80〕

由「週方四十五丈三尺，無雉矢□。南北兩隅，瞭亭挺出，僅容一人站立，
灰飾精緻。樓高凡三丈六尺有奇，雕欄凌空，軒豁四達」的記錄可知：在道
光時期，赤嵌樓高三丈六尺有餘，且有著雕刻精細的欄杆凌空而立，在樓上
可以有四面空曠的感受。而由「僞鄭貯火藥、軍器於此。入版圖後，因之；
道標撥兵看守，司啓閉」之句可知：明鄭時期及清朝康熙年間，赤嵌樓爲貯
存火藥、軍器的地方，因此有派兵在此處巡邏、看守。

　　因爲赤嵌城特殊的歷史淵源，所以它可說是臺灣、臺南的代稱。凡是清
領時期到達臺南者，甚少不提及赤嵌，因此吟詠之作相當多。康熙時，齊體
物有〈赤嵌城〉一詩，如下：

> 特立巍巍控太清，煙霞都自腳根生。羞爲白髮蠻官長，親上紅毛赤
> 嵌城。日月過天疑見礙，魚龍駭影盡潛驚。何堪望斷他鄉目，滄海
> 茫茫故國情。〔註81〕

「特立巍巍控太清，煙霞都自腳根生」二句書寫了赤嵌樓的高聳巍峨，連煙
霞都在腳下。三、四句書寫自己因爲來到此地爲官，所以親自登上這個由荷
蘭人所建造的紅毛城。「日月過天疑見礙，魚龍駭影盡潛驚」二句書寫登高所
見之景，遙望遠處皆茫茫煙霧，日月皆看不清，大海中魚龍都驚嚇到潛伏不
出。「何堪望斷他鄉目，滄海茫茫故國情」二句書寫作者到臺灣爲官，隔著海
洋望斷故鄉的無盡鄉愁。從「蠻官長」、「紅毛赤嵌城」的詞語中，可以感受
到清初時對於臺灣的印象爲蠻荒、落後之區，因此，宦途至此之人都充滿了

〔註80〕李元春：《臺灣志略・勝蹟》，臺灣文獻叢刊，第一八種，臺灣銀行經濟研究
　　　　室，卷一，頁41～42。
〔註81〕齊體物：〈赤嵌城〉，《重修臺灣府志・藝文志・詩》，臺灣文獻叢刊，第六六
　　　　種，臺灣銀行經濟研究室，卷十頁399。

懷鄉之情。

孫元衡（？～？）亦有〈赤嵌城〉詩：

> 石樓盤百級，湧出似孤城；下岸臨滄海，依然禾黍生。〔註82〕

此詩寫出了赤嵌城的特色：有著百級階梯的石樓，瀕臨著大海，而岸邊仍有莊稼在種植著。在清領初期時赤嵌樓至安平之間仍隔海相望。而臺灣仍處於未發發的時期，因此經過荷蘭人及鄭氏政權經營過的赤嵌城，依然是清朝初期的人的主要活動據點。在此為官一年的孫元衡，因為有所感受而寫了〈居赤嵌一載矣計日有感〉，如下：

> 心跡經年兩自嗤，一官寒瘦一編詩。躊躇生理流光速，展轉歸期去日遲。瘴氣潛聞花放後，潮聲盈聽月明時。杜康功用真微妙，天地蜉蝣總不知。〔註83〕

其詩題中以赤嵌指臺灣地區，即是臺南。「心跡經年兩自嗤，一官寒瘦一編詩。躊躇生理流光速，展轉歸期去日遲」此四句寫出了他在赤嵌城一年時，已完成了一本詩集的創作，然而心中仍然充滿著亟待離開的情緒。「瘴氣潛聞花放後，潮聲盈聽月明時」二句書寫了這一年中他對此地的印象：在花開之後仍有瘴氣使人容易生病；而耳邊聽聞的是明月之下潮聲拍岸的聲音。「杜康功用真微妙，天地蜉蝣總不知」二句描述在如此迥異於中原的風土下生活一年，酒所發揮的微妙功效，可以使人暫時忘卻自身生存於天地之中如蜉蝣一般地短暫與脆弱所帶來的傷感。全詩瀰漫著客居他鄉的感傷情調。

陳璸（1656～1718）有〈題軍器局〉二首：

其一

> 弢弓時已久，聖主正當陽。廟算欽長策，天威播遠方。詰戎須有備，耀德最為強。佇見兵戈氣，銷成日月光。〔註84〕

「弢弓時已久，聖主正當陽。廟算欽長策，天威播遠方」四句表達對清朝的統治的頌揚，也因為此時正屬聖主臨朝時期，所以兵器不用已久。「詰戎須有

〔註82〕孫元衡：《赤崁集‧丙戌》，臺灣文獻叢刊，第一〇種，臺灣銀行經濟研究室，卷二，頁29。

〔註83〕孫元衡：《赤崁集‧丙戌》，臺灣文獻叢刊，第一〇種，臺灣銀行經濟研究室，卷二，頁28。

〔註84〕陳璸：〈題軍器局‧其一〉，《全臺詩——智慧型全臺詩知識庫》，上網日期：20141102，網址：http://xdcm.nmtl.gov.tw/twp/b/b02.htm。援引自臺灣大學圖書館所藏道光六年（1826）木刻本，丁宗洛編輯《海康陳清端公詩集》。

備，耀德最爲強。佇見兵戈氣，銷成日月光」四句書寫處理戰事最好的方式爲以顯耀的「恩德」加以感化收效最佳，也期望能將兵的殺伐之氣，轉化爲日月永恆的光芒，普照大地。

其二

> 硝磺泥土賤，堆滿廢垣中。妙在藏無用，斯能幸有功。鬼方兵既定，
> 鹿渚路初通。笑彼田單計，徒然用火攻。〔註85〕

「硝磺泥土賤，堆滿廢垣中。妙在藏無用，斯能幸有功」四句表達了軍器局中的器械因久無使用，堆滿在荒廢的牆角中。而因爲太平無事，才能有這樣功用。「鬼方兵既定，鹿渚路初通。笑彼田單計，徒然用火攻」四句說明臺灣已定，朝廷恩德屆至，因此田單用火攻的計謀，亦無法發揮它的功效。此二首詩突顯了身處於太平盛世的氣象。

康熙57年纂成的《重修臺灣府志》中有陳聖彪的〈赤嵌城觀海〉：

> 孤城獨上俯瀛洲，極目蒼茫一望收。落日半痕天共白，晚潮千頃月
> 同流。滄溟隱入蛟龍窟，島嶼寒生海市樓。波浪不揚征戰息，舳艫
> 閒作釣魚舟。〔註86〕

此詩乃是作者登上赤嵌樓觀海的所見所感。「孤城獨上俯瀛洲，極目蒼茫一望收」二句書寫作者獨自登樓遠望，因爲赤嵌樓的高聳，極目遠望之後，只見滿眼蒼茫。「落日半痕天共白，晚潮千頃月同流」寫出觀海之時爲黃昏，只見落日餘暉之中，天與海皆爲白色；千頃的潮水在晚上映照著月亮，洶湧地奔流著。「滄溟隱入蛟龍窟，島嶼寒生海市樓」二句描寫著潮水奔流中，大海的盡頭應爲蛟龍的洞穴，此時，臺灣島氣候寒冷，在海上出現了海市蜃樓的奇景。「波浪不揚征戰息，舳艫閒作釣魚舟」現今正屬海清河晏之時，所以海面平靜、波浪不興，當年的征戰場面，現今已不復見，戰船現在閒置，都充當釣魚船了。此詩書寫了登樓望海的壯闊之景，亦呈現了盛世氣象。

宋永清（？～？）有〈紅毛樓（一在府治、一在安平鎮，東西兩樓，屹然對峙，故云。）：

〔註85〕陳璸：〈題軍器局・其二〉，《全臺詩——智慧型全臺詩知識庫》，上網日期：20141102，網址：http://xdcm.nmtl.gov.tw/twp/b/b02.htm。援引自臺灣大學圖書館所藏道光六年（1826）木刻本，丁宗洛編輯《海康陳清端公詩集》。

〔註86〕陳聖彪：〈赤嵌城觀海〉，《重修臺灣府志・藝文志・詩》，臺灣文獻叢刊，第六六種，臺灣銀行經濟研究室，卷十，頁420。

東西遙對海疆秋，高接雲虛尺五樓。百戶千窗迷野草，荷蘭曾作萬
年謀。〔註87〕

詩中有著懷古之氣。「東西遙對海疆秋，高接雲虛尺五樓」二句書寫高聳入雲的
赤嵌樓及安平城隔海遙相對望。「百戶千窗迷野草，荷蘭曾作萬年謀」二句表達
以往的百戶千窗，現在只是一片荒草迷蔓。而從百戶千窗的遺跡中可以想見荷
蘭人當初建城之時的長遠打算，然而人算不如天算，留下了高聳的樓閣，現今
幾乎要淹沒於一片荒草之中。此詩亦有隱含清朝政府不重視臺地之意。

康熙59年編纂完成的《臺灣縣志》中有李清運（？～？）〈赤嵌城曉望〉：

晨起茲城望，所思竟若何？湧金初日上，開鑑曉霞多。樹老晴含翠，
山危俯臥波。謾云天塹險，惟德沛江河。〔註88〕

詩中描寫早晨於赤嵌城遠望之景。「湧金初日上，開鑑曉霞多。樹老晴含翠，
山危俯臥波」四句書寫從城上遠望，可見臺江內海中反射陽光的隱隱金光，
海面平靜如鏡，朝霞漫布其間。陸地上則是生長已久的樹林因為晴天的到來，
而呈現一片翠綠之景，山勢居高臨下直接著內海。「謾云天塹險，惟德沛江河」
二句書寫此處雖然為天塹險要之地，然而在清朝的統治下，聖朝的恩德充斥
於整個江河之中。此句詩人表現對清朝統治的頌揚。

王鳳池（？～？）〈赤嵌城懷古〉表達作者登樓遠望之時，內心的感慨：

極目危城聳，流霞覆古垣。山谿何必問？風月祗堪言。時有寒鴉集，
而無櫪馬喧。可知曆數在，誰復解謀孫？〔註89〕

「極目危城聳，流霞覆古垣」二句書寫詩人在高聳的赤嵌城上極目遠望，此
時流動的雲霞遍布了整座古城。「山谿何必問？風月祗堪言」二句作者書寫了
內心的感懷：不必再問山河隸屬於何代何人，這裡只適合談美好的景色。「時
有寒鴉集，而無櫪馬喧」二句說明此處現今時常有寒鴉在此聚集，不再聽聞
馬槽中許多戰馬的喧鬧聲。作者雖說「何必問」，卻也難免提到「櫪馬」，顯示
作者感慨實深。「可知曆數在，誰復解謀孫」二句在感嘆鄭成功及鄭經父子應該
要知道天道運行規律本有定數，然而又有誰肯多為自己的後代子孫打算啊！

〔註87〕宋永清：〈紅毛樓〉，《重修臺灣府志・藝文志・詩》，臺灣文獻叢刊，第六六
種，臺灣銀行經濟研究室，卷十，頁414。

〔註88〕李清運：〈赤嵌城曉望〉，《臺灣縣志・藝文志十・詩》，臺灣文獻叢刊，第一
○三種，臺灣銀行經濟研究室，頁274。

〔註89〕王鳳池：〈赤嵌城懷古〉，《臺灣縣志・藝文志十・詩》，臺灣文獻叢刊・第一
○三種，臺灣銀行經濟研究室，頁273。

　　乾隆6年編纂完成的《重修福建臺灣府志》中有楊二酉（1705－1780）〈登赤嵌城〉：

> 極目天涯是水涯，荷蘭城上計程賒；潮光沸沸鳴奔馬，帆影星星點暮鴉。日麗九重天子闈，雲飛萬里使臣家。何時慰我桐花節，好向龍津一泛槎？〔註90〕

「極目天涯是水涯，荷蘭城上計程賒；潮光沸沸鳴奔馬，帆影星星點暮鴉」四句書寫作者極目遠望，所見的是天水相接的景象，在赤嵌城上計算著船舶來往的水程可是相當的多。在一片潮光洶湧的海域中，波浪奔騰如烈馬，在黃昏時風平浪靜，烏鴉與星星帆影相伴，形成一幅海邊暮色圖。「日麗九重天子闈，雲飛萬里使臣家。何時慰我桐花節，好向龍津一泛槎」四句藉著稱讚君主的高貴、聖明，書寫自己乃是被指派而來到萬里之外的使臣，不知何時才能得到帝王的青睞，回歸到朝廷中央。表達期許自己在仕宦上可以顯達之意。

　　夏之芳（？～？）於1728年來臺，有〈臺灣雜詠百韻〉其中論及紅毛樓者：

> 紅毛百雉半頹垣，雙榜迷離海氣昏；共指賀蘭遺舊跡，戍樓空有夜啼猿（郡治紅毛樓與安平鎮紅毛城對峙海上，乃賀蘭所築）〔註91〕

「紅毛百雉半頹垣，雙榜迷離海氣昏」說明了赤嵌樓在1728年時已是大半頹圮，雙榜在黃昏海氣中呈現著迷離的氛圍。「共指賀蘭遺舊跡，戍樓空有夜啼猿」意謂此處乃是人所共稱的荷蘭人留下的舊遺跡，昔日的戍樓如今只有猿猴在夜晚哀啼的聲音。此詩充滿的衰颯之氣。

　　乾隆29年時間編纂的《續修臺灣府志》中有記載錢琦〈赤嵌樓〉：

> 舊是紅彝地，今成勾曲天。螺旋盤曲磴，樹古抱寒煙。日腳浮雲外，潮頭落檻前。牛皮一席地，芳草自年年。〔註92〕

詩中帶有懷古之氣。「舊是紅彝地，今成勾曲天。螺旋盤曲磴，樹古抱寒煙」四句點出赤嵌樓往昔為荷蘭人營建，現今成為清朝所統治的彎曲階梯的樓閣。「日腳浮雲外，潮頭落檻前。」二句書寫在樓上遠眺的場景，作者遠眺海

〔註90〕楊二酉：〈登赤嵌城詩〉，《重修福建臺灣府志藝文（奏疏、公移、文、序、記、賦、詩）・詩》，臺灣文獻叢刊，第七四種，卷二十，頁592～593。

〔註91〕夏之芳：〈臺灣雜詠百韻〉，《臺灣詩鈔》，臺灣文獻叢刊，第二八○種，臺灣銀行經濟研究室，卷二，頁29。

〔註92〕錢琦：〈赤嵌樓〉，《續修臺灣府志・藝文（七）・詩（四）》，臺灣文獻叢刊，第一二一種，臺灣銀行經濟研究室，卷二十六，頁951。

邊，可見浮雲之外的日暮景象，潮水還在腳下欄杆迴盪，呈現一片迷離的場景。「牛皮一席地」，點出赤嵌樓的來歷——當初是荷蘭人以一牛皮的詭詐方式騙得土地才蓋成。「芳草自年年」藉由芳草的無情無感地每年呈現綠意，表達了在時光的流逝之中，一切歷史的恩怨，將隨之淡去。

孫霖亦有〈赤嵌樓秋眺〉：

> 作意金風故故催，涼秋一望客懷開；樓高突兀荷蘭築，笑指詩人破蘚來。〔註93〕

「作意金風故故催，涼秋一望客懷開」2句點出季節在秋天，而詩人登樓遠眺，眼前景色遼闊，使得自己心中鬱氣消散，心胸開懷。「樓高突兀荷蘭築，笑指詩人破蘚來」前句描述赤嵌樓的高聳突出，並點出其來歷——此樓由荷蘭人所築，後句乃以自我解嘲的方式說明自己是採著苔蘚而來到此處，亦點出了此處的荒僻、少有遊客。

章甫（1760～1816）有〈赤崁城懷古〉：

> 赤崁城懷古（荷蘭借牛皮地，築磚城；鄭氏至，遁去。後歸版圖）
> 赤崁之築始紅彝，沙磧空餘舊日基；自恃雄心來鵝首，枉教狡計借牛皮。南關鎮海經三世，北關朝天又幾時！霸業興亡都是夢，磚城久已兆先知（按「崁」字入仄韻二十七「感」，作開張山貌；又入平韻十五「咸」，作嚴。「崁」世多用仄；而翰林編修萬經駢體文序孫司馬元衡「赤崁集」，有「城列赤崁，官紆黃綬」句，則用平，今從之）。〔註94〕

詩中藉由赤崁城的興衰，點出了「霸業興亡都是夢」的感慨。

日治時期，黃贊鈞（1874～1952）在1942年發表了〈赤崁城〉：

> 赤崁城高雲與齊，蒼茫遺跡夕陽低。春風秋月鯤身道，霸業何人弔草雞。〔註95〕

「赤崁城高雲與齊，蒼茫遺跡夕陽低」之句書寫赤崁城樓高與雲相齊，在樓

〔註93〕孫霖：〈赤嵌樓秋眺〉，《續修臺灣府志·藝文（七）·詩（四）》，臺灣文獻叢刊，第一二一種，臺灣銀行經濟研究室，卷二十六，頁982。

〔註94〕章甫：《半崧集簡編·七言律·赤崁城懷古》，臺灣文獻叢刊，第二〇一種，臺灣銀行經濟研究室，頁19～20。

〔註95〕黃贊鈞：〈赤崁城〉，《全臺詩——智慧型全臺詩知識庫》，上網日期：20141102，網址：http://xdcm.nmtl.gov.tw/twp/b/b02.htm。此詩收於《崇聖道德報》第四十一號，「詩壇」欄，1942年7月28日，又載《海鶴樓詩鈔》上卷。

上遠眺時，一片蒼茫之景，而夕陽顯得特別地低。在人間的良辰美景好時節中，又有誰會來憑弔當初一片忠心的國姓爺鄭成功呢？作者在此時憑弔著鄭成功的功業，似乎別有感慨。

謝汝銓（1871～1953）在 1943 年有〈癸未（1943）燈節日歸赤崁城祭掃墓田摯友國江南鳴君招宴於招仙閣席上多是南社吟侶與舊交感而賦呈〉：

> 一別鄉關十二年，不圖佳節會華筵。談心戚友頭多雪，過眼繁華跡化煙。鹿耳潮聲來似昔，鯤身網影集殊前。蓴鱸也自思張翰，吳下秋風別有天。〔註96〕

此詩中赤崁城為臺南的代稱。謝汝詮為臺南人，在久居他鄉後再回到臺南時，內心有許多感慨：以往可與自己談心說笑的朋友頭髮大多已斑白。而一切的繁華景象已成雲煙。鹿耳門的潮聲澎湃如昔，而沙鯤漁火則是已以前大不相同。故鄉的風物也會像蓴鱸思念張翰一般思念我吧，畢竟故鄉的秋風所帶來的景象與他鄉可是別有一片天。

（二）赤崁夕照

「赤崁夕照」為臺灣縣的八景之一，自乾隆時的錢琦（1704～？）之後，時有詩作吟詠，而蔚為大觀：

> 邑治八景：曰鹿耳連帆，曰鯤身集網，曰赤崁夕照，曰金雞曉霞（此屬澎湖），曰鯽潭霽月，曰雁門煙雨，曰香洋春耨，曰旗尾□蒐（散見山水古蹟各志，自御史錢琦以下，皆有題詠）。〔註97〕

其中指出邑治八景分別：鹿耳連帆、鯤身集網、赤崁夕照、金雞曉霞、鯽潭霽月、雁門煙雨、香洋春耨、旗尾秋蒐等。其中有五個就在現在的臺南地區，（金雞曉霞、雁門煙雨、旗尾秋蒐三者現今不隸屬於臺南地區）。

「赤崁夕照」詩，在乾隆 17 年編纂完成的《重修臺灣縣志》收錄數首，試加以論之如下。

錢琦乃邑治八景首倡者，其〈赤崁夕照〉：

〔註96〕謝汝銓：〈〈癸未（1943）燈節日歸赤崁城祭掃墓田摯友國江南鳴君招宴於招仙閣席上多是南社吟侶與舊交感而賦呈〉〉，《全臺詩——智慧型全臺詩知識庫》，上網日期：20141102，網址：http://xdcm.nmtl.gov.tw/twp/b/b02.htm。此詩收於《南方》第一百七十、一百七十一期，「南方詩壇」欄，1943 年 3 月 15 日，又載《興南新聞》，「興南詩苑」欄，1943 年 3 月 16 日，夕刊第二版。

〔註97〕李元春：《臺灣志略·地志》，臺灣文獻叢刊，第一八種，臺灣銀行經濟研究室，卷一，頁 12。

孤城百尺壓層波，一抹斜陽傍晚過。急浪聲中翻石壁，寒煙影裡照銅駝。珊瑚籬落迷紅霧，珠斗闌干出絳河。指點荷蘭遺跡在，月明芳草思誰多。〔註98〕

首二句點出主題「赤嵌夕照」，「急浪聲中翻石壁，寒煙影裡照銅駝」之句描述在赤嵌樓中可聽見臺江內海的波濤洶湧，急浪拍打著城牆，在水氣一片迷濛的情況下，銅駝在其中忽隱忽現。緣珊瑚樹圍成的籬笆在夕陽下的紅霧下形成迷離景色，赤嵌樓雕刻華麗的欄杆在紅色的水面中顯得更出挑。登樓遠眺，指點著荷蘭所留下的遺跡，內心有許多感慨，在這皎潔的月光下，芳草萋萋，引發人心中湧現鄉愁。

陳輝（？～？），劉良璧續修《臺灣府志》時曾聘他分輯；又應臺灣知縣魯鼎梅之邀，參與《續修臺灣府志》之纂修，亦有〈赤嵌夕照〉：

夕陽斜照赤嵌樓，攬古興懷到此遊。廢堞蟬鳴餘老樹，頹牆雀噪等荒邱。窗臨島外晴波影，門泊江邊晚渡舟。當日築城人已去，霸圖空付水東流。〔註99〕

在夕陽之下到赤嵌樓攬古，眼前所見的是斷垣殘壁，只餘蟬兒及麻雀在老樹、荒邱上鳴叫。「窗臨島外晴波影，門泊江邊晚渡舟」之句書寫著在樓上窗外可見島外有臺江內海晴天的波水盪漾，夕陽下門外江邊呈現著漁舟泊岸之景。末聯「當日築城人已去，霸圖空付水東流」之句呈現著懷古之情：當年築城的荷蘭人現今早已離去，當初想要稱霸世界的圖謀，現今看來，已是付水東流，永不回頭了。

謝家樹（？～？）乾隆17年（1752）爲臺灣府儒學教授，乾隆27年（1762）再兼任臺灣府儒學訓導，其〈赤嵌夕照〉：

牛皮今剝落，尚有赤嵌樓。狡獪成何用，滄桑不自由。攔風窩曲室，蔽日冷雕甍。殘照荒荒意，淒涼動客愁。〔註100〕

「牛皮今剝落，尚有赤嵌樓。狡獪成何用，滄桑不自由」首四句指出赤嵌樓的來歷，認爲荷蘭人一切的算計皆是無濟於事，人算不如天算，表露出人沒

〔註98〕錢琦：〈赤嵌夕照〉，《重修臺灣縣志・藝文志（二）・詩》，臺灣文獻叢刊，第一一三種，臺灣銀行經濟研究室，卷十四，頁490～491。

〔註99〕陳輝：〈赤嵌夕照〉，《續修臺灣縣志・藝文（三）・詩》，臺灣文獻叢刊，第一四〇種，臺灣銀行經濟研究室，卷八，頁588～589。

〔註100〕謝家樹：〈赤嵌夕照〉，《重修臺灣縣志・藝文志（二）・詩》，臺灣文獻叢刊，第一一三種，臺灣銀行經濟研究室，卷十四，頁491。

有掌控一切的權力的感傷。「攔風窩曲室，蔽日冷雕甍。殘照荒荒意，淒涼動客愁」後四句則是藉著殘破的遺跡，表露了作者客居他鄉的愁緒。

高祖彭（？～？）是嘉興人，其〈赤嵌夕照〉：

> 百尺高樓鎮海東，夕陽斜映滿城紅。分明繪出皇圖□，想見當年汗
> 血功。〔註101〕

「百尺高樓鎮海東，夕陽斜映滿城紅」之句指出赤嵌樓的高聳臨海，在夕陽斜映下，滿城籠罩在一城夕色中。「分明繪出皇圖□，想見當年汗血功」二句書寫作者在樓上遠眺，看出大清帝國的疆域圖，可以想見當年平臺時的戰況及將軍們所立下的汗血功勞。此詩表露了作者對清朝統治擁護。

蔡開春（？～？）之〈赤嵌夕照〉：

> 古樓瀕海遠茫茫，夕照猶堪縱眼望。一塢孤城來島上，百年遺蹟在
> 臺陽。帆歸別渚澄波現，水映殘虹暝色長。爲問荷蘭留勝概，雄圖
> 半壁壯嚴疆。〔註102〕

「古樓瀕海遠茫茫，夕照猶堪縱眼望」二句描寫赤嵌樓瀕海，可以在此遠眺茫茫大海，赤嵌樓的夕照景色尚還值得放眼一望。赤嵌樓是臺陽擁有百年古蹟的勝地。「爲問荷蘭留勝概，雄圖半壁壯嚴疆」之句書寫荷蘭人在此所留的名勝，恰成爲清王朝中的廣大疆域的其中一隅。蔡開春此詩已無衰頹思鄉的氣氛。

在嘉慶十二年完稿的《續修臺灣縣志》也有收錄〈赤嵌夕照〉詩數首。方達義（？～？）〈赤嵌夕照〉：

> 夕陽斜映赤嵌城，海國波恬一水平；島上人家煙樹裏，蒼痕綠影護
> 雕甍。〔註103〕

在方達義的詩中，「夕陽斜映赤嵌城，海國波恬一水平」之句，宦遊思鄉的情懷已漸漸淡去，增添的是恬靜的氣氛，美好的景象。

又有章甫（1760～1816）〈赤嵌夕照〉：

> 赤嵌巧築海天中，萬水孤懸一鎮雄。雉堞斜陽翻照影，滿城煙火落

〔註101〕高祖彭：〈赤嵌夕照〉，《重修臺灣縣志・藝文志（二）・詩》，臺灣文獻叢刊，第一一三種，臺灣銀行經濟研究室，卷十四，頁491。

〔註102〕蔡開春：〈赤嵌夕照〉，《重修臺灣縣志・藝文志（二）・詩》，臺灣文獻叢刊，第一一三種，臺灣銀行經濟研究室，卷十四，頁491。

〔註103〕方達義：〈赤嵌夕照〉，《續修臺灣縣志・藝文（三）・詩》，臺灣文獻叢刊，第一四〇種，臺灣銀行經濟研究室，卷八，頁602。

　　江紅。〔註104〕

章甫筆下的〈赤嵌夕照〉呈現的一幅夕陽中的赤嵌樓寫生畫。「赤嵌巧築海天
中，萬水孤懸一鎮雄」之句呈現著：赤嵌樓就是在海天之中的巧妙結構，在
萬水之上雄壯地孤懸著。「雉堞斜陽翻照影，滿城煙火落江紅」之句，給人如
畫的景色：夕陽照耀著赤嵌城的短牆遺跡，使得水面映著滿城的落日紅輝，
猶如滿城煙火一般。此時宦遊的思鄉之情全然不見，代之而起的是對赤嵌城
的雄壯景觀的描摹。

　　陳廷璧（？～？）爲乾隆五十五年（1790）恩貢，其〈赤嵌夕照〉：

　　　　赤嵌城臨水，千年照夕陽。餘輝流海國，斜影上臺隍。環顧皆昭燭，
　　　　遙瞻似渺茫。歸帆依島嶼，短笛起滄浪。到處丹霞麗，無邊紫氣揚。
　　　　東寧饒勝景，覽古仰清光。

「到處丹霞麗，無邊紫氣揚」之句毫無之前夕景的衰颯之氣，頗有盛世之音
的氣象。末句「東寧饒勝景，覽古仰清光」更是直接稱讚臺灣此地富有勝景，
在此既可飽覽古蹟以抒思古之幽情，亦可觀賞此地美好的風光。

　　徐一鶚（？～？），字雲汀，清福建侯官人。道光十二年（1832）以王凱
泰之薦，主持道南書院講席。晚年東渡，任臺灣縣學教諭半載，卒於官。其
〈赤嵌夕照〉：

　　　　南荒赤石舊爲牆，茫茫高城落照長。雲海千重先盪紫，風沙百堞半
　　　　昏黃。燭龍銜影紅□島，羲馭沉輝黑水洋。一望東瀛煙霧暝，珊瑚
　　　　斜拂釣竿涼。〔註105〕

徐一鶚來臺時，赤嵌城至安平地區已陸化，是以其〈赤嵌夕照〉詩已無臺江
內海之浪濤的描寫，前四句書寫赤嵌城的荒古高聳，夕陽下雲海顏色幻化，
風沙吹拂下的城牆在日照下顯得大半昏黃。末四句描摹向西遠眺時，可見夕
陽沉入臺灣海峽中，在煙霧瀰漫中，綠珊瑚樹圍成籬笆旁釣竿斜斜地靠在一
邊。徐一鶚筆中的赤嵌夕照，並無強烈的懷古氣息，也沒有表達思鄉情懷，
純爲白描的鄉村風景圖。

　　從清領至日治時期赤嵌樓相關詩作中，可以感受到詩人們宦遊思鄉之情

〔註104〕章甫：《半崧集簡編・七言絕・臺邑八景》，臺灣文獻叢刊，第二〇一種，臺
　　　　灣銀行經濟研究室，頁48。
〔註105〕徐一鶚：〈赤嵌夕照〉，《全臺詩──智慧型全臺詩知識庫》，上網日期：
　　　　20141102，網址：http://xdcm.nmtl.gov.tw/twp/b/b02.htm。

漸漸淡去,而思古幽情卻是永恆不變。最明顯的是對鄭氏的態度,由清初的不贊同,如「謾云天塹險,惟德沛江河」、「可知曆數在,誰復解謀孫」句,至日治的懷念,如「春風秋月鯤身道,霸業何人弔草雞」句。由此可以看出:隨著盛世的遠去,面對西風東漸的壓力,詩人對於英雄人物的渴望日益加深,到了日治時期,鄭成功業已成為漢文化及漢民族的代表,故而令人懷念不已。

「赤嵌夕照」的詩作乃由錢琦開始至徐一鶚為止,約 1751 年至 1832 年左右,因為臺江陸化的緣故,地貌變遷甚大,是以對於海上波瀾景象的描摹已漸次減少,亦可從詩句景色的書寫中,呈現出臺南地區滄海桑田的變化。

圖 38　「鹿耳春潮圖」　上網日期:20181120
　　網址:http://xdcm.nmtl.gov.tw/wing/home03.aspx?ID=$1004&IDK=2&
EXEC=D&DATA=91&AP=$1004_HISTORY-0。

圖 39　鹿耳門騎鯨人碼頭，來源：20150306，http://blog.xuite.net/stuart_lin/nbxtour/
63695422-%5B%E5%8F%B0%E5%8D%97+%E5%AE%89%E5%B9%B3+
%E6%99%AF%E9%BB%9E%5D+%E8%8B%B1%E9%9B%84%E7%9A%8
4%E6%95%85%E9%84%89%E3%80%82%E9%8E%AE%E9%96%80%E5
%AE%AE。

圖 40　鹿耳門溪口，來源：20150306，http://blog.xuite.net/evanflags/twblog/131132
805-%E3%80%90%E9%B9%BD%E4%B9%8B%E6%9C%89%E7%89%A9
%E3%80%91%E9%B9%BF%E8%80%B3%E9%96%80%E3%80%81%E5%
B0%87%E8%BB%8D%E6%BC%81%E6%B8%AF%E8%88%87%E4%BA
%95%E4%BB%94%E8%85%B3%EF%BC%88%E8%B7%AF%E5%8B%98
+PART+2%EF%BC%89。

第二節　鹿耳門

一、鹿耳門

　　鹿耳門位於現今臺灣臺南市安南區，最初指臺江內海與外海連通的水道及其周圍地區。鹿耳門水道南北兩邊皆為濱外沙洲，分別是南線（南汕）與北線（北汕），李元春《臺灣志略》紀錄如下：

> 鹿耳門嶼在邑西北三十里大海中。浮沙橫□，形如鹿耳。尾迤南為四草嶼，首枕北為鹿耳門。鹿耳門之北有嶼曰北線尾，亦沙嶼橫□，與鹿耳門南北遙接，中隔大港曰隙仔港。港之中有石礁在水底。北線尾既稱北汕，鹿耳門亦稱南汕；隙仔港中石礁，所以暗接南北二汕。故港雖大而水淺徑狹，舟必插標以行，觸礁則船立碎。〔註106〕

鹿耳門港中有暗礁，所以船隻通行時必須遵行前人所留下的標記，否則一旦觸礁，船隻將會立刻破碎。

　　清帝國治臺初期，鹿耳門港成為全臺唯一的正港，意即：出入臺灣唯有鹿耳門港：

> 鹿耳門港位在北汕尾與隙仔間。隨著荷蘭時代大員港淤淺，北邊的鹿耳門港愈為重要。清帝國治臺之初，鹿耳門港成為全臺唯一的正港，也是出入臺灣唯有鹿耳門港。1722 年後，因溪流挾帶泥沙注入臺江內海，使得陸化港汊的面積不斷擴大，府城郊商乃在城西的港汊開築五條港道（即五條港），以通鹿耳門。之後，隨漢人在中、北部入墾增加，1784 年、1788 年先後開放鹿港與八里坌港，鹿耳門港在全臺的地位相對降低。1823 年的暴雨導致漚汪溪改道（為後來之曾文溪）流入臺江內海，對臺江內海的陸化具關鍵性影響，鹿耳門港船隻無法出入，船隻乃泊四草湖、國賽港、安平大港。〔註107〕

1722 年後，因泥沙淤積作用，使得河道窄小的河流更形陸化，府城郊商開築五條港道（即五條港），以通鹿耳門。隨著漢人在臺灣中、北部入墾人數增加，1784 年、1788 年先後開放鹿港與八里坌港，鹿耳門港在全臺的地位相對降低。

〔註106〕李元春：《臺灣志略・地志》，臺灣文獻叢刊，第一八種，臺灣銀行經濟研究室，卷一，頁 8～9。

〔註107〕溫振華：〈十七至十九世紀臺南港口的變遷〉，上網日期：20150525，網址：http://www.ntl.edu.tw/public/Attachment/4916126043.pdf。

康熙時期鹿耳門正式設港，與福建廈門對渡：

> 清康熙年間，鹿耳門正式設港，與福建廈門對渡，當時大型商船從
> 鹿耳門港道南招進入鹿耳門港，小型船從北招進入鹿耳門港，之後
> 經臺防廳稽查，再搭小船經臺江內海到大井頭（康熙年間）、鎮渡頭
> （雍正年間）。〔註108〕

康熙61年間抵臺的黃叔璥（1682～1758）於1722年開始著述的《臺海使槎
錄》中記載鹿耳門的重要之處──鹿耳門為用武必爭之地者，因為進入鹿耳
門港，即可以奪安平、抗府治：

> 然臺灣之可通大舟者，尚有南路之打狗及東港、北路之上澹水，凡
> 三處；而惟上澹水可容多船，港門為正也。……總之，臺灣三路俱
> 可登岸；而惟鹿耳門為用武必爭之地者，以入港即可以奪安平而抗
> 府治也。奪安平則舟楫皆在港內，所以斷其出海之路；抗府治則足
> 以號令南北二路，而絕依附之門。故一入鹿耳門，而臺灣之全勢舉
> 矣。〔註109〕

朱景英於乾隆37年所寫的《海東札記》中記載：鹿耳門為全郡之門戶，且海
底為鐵皮沙線，舟行相當危險：

> 鹿耳門，全郡之門戶也，四周皆海。海底鐵板沙線，排列如鑄。南
> 曰北線尾，北曰加老灣，又西南曰隙子港；兩岸沙腳環抱，中通一
> 徑，狀如鹿耳，故名鹿耳門。商舶率銜尾出入，不敢並櫂。潮長，
> 水深丈四、五尺；潮退，不及一丈，舟人必懸柁始能出入。港路紆
> 迴，舟觸沙線立碎。於盤旋處，插竹剪布，南白北黑，名曰「盪纓」，
> 一曰「招子」，使出入者知所趨避。或令人駕小舟導引，亦曰「招船」。
> 沙岸設瞭臺，分兵防守。海防廳亦置一館稽查，凡由內地東渡及自
> 此西旋者，舍此末由取道。目為天險，諒哉。〔註110〕

鹿耳門易守難攻，商船不敢同時入港，水底下有鐵板沙，且又因為當時是唯
一正口，所以是臺江內海的重要門戶，在當時有「天險」之稱，清朝乾隆以
前設有重兵防守。

〔註108〕許清保：《大臺南的港口》，臺南市政府文化局，2013年3月，頁288～302。
〔註109〕黃叔璥：《臺海使槎錄・赤崁筆談・形勢》，臺灣文獻叢刊，第四種，臺灣銀
　　　　行經濟研究室，卷一，頁6～7。
〔註110〕朱景英：《海東札記・記洋澳》，臺灣文獻叢刊，第一九種，臺灣銀行經濟研
　　　　究室，卷二，頁12～13。

　　乾隆晚期，由於鹿仔港（今彰化縣鹿港鎮）在乾隆 49 年（1784 年）開放
與蚶江對渡，八里坌（今新北市八里區）在乾隆五十三年（1788 年）開放與
五虎門對渡，使得鹿耳門不再是唯一正口，重要性受到挑戰。〔註111〕

　　道光 3 年（1823）七月臺灣所經歷的一場大風雨之中，大量泥沙灌入，灣
裡溪（今曾文溪）在暴雨後改道於鹿耳門出海，無險可守，成為廢港。〔註112〕

　　姚瑩（1785～1853）於道光 9 年（1829）有如下的記載：

> 道光三年（1823）七月，臺灣大風雨，鹿耳門內，海沙驟長，變為
> 陸地。四年三月，總兵觀喜、署道方傳穟、署府鄧傳安上議，建砲
> 臺于鹿耳門，其略曰……今則海道變遷，鹿耳門內形勢大異。上年
> 七月風雨，海沙驟長。當時但覺軍工廠一帶沙淤，廠中戰艦不能出
> 入；乃十月以後，北自嘉義之曾文、南至郡城之小北門外四十餘里，
> 東自洲仔尾海岸、西至鹿耳門內十五、六里，瀰漫浩瀚之區，忽已
> 水涸沙高，變為陸埔，漸有民人搭蓋草寮，居然魚市。自埔上西望
> 鹿耳門，不過咫尺。北線內深水二、三里，即係淺水，至埔約五、
> 六里。現際春水潮大，水裁尺許，秋冬之後，可以撩衣而涉。自安
> 平東望埔上魚市，如隔一溝。昔時郡內三郊商貨，皆用小船由內海
> 驟運至鹿耳門，今則轉由安平大港外始能出入。〔註113〕

自 1823 年後鹿耳門形勢大異，內海陸化，三郊商貨不再經由鹿耳門，改由安
平大港出入。其商業集散地的機能已失。在光緒 18 年（1892）到臺灣旅遊的
蔣師轍（1847～1904），他的《臺游日記》有光緒年間對鹿耳門的記載，如下：

> 暇登舵樓縱眺，求鹿耳門所在，積沙如雪，瀅纓不搖，此險蓋失自
> 道光之初（道光三年七月，臺灣大風雨，鹿耳門內海沙驟長，變為
> 平陸，見東槎紀略），不自近日始也。形勝已非，勛名猶赫，緬賜姓
> 闢土之烈，與靖海平臺之功，為□徊者久之。〔註114〕

由「形勝已非，勛名猶赫，緬賜姓闢土之烈，與靖海平臺之功」句，可知當
初鄭成功入臺，及施琅平臺，皆由鹿耳門出入，如此歷史，使得鹿耳門雖已

〔註111〕許清保：《大臺南的港口》，臺南市政府文化局，2013 年，頁 288～302。

〔註112〕許清保：《大臺南的港口》，臺南市政府文化局，2013 年，頁 288～302。

〔註113〕姚瑩：《東槎紀略・籌建鹿耳門砲臺》，臺灣文獻叢刊，第七種，臺灣銀行經
　　　　濟研究室，卷一，頁 30～31。

〔註114〕蔣師轍：《臺游日記・光緒十八年三月》，臺灣文獻叢刊，第六種，臺灣銀行
　　　　經濟研究室，卷一，頁 12～15。

歷經滄海桑田的變換，轉變為「積沙如雪，盪纓不搖」的淤沙之區，其勛名亦將永留青史。

二、鹿耳門詩

鹿耳門具有如此盛名，因此歷來關於鹿耳門的吟詠之作不少，茲大略分述之。

林慶旺（？～？），康熙 34 年（1695）任臺灣府學教授，其〈鹿耳門曉望〉：

> 五更颶發肆狂瀾，險阻百千客棹難！舟柁豈安潮淼湧，漁燈錯認曉霞觀。蛟龍水面吞星鏡，鳳鳳山頭遁日丸。波入鹿門風未宿，一層驚了一層灘！〔註115〕

此詩呈現了鹿耳門波濤的驚人聲勢。首二句「五更颶發肆狂瀾，險阻百千客棹難」句描寫早晨的鹿耳門潮水狂瀾，使得行舟相當困難。「舟柁豈安潮淼湧，漁燈錯認曉霞觀。蛟龍水面吞星鏡，鳳鳳山頭遁日丸」書寫此處浪濤洶湧，如同蛟龍作惡，星星、太陽因此都被吞沒，令行船的人幾乎難以辨別時間是白天，抑或黑夜。末二句「波入鹿門風未宿，一層驚了一層灘」，在狂風未息之下，波濤竟然還一層一層地相疊而入，著實令人膽顫心驚。

陳璸（1656～1718）亦有〈甲申（1704）行取時舟出鹿耳門遇險口占〉：

> 孟浪舟行悔起初，無端一擲葬江魚。為思生寄死歸語，危坐翻披性理書。〔註116〕

此詩表達了出入鹿耳門必須謹慎，否則可能致命。「孟浪舟行悔起初，無端一擲葬江魚」之句，說明詩人在經過鹿耳門時，因為沒有做好準備，差一點命喪此處，可見此處波濤險惡。「為思生寄死歸語，危坐翻披性理書」書寫作者為了安定心神，在大難不死之後，正襟危坐讀性理之書。

施世榜（？～？），在平定朱一貴事件時，有〈靖臺隨軍入鹿耳門〉：

〔註115〕林慶旺：〈鹿耳門曉望〉，《臺灣府志‧藝文志‧詩》，臺灣文獻叢刊，第六五種，臺灣銀行經濟研究室，卷十，藝文志／詩／鹿耳門曉望，林慶旺，卷十，頁 294。

〔註116〕陳璸：〈甲申（1704）行取時舟出鹿耳門遇險口占〉，《全臺詩——智慧型全臺詩知識庫》，上網日期：20141102，網址：http://xdcm.nmtl.gov.tw/twp/b/b02.htm。援引自臺灣大學圖書館所藏道光六年（1826）木刻本，丁宗洛編輯《海康陳清端公詩集》。

僻嶠潢池弄，王師待廓清。海門奔兕虎，沙島靖鯢鯨。壁壘翹軍肅，
朝曉畫戟明【朝曉畫角明】。霜飛金雀舫，水漲碧波纓【水潮碧波纓】。
榿栢火茶列【榿桓火茶列】，鈴鉦鵝鸛成，峰頭孤月落，幃帳正談兵。
〔註117〕

鹿耳門爲一天險，然而詩人在此時卻得以長驅而入，令人相當驚奇。「海門奔
兕虎，沙島靖鯢鯨」之句，說明了波濤洶湧如虎，而王師卻得以在此順利平
定諸鯤身島。「壁壘翹軍肅，朝曉畫戟明」書寫了早晨時分，王師軍紀嚴明，
軍容壯盛、兵器森森。「霜飛金雀舫，水漲碧波纓」描寫鹿耳門潮水澎湃如霜，
濺入金雀舫中，在潮水高漲時，仍可見到水中盪纓。「峰頭孤月落，幃帳正談
兵」句，指出此時鹿耳門外孤單的月西落，而平亂的將軍們依然未眠談論做
戰的策略，含蓄地表達此次靖臺能成功的因素，乃在於軍容壯盛的士兵及爲
了作戰準備兢兢業業的將軍們。

　　張湄（？～？），乾隆6年（1741）任巡臺御史兼理提督學政，其〈鹿耳
門〉：

鐵板交橫鹿耳排，路穿沙線幾紆迴。浪花堆裏雙纓在，更遣漁舟嚮
導來。〔註118〕

張湄詩敘述乾隆初期時鹿耳門海域的艱險，有著堅硬的鐵板沙，船隻通行時
仍需標記——盪纓及漁舟當嚮導才能安全通過，詩中書寫著鹿耳門的天險情
形。

　　孫霖（？～？），字武水，連橫《臺灣詩乘》記載他在乾隆初期時來臺灣，
有〈渡海達鹿耳門寄朱石君先生即次贈行原韻（和朱石君相國贈孫武水之臺
灣韻）〉：

斷鯢飲海海水空【斷鯨飲海海水空】【斷蜺飲海海水空】，亞班針指層
東。踏歌陸離詫光怪，逼耳瀿瀚洪濤舂【迫耳瀿瀚洪濤舂】。雙溝騰
沸紅黑，三山隱現浮蛟龍。鐵網乞取珊瑚樹，星光直射牛女宮。平生
奇絕不易得，況有新詩開愚蒙。小別黯然客臘尾，癡顏大笑來春風。
壯懷破浪走萬里【壯懷破浪奔萬里】，乘槎豈復疑路窮。古今滄桑本

〔註117〕施世榜：〈靖臺隨軍入鹿耳門〉，《鳳山縣采訪冊・癸部・藝文（二）・詩詞》，
　　　　臺灣文獻叢刊，第七三種，臺灣銀行經濟研究室，頁467～468。
〔註118〕張湄：〈鹿耳門〉，《重修臺灣府志・藝文（五）・詩（二）》，臺灣文獻叢刊，
　　　　第一〇五種，臺灣銀行經濟研究室，卷二十四，頁766。

變幻，短翮勢欲超樊籠，神仙若無條若有，會須身入蓬壺中。佛閣明
燈不知夜，金雞一聲初陽紅。揚飆三十六島過，精靈呵護煩天公。盈
纓紆迴判沙線，鹿耳煙影添朦朧【鹿耳煙景添朦朧】。〔註119〕

詩人呈現來臺灣的航程相當的光怪陸離，並將臺灣比擬爲一個傳說中的蓬壺
仙境。「揚飆三十六島過，精靈呵護煩天公。盈纓紆迴判沙線，鹿耳煙影添朦
朧」之句，說明經過澎湖三十六島後，來到依照盈纓來判斷迂迴的沙線海域
——鹿耳門，觸目所及的是一片煙影朦朧鹿耳門的夜景。

卓肇昌（？～？）1750 年舉人，亦有〈鹿耳門泛舟〉詩：

小棹輕搖鹿耳隈，征人萬里賦歸來（時自京回）。潮依草岸痕初落，
風度蒲帆影半開。殘日海門寒蜃蜃，隔江煙樹起樓臺。重重鎖鑰眞
天險，汗漫迴瀾亦壯哉。〔註120〕

從詩句中知道作者自京城歸來，自然是具有回鄉的親切感，然而在詩中仍著
重於眼前壯闊特殊的海景。「殘日海門寒蜃蜃，隔江煙樹起樓臺」之句描摹著：
在黃昏時寒氣迷漫當中，海市蜃樓在隔江的煙樹間隱隱浮現。「重重鎖鑰眞天
險，汗漫迴瀾亦壯哉」之句表達：如此迂迴的航路下，詩人看著眼前天險的
景色，也不禁感嘆此地的壯闊。

朱仕玠（1712～？）於 1765 年纂成的《小琉球漫誌》中有鹿耳門的相關
記載：

初七日癸巳，至鹿耳門。門約長三四里，左右皆礁石。土人又名銕
板沙，潛藏波內，彎環屈曲。其道止容一舟，深不踰尋丈，出入必
脫尾舵，恐舟隔礙。門外則係七鯤身沙腳，巨石森布，潛波二三尺，
長約百餘里。常時無風，海水自內河湧出，怒激潛石，翻銀噴雪。……
常時風順，一日夜可至。予以無風，留滯海中浹旬，因得紀其梗概
如此。初八日甲午，至臺灣府。〔註121〕

鹿耳門長約三、四里，左右皆礁石，當地人稱爲「銕板沙」，潛藏於海波之中，
致使船隻只能容許一艘通過，且必須解下尾舵，方能順利通行。鹿耳門外爲

〔註119〕孫霖：〈渡海達鹿耳門寄朱石君先生，即次「贈行」原韻〉，《續修臺灣府志・
　　　　詩（四）》，臺灣文獻叢刊，第一二一種，臺灣銀行經濟研究室，頁 978。
〔註120〕卓肇昌：〈鹿耳門泛舟〉，《重修鳳山縣志・藝文志（中）・詩賦》，臺灣文獻叢
　　　　刊，第一四六種，臺灣銀行經濟研究室，卷十二中，頁 412。
〔註121〕朱仕玠：《小琉球漫誌・泛海紀程》，臺灣文獻叢刊，第三種，臺灣銀行經濟
　　　　研究室，卷一，頁 12～14。

七鯤身的沙腳，亦是巨礁密布，在海波下二、三尺，大約百餘里，在無風之時，有海水自內河湧出，與潛藏暗礁相激盪，常有大浪似噴雪之景。當順風之時，一日夜即可到達。他也有〈鹿耳門〉詩：

> 精衛啣石填洪濤，羽毛禿盡波仍高。至今礁嶼剩遺跡，潛藏海底相周遭。戈矛咫尺銛爭向，脫舵失憑心膽喪。崩騰陡覺眼光迷，造次頓許蛟鼉葬。憶昔天兵動地來，潮添十丈千艘開（康熙二十二年秋八月平偽鄭，鹿耳門水漲）。鯨鯢鏖戰窟宅淨，鬐血雨灑腥風霾。有道由來四裔守，地險重扃復何有。登崖張讌對滄溟，浮天激灩臨樽酒。〔註122〕

「精衛啣石填洪濤，羽毛禿盡波仍高」之句，詩人以精衛填海的故事做為開端，書寫鹿耳門的浪濤高漲，海底下仍有礁崖，只要一不小心就可能被蛟龍、黿鼉所害。詩人並遙想當年收復臺灣時的慘烈戰況，因而，清軍在成功登岸時，設宴飲酒歡慶。其〈鹿耳門潮聲〉：

> 大荒地險盡堯封，想見天兵克偽墉。故壘迄今盈百室，寒潮依舊捲千重。餘波南匯暹羅水，細沫東噓日本峰。怪煞舳艫爭利涉，長年來往狎鷗蹤。〔註123〕

此詩開頭「大荒地險盡堯封，想見天兵克偽墉」即言明此大荒之地雖然險要，但仍屬王朝的疆域，可以想見當年天朝軍隊攻克此地的場景。以往的城堡現在已有許多人家在此生活，而此處的寒潮依然聲勢浩大地捲起千重浪。此處的潮水可以向南匯往暹羅，往東則是流向日本。在如此險要之地，仍有船隻為利長年奔忙來往，日日與鷗鳥相伴。

韓必昌（？～？），嘉慶 10 年、11 年間（1805～1806），蔡牽入鹿耳門時，曾募義民守城，並在 12 年（1807）參與《續修臺灣縣志》，其〈下弦月，觀鹿耳門漁火〉：

> 夜深群動息，氣涼暑漸無。坐覺幽意適，徙倚閣東隅。正值新晴後，煙樹稍糢糊。沉沉半鉤月，利露幽光孤。遙望鹿耳門，隱隱平沙鋪。少焉月漸升，紛射黿鼉居。錯落漁火集，閃爍出菰蘆。將與疏星雜，

〔註122〕朱仕玠：《小琉球漫誌・泛海紀程》，臺灣文獻叢刊，第三種，臺灣銀行經濟研究室，卷一，頁 12～13。
〔註123〕朱仕玠：《小琉球漫誌・泛海紀程》，臺灣文獻叢刊，第三種，臺灣銀行經濟研究室，卷一，頁 13～14。

　　上下明空虛。風靜波不興，海面一鏡如。皚皚東方白，拍拍驚啼鳥。

　　驟寒逼衣裳，吾將歸吾廬。〔註124〕

此詩書寫了夜望鹿耳門的靜謐。在深夜之時群動已靜息，夜晚氣涼，暑熱漸
消。在東閣徘徊，遙望鹿耳門，隱隱約約間可見平坦的沙灘。不久月亮東升，
而鹿耳門旁沙灘上也開始有漁火聚集閃爍，明滅不定。此時海波不興，猶如
一面明鏡。不久東方已白，驚醒了啼鳥。在突然轉為寒冷的情況下，詩人也
決定結束觀漁火的行程。

　　劉家謀（1814～1853）於道光二十九年（1849）調臺灣府學任訓導，在
任四年。其《海音詩》有述及鹿耳門：

一百首之十九

　　鹿耳門前礁石多，張帆尚未出滄波；賒來水利重添載，一夜飄流付
　　孟婆。

　　內港多礁石，舟未出洋遇風輒碎。以金貸商船，置貨往北洋，每番
　　錨百圓取二十圓、十八圓不等；由廈兌臺，每百圓亦取五、六圓或
　　八、九圓，曰「水利」。風水不虞，並母錢沒焉。貸於本處者，曰「山
　　單」；每百圓唯取二、三圓，不包定風水也。〔註125〕

由劉家謀的敘述，可知在1849至1853年間，雖然臺江內海陸化，淤沙擁塞，
然而仍有商船在此往來。

　　光緒17年（1891）秋，調署臺澎道兼按察使的唐贊袞（？～？）有〈詠
鹿耳門竹筏〉：

　　毛竹粗於臂，勻裁四五竿。刮膜經漾水，編眼任翻瀾。渡比深杯穩，
　　天疑坐井看（作者註：「人坐木桶，繫於竹筏。」）鷗鷺浮鹿耳，同
　　此一篙安。〔註126〕

可知在清末，鹿耳門淤塞嚴重後，當地的舟人仍以竹筏來往其中，而人坐在
木桶之中，繫於竹筏而前進，相當危險，卻饒富特色。

〔註124〕韓必昌：〈下弦月，觀鹿耳門漁火〉，《續修臺灣縣志・藝文（三）・詩》，臺灣
　　　　文獻叢刊，第一四〇種，臺灣銀行經濟研究室，卷八，頁625。

〔註125〕劉家謀：《海音詩》，《臺灣雜詠合刻》，臺灣文獻叢刊，第二八種，臺灣銀行
　　　　經濟研究室，頁10。

〔註126〕唐贊袞：〈詠鹿耳門竹筏〉，《臺陽集》，《臺灣關係文獻集零・十六》，臺灣文
　　　　獻叢刊，第三〇九種，臺灣銀行經濟研究室，頁169。

日治時期，鹿耳門因爲特殊的歷史淵源，時有詩人以此地爲題，發爲懷古之作。如：謝國文（1887～1938）於明治三十九年（1906）與其叔父謝維巖及台南文人趙雲石、陳瘦雲等共同創設「南社」，即有〈鹿耳門懷古同施涵宇詞伯暨南社諸公作〉：

> 桔柣門開悔已遲，艨艟百戰力終疲。鯤潮莫作興亡恨，今日山河又
> 屬誰。〔註127〕

詩人藉著對鄭氏政權的對話，表達興亡無常的感慨。「桔柣門開悔已遲，艨艟百戰力終疲」之句書寫明鄭時期對抗清軍的情形，此時城門已開，再後悔已太遲，而明鄭的戰船經過了千百的戰役，亦顯露出疲態。「鯤潮莫作興亡恨，今日山河又屬誰？」之句，直接說出：昔日在鹿耳門擁有政權的鄭氏不應再有亡國的憾恨啊，時至今日，江山又是誰的疆域呢？一切都是興亡無常啊。

三、鹿耳春潮

「鹿耳春潮」爲郡治八景之一，亦時常有詩人題詠，茲舉數首分述如下。

高拱乾（？～？），清康熙 31 年（1692）任分巡臺廈兵備道，其〈鹿耳春潮〉：

> 海門雄鹿耳，春色共潮來；二月青郊外，千盤白雪堆；線看沙欲斷，
> 射擬弩齊開。獨喜西歸舶，爭隨落處回。〔註128〕

高拱乾書寫了鹿耳門的雄偉，春天 2 月之時潮水洶湧，如同千盤白雪堆疊。使人想要學錢王射潮，逼退潮水。在詩人筆下，臺灣尚屬異域，因此許多宦遊來臺的文人，爭著想要離開這裡，而回到中土。

齊體物（？～？）在康熙 30 年（1691）來臺亦有〈鹿耳春潮〉：

> 鹿耳雄天塹，寒潮拍拍來。激濤翻白馬，匝岸走春雷；候月知宵漲，
> 看波感後催。誰能慕宗愨，萬里駕風回？〔註129〕

〔註127〕謝國文：〈鹿耳門懷古同施涵宇詞伯暨南社諸公作〉，《全臺詩──智慧型全臺詩知識庫》，上網日期：20141102，網址：http://xdcm.nmtl.gov.tw/twp/b/b02.htm。收於《省廬遺稿》。

〔註128〕高拱乾：〈臺灣八景〉，《臺灣府志・藝文志・詩》，臺灣文獻叢刊，第六五種，臺灣銀行經濟研究室，卷十，頁 280。

〔註129〕齊體物：〈臺灣八景〉，《臺灣府志・藝文志・詩》，臺灣文獻叢刊，第六五種，臺灣銀行經濟研究室，卷十，頁 284。

其中「激濤翻白馬，匝岸走春雷」二句書寫鹿耳門潮水的聲勢如同白馬奔騰，春雷環繞著岸邊轟響。看過如此驚人聲勢的場景後，詩人發出感慨：誰能像南朝劉宋時期的名將宗慤一般，有著乘風破浪的決心，在此萬里駕風浪，凱旋回家鄉？

　　王璋（？～？）為明代遺老王忠孝之侄孫，清康熙 32 年（1693）中舉，嘗分修《臺灣府志》，其〈鹿耳春潮〉：

　　　　百谷東南匯，春潮漲九環；急來天外水，突起眼前山。吾道虛舟裏，
　　　　人情駭浪間。始知浮海者，徒苦不如閒！〔註130〕

詩中極力書寫鹿耳春潮之洶湧，如同天外來水，突然湧現於眼前之山。詩人坐在船中面臨如此的驚濤駭浪，不禁慨嘆在此間生活的人是如此的辛苦。

　　張宏（？～？），康熙 47 年（1708）為臺灣縣知縣，其〈鹿耳春潮〉：

　　　　風和春暖水流湯，鹿耳雄開天一方。疾捲沙堤成白練，橫衝古岸作
　　　　潢洋。揚帆伐鼓爭先進，撒網拖魚自列行。過客紛紛皆冒險，利名
　　　　牽惹到巖疆。〔註131〕

在風和日暖的春季，鹿耳門以雄壯的氣勢，佔據天一方。潮水洶湧快速地將沙隄捲成白練，在古老的崖岸中衝擊，使此地漫成汪洋。在如此艱險的波濤中仍有船隻伐鼓爭先前進撒網捕魚。使得詩人不禁慨嘆：在此雄峻的疆土中仍有人為了名、利而拚命爭奪。

　　張琮（？～？），康熙四十八年（1709）上任臺灣縣丞，其〈鹿耳春潮〉：

　　　　鹿門春暖水湯湯，天為東寧鎮一方。震耳雷轟潮過午，排山浪湧雪
　　　　明洋。煙堤搖曳舟千个，沙港參差鷺幾行。聞道錢鏐能射卻，慚無
　　　　半策展臺疆。〔註132〕

張琮以春天鹿耳門的潮水如轟雷一般地排山倒海而來，形容其聲勢極其驚人。最後又以錢王射潮的典故，書寫臺疆鹿耳門潮水無法抵禦，聲勢甚至大過錢塘潮。可見在此陌生的疆土，詩人們內心所受到的震撼是無法用以往的經驗加以形容比擬。

〔註130〕王璋：〈臺灣八景〉，《臺灣府志‧藝文志‧詩》，臺灣文獻叢刊，第六五種，臺灣銀行經濟研究室，卷十，頁 291。

〔註131〕張宏：〈臺灣八詠〉，《重修臺灣府志‧藝文志‧詩》，臺灣文獻叢刊，第六六種，臺灣銀行經濟研究室，卷十，頁 410。

〔註132〕張琮：〈臺灣八詠〉，《重修臺灣府志‧藝文志‧詩》，臺灣文獻叢刊，第六六種，臺灣銀行經濟研究室，卷十，頁 412。

乾、嘉年間的章甫（1760～1816）亦有〈鹿耳春潮〉：

> 黃山潮水發源長，奔撼雄關勢莫當。好是三春鳴鹿耳，漫誇八月吼
> 錢塘。湧時真覺銀峰立，落處非關鐵弩張。一自東鯨歸海去，晴帆
> 萬里不波揚。〔註133〕

明明是三春的時節，其潮水的聲勢，可說是與8月的錢塘潮不相上下。其洶
湧時真讓人有銀色的山峰在矗立在眼前，其落點也是聲勢驚人，難以料想。
然而待到東鯨歸海去之後，鹿耳門又是晴空萬里，波濤不興，適合放船遠颺。
其中東鯨歸海，似乎意有所指，或是指稱鄭成功也未可。

洪繻（1866～1928）〈鹿耳春潮〉：

> 蓬島日迢迢，春聲鹿耳潮。無風千鷁動，似雪七鯤搖。海底前朝楫，
> 沙頭外國□。飛帆浮不盡，入港亂雲飄。〔註134〕

洪繻寫作此詩之時，臺江已漸漸淤窒，卻依然波瀾壯闊，似雪飄搖，在此之
中，仍有許多帆船在此往來，可見人們已漸能控制此海域。

丘逢甲（1864～1912）〈鹿耳春潮〉：

> 鐵弩三千射未回，銀山十二擁成堆。餘聲晝夜衝沙岸，知是春潮帶
> 雨來。〔註135〕

丘逢甲寫的是春潮的雄壯之景，以錢王之箭不能阻遏的聲勢，日夜不停地衝
過沙岸，這就是鹿耳門春潮的特色啊。

四、鹿耳連帆

「鹿耳連帆」為臺邑八景之一，自錢琦（1704～？）以下始有題詠之作，
其所著重之處在於帆船在此往來不絕之景。目前共有五首「鹿耳連帆」詩，
在此分述如下，以一窺鹿耳門在詩人筆下的種種變化：

錢琦在乾隆16年（1751）來臺，其〈鹿耳連帆〉：

〔註133〕章甫：〈臺郡八景〉，《半崧集簡編‧七言律》，臺灣文獻叢刊，第二○一種，
　　　臺灣銀行經濟研究室，頁37。
〔註134〕洪繻：〈鹿耳春潮〉，《全臺詩——智慧型全臺詩知識庫》，上網日期：20141102，
　　　網址：http://xdcm.nmtl.gov.tw/twp/b/b02.htm。此詩收於成文出版社《洪棄生
　　　先生遺書‧寄鶴齋詩詞集‧謔蹻集》，又載洪小如所藏抄本、《洪棄生先生全
　　　集》。
〔註135〕丘逢甲：〈鹿耳春潮〉，《全臺詩——智慧型全臺詩知識庫》，上網日期：
　　　20141102，網址：http://xdcm.nmtl.gov.tw/twp/b/b02.htm。此詩收於《柏莊詩
　　　草‧丘倉海先生詩文錄》，又載王國璠編《柏莊詩草》。

　　沙礁屈曲海門通，幅幅蒲帆挂遠空【十幅蒲帆挂遠空】。擘絮亂雲天

　　上下，斷行飛鷺浪西東。風搏喜近鯤鵬路，星落剛臨牛女宮。畫意

　　詩情何處最，桃花春漲夕陽紅。〔註136〕

錢琦此詩呈現詩情畫意的鹿耳連帆景象，有桃花、夕陽做爲背景，幅幅相連的帆船似乎是掛在遙遠的空中，以擘絮亂雲的聲勢自天上而下，切斷了兩邊的浪濤而來。在順風的助力下船速相當快，天空中還可看到牛郎與織女兩個星座剛剛在閃耀。在如此的書寫，爲鹿耳門的壯闊之景，增添了許多詩意的美感。

　　謝家樹（？～？）乾隆 17 年（1752）調任臺灣府儒學教授，乾隆 27 年（1762）閏五月兼攝臺灣府儒學訓導。其〈鹿耳連帆〉：

　　鐵砂如鹿耳，有角暗迴環。挨舵之元入，懸標曲折灣。掉頭揮扇去，

　　銜尾擺簾還。天險舟人戒，臺疆第一關。〔註137〕

謝家樹筆下的「鹿耳連帆」強調鹿耳門的天險，連生活在此次的行船人皆相當戒慎恐懼，在通過鹿耳門時都必須循著標記才敢向前，並且第一艘通過後，才有第二艘尾隨而入，不愧爲「臺疆第一關」。

　　盧九圍（？～？），臺灣縣人。清乾隆年間（1736～1795）邑諸生，生平不詳，亦有〈鹿耳連帆〉：

　　萬里飄飄泛海天，縈臨鹿耳轉邅□。盪縷搖處分深淺，懸柁經時每

　　接連。帆帶晚風隨浪起，舟依曲港避沙漩。須知奇險重洋外，鎖鑰

　　東南障幅員。〔註138〕

盧九圍亦是著眼於鹿耳門的天險之處。首先書寫在經過萬里的航海路程後，便進入了曲折的鹿耳門海域。必須遵循著盪縷的標誌，才能知曉水中的深淺，避開其中的暗礁。因爲實在太過曲折，帆船必須一個一個經過，且爲了避開危險，還必須將尾柁卸下。是以詩人最後以「東南鎖鑰」稱鹿耳門，因爲如此的天險，實在是屏障臺灣的重要關口。

　　章甫（1760～1816）〈鹿耳連帆〉：

〔註136〕錢琦：〈鹿耳連帆〉，《重修臺灣縣志・藝文志（二）・詩》，臺灣文獻叢刊，第
　　　　一一三種，臺灣銀行經濟研究室，卷十四，頁 489。
〔註137〕謝家樹：〈鹿耳連帆〉，《重修臺灣縣志・藝文志（二）・詩》，臺灣文獻叢刊，
　　　　第一一三種，臺灣銀行經濟研究室，卷十四，頁 489～490。
〔註138〕盧九圍：〈鹿耳連帆〉，《重修臺灣縣志・藝文志（二）・詩》，臺灣文獻叢刊，
　　　　第一一三種，臺灣銀行經濟研究室，卷十四，頁 490。

鹿耳雄關障百川，晴帆連貫水中天。好風早晚東西便，送盡今來古
往船（作者註：「鹿耳門水口風信，早東便出船，晚西便入船。」）。
〔註 139〕

章甫此詩強調鹿耳門的雄壯、屏障百川的天險地位外，亦書寫了晴天有連綿
不絕的帆船相繼進入鹿耳門的景況，並指出鹿耳門的風信——早上適合出
船，晚上適合入船。在這出入之間，往來的帆船可說是絡繹不絕。

　　徐一鶚（？～？），道光 12 年（1832）以王凱泰之薦，主持道南書院講
席。晚年東渡，任臺灣縣學教諭半載，卒於官。其〈鹿耳連帆〉：

一片蓬萊落海東，遠洋高舶接晴空。鐵嶕下柁潮無力，紗線揚舲路
可通。山勢北盤烏鬼渡，島人南候鯉魚風。波平不見危檣動，曉月
斜懸貝闕中。〔註 140〕

徐一鶚此詩的寫作時間臺江已是漸漸淤塞，是以其詩中較以往之詩，少了波
瀾壯闊的雄偉景象。因為潮水無法長驅而入，只能循著標記、搭著小船，如
此航路才能較為通暢。因為必須等候風信，在波浪平靜之時，只能在此等後，
看著安平古城上有曉月斜掛其上。

　　鹿耳門在乾隆之前為全臺唯一門戶，波濤洶湧，鐵板沙堅，具備天險條
除，需盪纓、嚮導指引，方能順利通過，所以，鄭成功入臺、施琅平臺之時
皆長驅直入，更顯得其中傳奇。由於臺江內海陸化的緣故，鹿耳門天險已失，
港口機能萎縮，地位下降，然而從古典詩的描摹中，猶可想見當年的聲勢：「五
更颷發肆狂瀾」、「鐵砂如鹿耳，有角暗迴環」、「線看沙欲斷，射擬弩齊開」
之句，皆寫出「天險舟人戒，臺疆第一關」的傲人之處。

　　自道光以後，鹿耳門的風光不再，古典詩中波瀾漸息，平沙遍布，如：「鐵
嶕下柁潮無力，紗線揚舲路可通」、「遙望鹿耳門，隱隱平沙鋪」。到了日治時
期，古典詩作中更是出現「鯤潮莫作興亡恨，今日山河又屬誰」懷古傷時之
句，時勢所趨，物換星移，令人不由升起世事無常之感。

〔註 139〕 章甫：〈鹿耳連帆〉，《半崧集簡編‧七言絕‧臺邑八景》，臺灣文獻叢刊，第
　　　　　二○一種，臺灣銀行經濟研究室，頁 48。
〔註 140〕 徐一鶚：〈鹿耳連帆〉，《全臺詩——智慧型全臺詩知識庫》，上網日期：
　　　　　20141102，網址：http://xdcm.nmtl.gov.tw/twp/b/b02.htm。《宛羽堂詩鈔》三卷，
　　　　　光緒二年（1876）刊行，以下即據此版本編校。

圖 41　七鯤鯓嶼地圖 1，上網日期：20150306
網址：http://living.donghong.info/blog/?p=637。

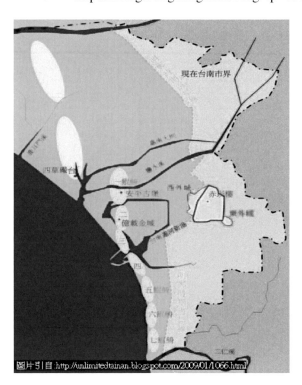

圖 42　七鯤鯓嶼地圖 2，上網日期：20150525，網址：http://streaming.glis.ntnu.
edu.tw:8080/glisdpr/20090619/pguc015/%E5%8F%B0%E7%81%A3%E5
%85%AB%E6%99%AF/ching-2.html。

圖43　一鯤身夜景，日期：20150306，網址：http://weng3309.pixnet.net/blog/
post/3603025-%E5%8F%B0%E7%81%A3%E5%85%AB%E6%99%AF
%E7%B3%BB%E5%88%97~1%E6%B8%85%E6%9C%9D%E5%BA%
B7%E7%86%99%E6%99%82%E6%9C%9F%E7%9A%84%E5%8F%B0
%E7%81%A3%E5%85%AB%E6%99%AF~1694。

圖44　四鯤身夕陽，日期：20150306，網址：http://www.panoramio.com/user/
3741267?comment_page=19&photo_page=13。

第三節　七鯤鯓嶼

一、七鯤鯓嶼與七鯤鯓詩

　　「七鯤鯓嶼」是指過去在臺江內海上的七個海上沙洲，約略爲現今臺南市安平區與南區的海岸地帶：

> 「七鯤鯓嶼」是指過去在臺江內海上的七個海上沙洲，分別稱爲「一鯤鯓」至「七鯤鯓」，即今臺南市安平區與南區的海岸地帶。「鯤鯓」爲臺江內海中的沙洲，一鯤鯓即今日臺南市安平古聚落；二鯤鯓即今億載金城；三鯤鯓就是現在的億載金城南邊對岸處、四鯤鯓就是現在的下鯤鯓、五鯤鯓就是現在的臺南市喜樹、七鯤鯓就是現在的臺南市灣裡。〔註141〕

清朝李元春在《臺灣志略》曾提及「七鯤身嶼」，如下：

> 七鯤身嶼在邑西南海中。脈自東南而來，西轉下海，聯結七嶼，相距各里許，接續不斷，勢若貫珠，自南以北，而終於安平鎮，與南北汕參差斜對，爲邑之關鎖。地皆沙土，風濤鼓盪，不崩不蝕；多產林茶、桄榔，望之鬱然蒼翠；泉尤甘美。一鯤身地最廣，即安平鎮；紅毛舊城在焉。今水師營駐於此，有居民街市。二鯤身至七鯤身，居者多漁戶。每斜陽晒網，笭箵家家，煙月蒼茫，漁燈明滅，佳景如披圖畫。〔註142〕

七鯤身島在臺江內海中，屏障著臺灣府治。清朝時有水師營駐於一鯤身──安平城上，其間亦有居民街市，甚爲熱鬧。二鯤身至七鯤身，居民多爲漁夫，在夕陽西下時，群集晒漁網，家家皆晒著魚籠。煙霧蒼茫之中，漁燈明滅閃爍不定，景色美如圖畫。許多詩人在此處留下題詠之作，在此舉要分述之。

　　康熙年間來臺的孫元衡（？～？）有〈七沙鯤〉詩：

> 海天懸北斗，下照七鯤斜。陰火燃深夜，魚龍自有家。〔註143〕

〔註141〕高鈺彥、洪葦聿、陳宛資：〈臺灣八景過去、現在、未來〉，國立臺灣師範大學數位內容與創新教學應用學程，上網日期：20150207，網址：http://streaming. glis.ntnu.edu.tw:8080/glisdpr/20090619/pguc015/%E5%8F%B0%E7%81%A3% E5%85%AB%E6%99%AF/ching-2.html。

〔註142〕李元春：《臺灣志略・地志》，臺灣文獻叢刊，第一八種，臺灣銀行經濟研究室，卷一，頁8。

〔註143〕孫元衡：《赤崁集・丙戌》，臺灣文獻叢刊，第一○種，臺灣銀行經濟研究室，卷二，頁30。

北斗星在海上的天空斜照著七鯤身嶼，深夜裡海中生物泛著光芒，這些鱗介水族們也都各在有自己的家得以歇息吧。此詩反應著宦遊之人的思鄉之情。

柳存信（？～？）爲清康熙年間（1662～1723）諸生，其〈鯤身曉霞〉：

> 彩霞朝起燦江天，歷歷沙鯤幾嶼連。玉鏡初開雲外現，紅綃一縷望中懸。潮來錯認波生錦，霧散翻疑綵作箋。極目滄溟無尋處，祥光豈向海門偏。〔註144〕

柳存信此詩書寫鯤身島早晨的彩霞，亦即鯤身島上的海上日出之景。他以視覺感官的方式描寫朝霞在海上燦爛地出現，可以清楚地看見鯤身島嶼相連接的情景。在雲外先有一絲紅光從中間出現，如同玉鏡初開的景象。波濤間的霞光使人誤以爲這些是美麗的錦緞，霧散之後，又讓人疑惑：眼前所見的是否爲書箋。望著如此的美景，使詩人不禁懷欵：是否祥光對此地特別偏愛？不然怎會在此地可以見到如此美景呢？

張湄（？～？），浙江錢塘人，乾隆 6 年（1741）四月十二日由翰林院遷巡臺御史兼理提督學政，其〈七鯤身〉：

> 鬐翼連翩振地垠，風摶水擊勢難馴。鵬圖孰是南溟好，願爾長安徙海身。〔註145〕

張湄藉由《莊子・逍遙遊》的典故來書寫鯤身嶼。首 2 句書寫鯤鵬在此留下來振動了地根，風摶水擊亦難以馴服此神物。只盼牠能在此南溟之處長長久久地安穩下來，別再有動靜了，以免此處的風雨難以讓人們安身啊。

范咸（？～？）在乾隆 10 年（1745）4 月任巡臺御史兼理學政，亦有〈二十八日入鹿耳門過七鯤身〉：

> 遙見青山似畫屏，鐵嶕挨柁費丁寧（作者註：「《使槎錄》：『鹿耳門港路迂迴，舟觸鐵板沙線，立碎。潮長水丈四五尺，潮退不及一丈。入門必懸起後柁，乃可進』。」）盪纓有路分沙線（作者註：「土人立標以便出入，曰盪纓。」）浮海何人續水經。烏鬼渡寒遮鹿耳（作者註：「孫元衡詩：『山勢北盤烏鬼渡』。」）荷蘭城圯掃王庭。鯤身久絕鯨鯢跡，風起不聞戰血腥。〔註146〕

〔註144〕柳存逼：〈鯤身曉霞〉，《鳳山縣志・藝文志・詩》臺灣文獻叢刊，第一二四種，卷之九，頁 156。

〔註145〕張湄：〈七鯤身〉，《重修臺灣縣志・山水志・澳嶼》，臺灣文獻叢刊，第一一三種，卷二，頁 39。

〔註146〕范咸：〈二十八日入鹿耳門過七鯤身〉，《重修臺灣府志・藝文（六）・詩（三）》，

其中書寫了由鹿耳門經過七鯤身嶼的艱險。「鯤身久絕鯨鯢跡，風起不聞戰血腥」之句，以鄭成功為鯨魚化身的典故，書寫了此地是太平盛世，許久沒有戰爭所帶來的腥風血雨了。

　　錢琦（1704～？），乾隆16年（1751）2月任巡臺御史。其〈七鯤身〉：

> 海中有鯤夜化鵬，將飛似墮忽伏蹲。浸作千年老雲根，分排玉立如弟昆。蛟宮千丈姿雄跨【蛟宮千丈恣雄跨】，鱷浪萬里供饞吞。壯氣已作長虹吐，遠勢欲挾孤鶩騫。如砥狂瀾留柱石，時撾天鼓殷雷門。左控安平右鹿耳，襟帶眾匯如繚垣。當年蛙龜爭雄處【當年蛙黽爭雄處】，犀甲百萬齊雲屯。一聲海吼白骨枯，潮頭戰血交流渾。自從歸我版圖後，恬波息浪清乾坤。昇平大業垂萬古，異域往往叨殊恩。祇今窮崖絕壑地，已成紫蟹黃魚村。我來正值三月暮，袷衣習習春風溫。他山可望不可即，遠見一片蒼煙痕。天地滄桑本變幻，古今興廢如朝昏。況復浮生一泡影，忍令歲月逐塵奔【忍能歲月逐塵奔】。眼中俗客難為論，黯然默默銷神魂。安得如爾息健翮，坐受晚露與朝暾。〔註147〕

錢琦詩中以神話傳說的色彩敷演七鯤身島的傳奇。首先，他用莊子中鯤鵬的典故說明七鯤身嶼的由來。鯤鵬雄壯的氣勢如兄弟一般分列於臺江內海上。左控安平右扼鹿耳門。並以蛙龜爭雄來譬喻荷蘭人和鄭成功，當時是如何的喋血山河。然而自從大清朝收復臺疆後，此處昇平，人民安和樂利。詩人在農曆三月快結束的時候來到此處，並因此對古今歷史興廢有了感慨。「眼中俗客難為論，黯然默默銷神魂。安得如爾息健翮，坐受晚露與朝暾」之句表達作者心中所思：此事亦難與和一般人訴說，只能獨自黯然沉思：如何才能尋求一個永恆不變的價值？

　　朱仕玠（1712～？），乾隆28年（1763）由德化教諭調任鳳山縣教諭，有〈七鯤身〉：

> 臺疆肖彎弩，千里射潮汐。鯤身劈半環，小曲百里窄。團束內河流，明鏡安臺脊。少女逞狡獝，撼動天光碧。氣連滄海昏，險自洪荒畫。修鱗欲來遊，航髒醫阻格。內河望鯤身，隱隱凸浮磧。竭來勿押侮，

臺灣文獻叢刊，第一〇五種，卷二十五，頁785。

〔註147〕錢琦：〈七鯤身〉，《重修臺灣縣志‧山水志‧澳嶼》，臺灣文獻叢刊，第一一三種，臺灣銀行經濟研究室，卷二，頁39。

下逼蛟龍腋。〔註148〕

朱仕玠用了許多譬喻的手法來描摹七鯤身島的各種不同的樣貌。首先說臺灣像一個彎彎的弓箭，在千里之外發射潮汐。七鯤身島就像是那彎彎的弧度，最窄的地方大約有一百里左右，並將臺灣的眾收河流收束其中，如同一面明鏡般來守護著臺疆。然而如同有少女調皮地晃動明鏡一般，臺江也將搖晃得天昏地暗，大海一片昏黑，天險如同遠古的洪荒就開始成形。大魚想要來到此處游玩，也被此處的天險之地阻隔在外。從內河處遙望鯤身島，隱隱約約可以看到浮出來的沙洲。「竭來勿押侮」句，詩人表達希望臺灣能平靜，不要再有亂事的期盼。

日治時期，胡殿鵬（1869～1933）有〈七鯤觀潮行〉書寫他心裡的憤懑：

君不見婆娑洋水鎖重重，毘舍耶山天柱雄。黑潮一瀉幾千里，屹立東南大海之中央。絕頂罡風捲地走，吹落天外雲茫茫。溯洄淵沖不見底，飛輪剪渡艨艟衝。七鯤洲外古天塹，安平鹿耳幾戰場。青草湖邊南吼夕，白沙崙畔鐵火紅。漁團陣筏星散下，海天荼荼摶風沙。黑旗無人壯士死，荒城落日弔古槎。老漁向我話疇昔，一聲嗚咽聞悲笳。寒潮浩浩海門來，潮頭萬里東溟開。天馬橫空不可過，奔雲掣電萬壑雷。將軍如神從天降，一嘘蜃氣飛樓臺。暮潮黑黑朝潮青，秋潮激激春潮鳴。古來關海推巨鎮，國險有時不能爭。長鯨拍水東海立，舳艫千里壓江平。此時之潮三丈高，大浪撼山山為凹。王氣江南望孝陵，力挽迴瀾奈狂何。桓桓靖海壯請纓，雄師十萬逼東寧。此時之潮高五丈，天下陸沉西臺傾。我臺將種挺人傑，鵝鸛軍聲蜚閩浙。樓船伏波能用奇，百萬鯨鯢相繼滅。覆舟健兒藏水底，夜行晝伏七百里。屭屭負碑出寧南，大漢天聲固尚矣。三百年來丁國變，鷺鯤衣帶爭傳箭。兩代廢興逝水流，日射扶桑失組練。東南大地古山河，慷慨凭笻發浩歌。一片赤嵌忠義血，化作秋風震怒濤。〔註149〕

詩人開頭極力書寫七鯤身嶼環繞的臺江內海是如何的波瀾壯闊，屹立在東南大海的中央。當初平定林爽文亂事時，壯士楊昭武以黑旗百戰百勝，而今詩人只能在此荒城落日下憑弔著當年的古蹟。當年鄭氏入臺之時，亦是潮水之

<hr />

〔註148〕朱仕玠：〈七鯤身〉，《小琉球漫誌・海東紀勝（上）》，臺灣文獻叢刊，第三種，卷二，頁16～17。

〔註149〕胡殿鵬：〈七鯤觀潮行〉，《臺灣詩鈔》，臺灣文獻叢刊，第二八〇種，臺灣銀行經濟研究室，卷十八，頁349～350。

功，使得長鯨得以長驅直入，然而明朝王室氣數已盡，如何力挽迴瀾？靖海侯施琅亦得潮水之助，雄師十萬，逼進東寧。在林爽文事件之時，大清王朝的水師又是如何的雄武，將臺灣平定。然而三百年後，國家遭逢變故。當時的軍隊爭相對抗敵人，然而還是不能對抗日本。當時為國家犧牲的忠勇義士的鮮血，幻化成狂烈的秋風，在七鯤身古山河掀起憤怒的波濤！

黃贊鈞（1874～1952）1942年亦有〈七鯤身〉：

> 照海漁燈閃閃明，七鯤宵靜月痕清。浪花飛雪魚龍戲，觸網驚傳入巨鯨。〔註150〕

詩人紀錄了在1942年巨鯨入網的事件，場景在日治時期七鯤身嶼的夜裡，當時月光皎皎、漁火閃爍，夜裡寂靜無聲，水裡浪間許多鱗介魚群正在如飛雪的浪花中嬉戲，此時忽然傳來了巨響，原來是有巨鯨觸碰了漁網，而被困住了。然而詩人的書寫就此停止，讓人心中的好奇難以遏抑。

二、沙鯤漁火

「沙鯤漁火」為郡治八景之一，亦有歌詠之作，茲舉要大略分述。

高拱乾（？～？）〈沙鯤漁火〉：

> 海岸沙如雪，漁燈夜若星；依稀明月浦，隱躍白蘋汀。鮫室寒猶織，龍宮照欲醒。得魚烹醉後，何處曉峰青？〔註151〕

夜裡的鯤身島漁燈點點似天上繁星，海岸邊沙灘如雪。在點點的漁火隱隱跳動的白蘋之中，彷彿看到明月依稀在沙洲中可見。如此的景色如同鮫室、龍宮一般地迷離。在這裡享用完海鮮、喝完美酒之後，度過美好的一夜後，詩人也有歸意，才會詢問：那裡可以看見早晨青翠的山峰呢？

齊體物（？～？）〈沙鯤漁火〉：

> 渺渺煙波外，漁燈出遠沙。如何天海畔，亦自有人家！落影常駭鱷，當門不聚鴉。望中疏更密，知是屋參差。〔註152〕

〔註150〕黃贊鈞：〈七鯤身〉，《全臺詩——智慧型全臺詩知識庫》，上網日期：20141102，網址：http://xdcm.nmtl.gov.tw/twp/b/b02.htm。此詩收於《崇聖道德報》第四十五號，「詩壇」欄，1942年11月28日，又載《海鶴樓詩鈔》上卷、賴子清《臺灣詩海》。

〔註151〕高拱乾：〈臺灣八景〉，《臺灣府志‧藝文志‧詩》，臺灣文獻叢刊，第六五種，臺灣銀行經濟研究室，卷十，頁279。

〔註152〕齊體物：〈臺灣八景〉，《臺灣府志‧藝文志‧詩》，臺灣文獻叢刊，第六五種，

在渺茫的煙波之外，有漁燈點點在沙洲旁。在如此遙遠的天之一方，竟然亦有人家在此生活。漁火照射落下的影子，有時連鱷魚都會受到驚嚇，而漁家的門前亦沒有烏鴉聚集。遠望之下，可見稀疏中亦有漁火密布之處，可以推知是由於住屋參差不齊的緣故。

康熙 29 年（1690）來臺，擔任臺灣水師協左營守備之職的王善宗（？～？），亦有〈沙鯤漁火〉：

> 長沙一帶積如山，碧海分流水自潺；數點殘星歸遠浦，清光永夜照人間。〔註153〕

鯤身島上的沙已堆積如山，碧綠的海水因而潺潺分流。在夜裡可以看見漁舟中的燈火如同殘星一般回到遠處的沙洲，漁火發射出的清光在漫長的黑夜裡永久地照耀著人間。

身為明代遺老王忠孝侄孫的王璋（？～？）有〈沙鯤漁火〉：

> 沙積橫江路，漁燈入夜闌。離離分艇聚，耿耿帶星繁。照破乾坤夢，覺來島嶼寒。待教明月上，鼓棹過前灘。〔註154〕

在深夜裡可以看見沙灘堆疊累積，漁燈點點亮起。許許多多的漁舟聚集在一起，舟中的燈火，如同夜裡的繁星閃閃發光。在如此明亮的燈火，使得詩人被驚醒，醒來後忽然覺得沙洲上的夜晚相當寒冷。等到明月高升之時，詩人也將划槳經過前面的沙灘。

林慶旺（？～？）於康熙 34 年（1695）任臺灣府學教授，其〈沙鯤漁火〉：

> 野徑積沙深，七崑緩步尋。笠翁疑隱見，舟子任浮沉。眾籟鳴天際，孤燈照水心。晨星鐘漏落，漁火色相侵。〔註155〕

林慶旺的詩中呈現詩人寥落的心境。首先出現的是沙洲中沙淤積甚多的情形，當他在沙洲中緩行而過時，眼前所見的是漁夫及船夫在船中隱隱約約地出現，耳邊出現的是舟船回程時的各種聲響，之後是船上的燈火在水邊閃爍。隨著夜色的轉移，漁舟的燈火從遠處看來也連成一片。

臺灣銀行經濟研究室，卷十，頁 284。

〔註153〕王善宗：〈臺灣八景〉，《臺灣府志・藝文志・詩》，臺灣文獻叢刊，第六五種，臺灣銀行經濟研究室，卷十，頁 289。

〔註154〕王璋：〈臺灣八景〉，《臺灣府志・藝文志・詩》，臺灣文獻叢刊，第六五種，臺灣銀行經濟研究室，卷十，頁 290。

〔註155〕林慶旺：〈臺灣八景〉，《臺灣府志・藝文志・詩》，臺灣文獻叢刊，第六五種，臺灣銀行經濟研究室，卷十，頁 292。

陳璸（1656～1718）〈沙鯤漁火〉所著眼之處爲七鯤身嶼的形勢，如下：

鯤徙南溟此託身，竟如雁陣列通津。戍樓矗起連朝霧，海市翻開及
早春。傍晚漁歌喧水滸，零星蘆火雜鮫人。不堪孤鶴橫江過，嘹嚦
清聲亂白蘋。〔註156〕

陳璸藉由傳說表示此次島嶼來正不凡，因而排列如雁陣一般直到港口。由於
形勢特殊，在此可看到直立而起的戍樓，在朝霧瀰漫中若隱若現。偶而出現
的海市蜃樓，使得此次顯得相當熱鬧。在傍晚時分可以在水際間聽到舟子的
歌聲，在蘆葦叢中可見零零散散的漁舟中的燈火，朦朧的景象裡似乎可見鮫
人在其中出現。客居他鄉的人最不堪聽聞的是──在此時孤鶴橫江而過所發
出的淒清的鳴叫聲。

婁廣（？～？），康熙44年（1705）任分巡臺廈道標守備，其〈沙鯤漁
火〉：

沙阜勢如鯤，漁人網罟屯。夜闌燈火爛，照破海天昏。〔註157〕

首先描述沙洲形勢如鯤，點出其名之來歷。接著述說漁人的活動──在此撒
網捕魚。3、4句說明沙洲夜晚漁火通明，使得此處顯得相當明亮。婁廣此詩
所書寫的沙鯤漁火，著眼的是它們所帶來的明亮感。使得此處有著光明之意，
並無傷感之情。

張宏（？～？）在康熙47年（1708）時上任爲臺灣縣知縣，其〈沙鯤漁
火〉：

漁舟雜沓傍沙汀，燈影參差照北冥。曠野但看光燁燁，遠山能辨色
青青。天邊蕩漾非關月，水際熹微似落星；到曉尚餘紅慘淡，莫疑
宵燭放宮庭！〔註158〕

此詩亦書寫夜晚漁火的明亮到早晨的餘紅暗淡。漁舟在沙洲之際以參差的燈
影中照著北方的大海。在一片漆黑的曠野之中只看到燈火明亮地閃耀著。遠
處的山脈還能辨識出青青的顏色。燈火似月似星，在天邊水際熹微地蕩漾。

〔註156〕陳璸：〈沙鯤漁火〉，《全臺詩──智慧型全臺詩知識庫》，上網日期：20141102，
網址：http://xdcm.nmtl.gov.tw/twp/b/b02.htm。援引自臺灣大學圖書館所藏道
光六年（1826）木刻本，丁宗洛編輯《海康陳清端公詩集》。

〔註157〕婁廣：〈臺灣八景〉，《重修臺灣府志・藝文志・詩》，臺灣文獻叢刊，第六六
種，臺灣銀行經濟研究室，卷十，頁407。

〔註158〕張宏：〈臺灣八景〉，《重修臺灣府志・藝文志・詩》，臺灣文獻叢刊，第六六
種，臺灣銀行經濟研究室，卷十，頁409。

如此的景色到了早晨之時還留有餘紅慘淡的燈光，可不要誤以為是宮庭中燃燒了一整夜的蠟燭啊。

　　莊年（？～？），清乾隆 6 年（1741）任淡水廳同知，8 年（1743）任分巡臺灣道按察史司副使。在臺期間，曾重修東安坊、臺灣府儒學。其〈沙鯤漁火〉：

> 一帶沙平水亦停，漁舟鱗集傍遙汀。寥天夜黑難邀月，極浦燈紅若聚星。網罟熹微穿爝火，波回歷亂盪流螢。遠山欲看模糊甚，近岫還留半朵青。〔註159〕

此詩亦描摹沙島上的燈火的景色。在一片平坦的沙地上水似乎停止了，只見漁船似魚鱗地有次序地排列在沙岸邊。在淒清寂寥一片漆黑的夜裡，是很難邀請到月亮光臨，只見極遠的沙岸旁有著漁舟中的燈火，似星星聚集般閃著紅色的光影。在密集的漁網中透著熹微的燈光，水波流動之間如同流螢在流動著。在如此的燈火中，遠山只餘非常模糊的影子，近山則是可以看出青色的形跡。

　　陸廣霖（？～？）乾隆 9 年（1744）四月，由連城知縣調任彰化知縣。乾隆 11 年（1746）六月回任臺灣府彰化縣知縣。有〈沙鯤漁火〉二首：

其一

> 高掛絲綸新月鉤，沙汀隱現泊漁舟。煙籠小艇連檣語【煙籠小艇連檣暗】，風起孤篷一葉秋【風起孤帆一葉秋】。倒映水光星錯落，斜聯螢火影沈浮【斜瞬漁火影沈浮】。銀燈合向銀河瀉，絕似吳江古渡頭。〔註160〕

同樣是描寫沙鯤漁火詩，陸廣霖的詩作多了許多浪漫的聯想，少了強烈地孤寂寥落之感。以新月似絲綸高掛天空，在朦朧之中漁舟隱隱約約地出現。煙霧迷濛之中，風強勁地吹拂，小舟搖晃，帶來秋天蕭瑟的氣息。漁船上的燈火倒映在水中，猶如星光交錯生輝。也像螢火蟲浮浮沉沉的光芒。無數的漁火向銀河傾瀉流光，如此美麗的景色像極了吳江古渡。

　　褚祿（？～？），乾隆 10 年（1745）四月由延平知府調任臺灣知府。其

〔註159〕莊年：〈臺灣八景〉，《重修臺灣府志・藝文（六）・詩（三）》，臺灣文獻叢刊，第一〇五種，臺灣銀行經濟研究室，卷二十五，頁 792。

〔註160〕陸廣霖：〈臺灣八景〉，《重修臺灣府志・藝文（六）・詩（三）》，臺灣文獻叢刊，第一〇五種，臺灣銀行經濟研究室，卷二十五，頁 797。

〈沙鯤漁火〉：

> 連岡相接聚沙汀，掩映漁舟點點螢。風定碧波明遠火，光搖寒影落
> 疏星。莫疑滄海鮫人淚，翻訝乾坤柳絮萍。驚起蒼龍眠不穩，欲燃
> 犀角燭奇形。〔註161〕

褚祿之詩具有奇幻色彩。首二句點出地勢：地脈相連的島嶼聚集在沙洲，遠
望可見漁船中的燈火如螢火一般閃爍。在無風的時候可以看清遠處漁船的燈
火，水波搖動，燈火如同疏落的星星一般落下。不要懷疑它們並不是鮫人的
眼淚，也不需訝異它們與飄落的柳絮及浮萍有相類似之處。在波濤起伏之間，
相信連蒼龍都睡不安穩，使得詩人不禁想燃起犀角來照看此處水域是有多少
奇異的外物。

　　余文儀（？～1782）乾隆25年（1760）由漳州知府調任臺灣知府，乾隆
27年（1762）攝海防同知，乾隆29年（1764）陞臺灣道，在臺停留甚久，亦
有〈沙鯤漁火〉：

> 湧浪聲聲似鼓鼙，將軍從此殄鯤鯢。清笳落日歸漁笛，戰壘寒煙冷
> 釣堤。但覺星光齊上下，不分燐火遍東西。太平歲久銷沉盡，折戟
> 何須問水犀。〔註162〕

余文儀此詩從戰事角度著眼，帶著懷古的蒼涼之感。首二句以浪濤聲似戰鼓，
點明此地曾是兵家必爭之區。在落日餘暉中耳邊傳來的是漁船的笛聲，眼前
所見的是寒煙籠罩著戰壘及釣堤的清冷景象。夜深之時只見如同星光的光
芒，上下起伏著，但這光芒卻難以分辨是壯烈犧牲的戰士所化成燐火還是漁
船上的燈火。此處太平歲月已久，許多戰爭遺跡多已銷沉殆盡，也不需要再
拿著斷折的兵器詢問當年鐵甲水軍的情形。

　　余延良（？～？），清乾隆年間（1736～1795）人士。生平不詳。其〈沙
鯤漁火〉：

> 盈纓標子豎橫沙，的皪紅燈燦落霞。久息橃槍謳樂利，浪花深處有
> 漁家。〔註163〕

〔註161〕褚祿：〈臺灣八景〉，《重修臺灣府志・藝文（六）・詩（三）》，臺灣文獻叢刊，
　　　　第一〇五種，臺灣銀行經濟研究室，卷二十五，頁795。

〔註162〕余文儀：〈臺灣八景〉，《重修臺灣府志・藝文（七）・詩（四）》，臺灣文獻叢
　　　　刊，第一二一種，臺灣銀行經濟研究室，卷二十六，頁965。

〔註163〕余延良：〈臺灣八景〉，《重修臺灣府志・藝文（七）・詩（四）》，臺灣文獻叢
　　　　刊，第一二一種，臺灣銀行經濟研究室，卷二十六，頁973。

余延良之詩則是描繪專屬於臺江海域落日景象，呈現太平安和樂利的漁家。以盪纓豎立積沙之上標誌著安全水域爲開端，接著敘寫落霞下漁火紅燈閃爍之景。3、4 句抒發詩人心中之感：此處戰爭久息，因此到處都是安和樂利的情景，漁家生活單純，活動的範圍就在眼前所及的浪花深處之中。

覺羅四明（？～？），清乾隆 24 年（1759）任臺灣知府，乾隆 26 年（1761）任臺灣道兼提督學政。其〈沙鯤漁火〉：

> 沙岸煙清風定，參差小艇流螢。休哂荷蓑戴笠，恰欣蟹紫醅青。〔註164〕

此詩亦是漁家太平生活的描寫。沙岸旁煙清風定，眼前一片清明，而小舟中的燈火如同流動的螢火蟲般閃爍著光芒。在此處穿戴著蓑衣及斗笠，正好開心的享用紫蟹及青酒。這是何等的愜意！

朱仕玠（1712～？），乾隆 28 年（1763）由德化教諭調任鳳山縣教諭。是年六月蒞任，其〈沙鯤漁火〉：

> 兹地曾經百六遭，時清漁火遍輕舠。屢探蛟蜃盤渦惡，那懼黿鼉駕浪高。風定熒熒依古戍，宵分點點映寒濤。往來慵問乘除事，燃竹無心羨爾曹。〔註165〕

此地曾歷經了許許多多的戰事，現在則是太平清晏之時，所以眼前所見的是燈火遍布的小漁船。雖然此處波濤險惡，然而現在再也不懼怕。風定之時，可見熹微的漁火依傍著以往軍隊戍守之處，在寒冷的海波中交相掩映著。詩人最後隨意、慵懶地詢問人事消長之事，如同漁夫一般的清心自在生活，使自己不再欣羨高官厚祿之人。

陳廷珪（？～？）清嘉慶年間（1796～1820）人士。臺灣縣學稟生。有〈鯤身漁火得寒字五言六韻〉：

> 鯤身沙似雪，漁火夜團團。掩映星千點，斜聯月半闌。微明含宿霧，列焰照迴瀾。影拂寥天靜，光橫極浦寒。遙瞻依水曲，細數隱江干。海國恬熙日，頻聞唱晚歡。〔註166〕

〔註164〕覺羅四明：〈臺灣八景〉，《重修臺灣府志・藝文（七）・詩（四）》，臺灣文獻叢刊，第一二一種，臺灣銀行經濟研究室，卷二十六，頁 959～960。

〔註165〕朱仕玠：〈臺灣八景〉，《重修臺灣府志・藝文（七）・詩（四）》，臺灣文獻叢刊，第一二一種，臺灣銀行經濟研究室，卷二十六，頁 974。

〔註166〕陳廷珪：〈鯤身漁火得寒字五言六韻〉，《全臺詩——智慧型全臺詩知識庫》，上網日期：20141102，網址：http://xdcm.nmtl.gov.tw/twp/b/b02.htm。此詩收於陳廷瑜《選贈和齋詩集》，石暘睢藏本；又載賴子清《臺灣古代詩文社》、林文龍《臺灣詩錄拾遺》。

此詩爲應和之作。表達了夜晚中沙鯤漁火的美景，亦表達了太平盛世、頻聞漁舟唱晚的歡欣。

章甫（1760～1816）亦有〈沙鯤漁火〉：

> 沙鯤七線鎖臺灣，天險東南設此關。無數漁舟連海岸，幾家煙火出江間。風搖螢點參差碎，浪拍星光錯落圜。夜半烹魚眠醉夢，不知身在水中山。〔註167〕

章甫此詩則是從戰略天險著眼，歌頌七沙鯤連鎖著護衛著臺灣。現今傍晚時有數不盡的漁船歸航，在江間呈現一片燈火通明的景象。風搖動著漁船中的燈火如同螢光參差明滅，浪拍打著漁火如星光錯落地圍繞水際。詩人在這樣的場景下享用著鮮魚美酒，渾然忘卻自己正處於水邊的沙島之中。

金文焯（？～？），生平不詳。清乾隆嘉慶年間（1736～1820）人士。其〈沙鯤漁火〉：

> 曲港潮回碧水澄，蛋船傍晚上漁燈。千檣影射波光動，一抹煙含暮靄凝。歷落疏星明復暗，朦朧螢火滅還增。更添紅蓼白蘋岸，風景依稀似武陵。〔註168〕

金文焯書寫著夜晚七鯤身島嶼上的美景，認爲此處之風景及人文之美，只要添上紅蓼及白蘋等岸邊植物，簡直就像擁有桃花源的武陵。

洪繻（1866～1928）〈沙鯤漁火〉：

> 遠望鯤身上，漁家火不收。水澄雙漢迴，天闊數星留。蟹點隨波沒，螢光逐浪浮。晨暉西嶼出，但見白雲流。〔註169〕

洪繻此詩書寫了沙鯤夜晚的景物之美。以遠景來描摹，遠望著鯤身島，漁船中的燈火終夜不收，水邊一片澄淨，天空顯得更加遼闊，只有數點星光在天空閃耀。漁火在波浪之中閃耀，像螢光追逐浪花，與之沉浮。直至早晨西嶼上的陽光出現，只見白雲在天空流動著。

丘逢甲（1864～1912）〈沙鯤漁火〉：

〔註167〕章甫：〈臺灣八景〉，《重修臺灣府志・藝文（三）》，臺灣文獻叢刊，第一四○種，臺灣銀行經濟研究室，卷八章甫，頁624～625。

〔註168〕金文焯：〈臺灣八景〉，《重修臺灣府志・藝文（七）・詩（四）》，臺灣文獻叢刊，第一二一種，臺灣銀行經濟研究室，卷二十六，頁985～986。

〔註169〕洪繻：〈沙鯤漁火〉，《全臺詩──智慧型全臺詩知識庫》，上網日期：20141102，網址：http://xdcm.nmtl.gov.tw/twp/b/b02.htm。此詩收於成文出版社《洪棄生先生遺書・寄鶴齋詩詞集・謔蹻集》，又載洪小如所藏抄本、《洪棄生先生全集》。

> 隔江漁火列星星，照到龍宮睡不成。蟹舍鷗村煙漠漠，燈光帆影不
> 分明。〔註170〕

丘逢甲此詩書寫著鯤身島上的漁火通明的景象，恍如照到龍宮，使得詩人難
以入眠。眼中所見的是廣漠遼闊的漁村，因此燈光與帆影交融之下，顯得難
以分辨清楚。

三、鯤鯓集網

「鯤身集網」爲臺邑八景之一，目前共有五首詩作，詩中的主題著重於
漁家之「網」字，因此也會著重於漁家生活的描述。也因爲皆爲乾隆之後的
作品，對於臺灣已較熟悉，因此詩中較無距離之感。茲分述如下。

錢琦（1704～？）〈鯤身集網〉：

> 歷歷沙鯤跨海隅，我知魚樂網平鋪。宏開三面恩波闊，細織千絲夕
> 照孤。春水當門浮角艓，秋風滿地小江湖。殷勤爲向漁師問，中有
> 珊瑚採得無。〔註171〕

錢琦此詩書寫了臺江海域的特殊景色。詩人在七個鯤身島相連的沙洲地帶，
感受到魚兒快樂，因爲漁家撒網是平鋪，留有生機的。雖然撒網捕魚，但是
三面不圍捕，存有仁厚之心，而在夕暉之下魚網雖有細織千絲之密，但卻數
量不多。最後詩人向漁夫詢問：是否有採到珊瑚呢？

楊世清（？～？），臺灣縣人。清乾隆年間（1736～1795）廩生。其詩爲：

> 桃花新漲水粼粼，鐵板沙深隱巨鱗。我亦萍踪思泛宅，肯容簑笠網
> 鯤身。〔註172〕

楊世清此詩著重於他的避世之心。首句點明了是春天漲潮時節，水波粼粼，
閃爍波光，接著敘寫了臺江水域的特質──鐵板沙，以沙深且水下隱藏巨大
的魚，表示了此處海域的險要。三、四句說明了自己想要加入此地，成爲漁
翁泛波水上，在此鯤身島上捕魚。

〔註170〕丘逢甲：〈沙鯤漁火〉，《全臺詩──智慧型全臺詩知識庫》，上網日期：
　　　　20141102，網址：http://xdcm.nmtl.gov.tw/twp/b/b02.htm。此詩收於《柏莊詩
　　　　草‧丘倉海先生詩文錄》，又載王國璠編《柏莊詩草》。
〔註171〕錢琦：〈鯤身集網〉，《重修臺灣縣志‧藝文（二）》，臺灣文獻叢刊，第一一三
　　　　種，臺灣銀行經濟研究室，卷十四，頁490。
〔註172〕楊世清：〈鯤身集網〉，《重修臺灣縣志‧藝文（二）》，臺灣文獻叢刊，第一一
　　　　三種，臺灣銀行經濟研究室，卷十四，頁490。

　　謝家樹（？～？）乾隆 17 年（1752）三月由建寧教授調任臺灣府儒學教授，後以父憂去。乾隆 26 年（1761）六月再由福州教授復任，27 年閏五月兼攝臺灣府儒學訓導。〈鯤身集網〉：

> 君見鯤魚否，如何幻作沙。星精浮落窟，水族聚巖窪。濊濊眾齊下，
> 團團港半遮。從來誇海錯，利藪潤千家。〔註173〕

此詩書寫了此處漁獲的可觀。一開始使用了設問的方式：你是否見過鯤魚呢？那它又是如何幻化成沙呢？在夜晚的鯤身島上漁火點點，倒映於水波之中，如同星星在水波之中浮沉。而許多水族生物在此聚集生活著。當魚網濊濊齊下時，整個港口有大半被遮住了。自古以來此處就以海產量聞名，它所化帶來的利潤足以養活數千家的人口。

　　章甫（1760～1816）〈鯤身集網〉詩如下：

> 漁父鯤沙傍海居，環流連絡勢相於。歸來有客休彈鋏，舉網誰家不
> 得魚。〔註174〕

章甫此詩亦是描摹此漁獲相當可觀。首句點出地點：在鯤身島嶼的沙洲旁，漁父傍海居住，此處因為沙的淤積，所以水流相當迂迴。此處不可能出現彈鋏的食客抱怨著「吃不到魚」，因為這裡漁獲相當大，只要撒網，就沒有一家捕不到魚。

　　徐一鶚（？～？）道光 12 年（1832）以王凱泰之薦，主持道南書院講席。晚年東渡，任臺灣縣學教諭半載，卒於官。其〈鯤身集網〉：

> 沙渚蒼茫海市遙，家家補網出眾寮。波恬久絕鯨鯢跡，潮退新收蜃
> 蛤饒。別島日斜簑共曬，亂洲人返渡爭招。安平鎮外垂綸好，獨釣
> 金鼇拄石橋。〔註175〕

徐一鶚為清領後期時來臺，是以其〈鯤身集網〉詩，描寫的是清領後期的鯤身島。首句點出地點是積沙相當多的鯤身島。從遠處觀看的是一片蒼茫的沙洲景色，而遙遠的海上亦有海市蜃樓的景觀。此時家家戶戶都出來補漁網。

〔註173〕謝家樹：〈鯤身集網〉，《重修臺灣縣志・藝文（二）》，臺灣文獻叢刊，第一一三種，臺灣銀行經濟研究室，卷十四，頁 490。

〔註174〕章甫：〈臺邑八景〉，《半崧集簡編・七言絕〉》，臺灣文獻叢刊，第二〇一種，臺灣銀行經濟研究室，頁 48。

〔註175〕徐一鶚：〈鯤身集網〉，《全臺詩──智慧型全臺詩知識庫》，上網日期：20141102，網址：http://xdcm.nmtl.gov.tw/twp/b/b02.htm。《宛羽堂詩鈔》三卷，光緒二年（1876）刊行，以下即據此版本編校。

此處海域平靜，很久沒有戰火的襲擊。等到退潮之時，就可以在岸邊撿拾數量甚豐的蜃蛤。在日落之時，大家都將自家的漁網拿出來曬，在渡船之處則是傳來喧鬧的呼喊聲。在安平鎮外最好垂釣的地方就是在此處海邊的山丘上啊。

由於鯤鯓嶼的位置特殊，是臺江內海上的貫珠之島，清領時期若進入臺江，勢必接觸到七鯤鯓嶼。由於此地居民產業以靠海為生，是以，有關七鯤身嶼的相關詩作、〈沙鯤漁火〉、「鯤身集網」等八景詩，皆屬漁家生活的摹寫，別有逸趣。

乾隆以前的「七鯤鯓」詩，仍富有潮水洶湧、波瀾壯闊的景象，常伴隨莊子〈逍遙遊〉中鵬化為鯤的意象：如「鬐翼連翩振地垠，風搏水擊勢難馴。鵬圖孰是南溟好，顧爾長安徙海身」、「海中有鯤夜化鵬，將飛似墮忽伏蹲。浸作千年老雲根，分排玉立如弟昆。」等。日治時期，政權改易，七鯤鯓嶼則多有懷古的感傷氣息：「七鯤洲外古天塹，安平鹿耳幾戰場。青草湖邊南吼夕，白沙崙畔鐵火紅」。

以〈沙鯤漁火〉為名的詩作，多寫於清領時期，書寫了夜晚中漁火點點之美，如：「離離分艇聚，耿耿帶星繁。照破乾坤夢，覺來島嶼寒」、「風定碧波明遠火，光搖寒影落疏星。莫疑滄海鮫人淚，翻訝乾坤柳絮萍」之句，使得黑夜被妝點地分外美麗。

以〈鯤身集網〉為名的詩作共有 5 首，呈現的漁家生活的恬靜美好，如：「歷歷沙鯤跨海隅，我知魚樂網平鋪」、「濊濊眾齊下，團團港半遮。從來誇海錯，利藪潤千家」、「沙渚蒼茫海市遙，家家補網出眾寮」之句，皆勾勒出漁村家家齊曬漁網的特殊風情。

圖 45　斐亭聽濤圖，上網日期：20150525，網址：http://streaming.glis.ntnu.edu.tw:
8080/glisdpr/20090619/pguc015/%E5%8F%B0%E7%81%A3%E5%85%
AB%E6%99%AF/ching-2.html。

圖 46　永福國小，上網日期：20150525，網址：http://streaming.glis.ntnu.edu.tw:
8080/glisdpr/20090619/pguc015/%E5%8F%B0%E7%81%A3%E5%85%
AB%E6%99%AF/ching-2.html。

圖 47　康熙時《臺灣輿圖》（這幅縱寬 66 釐米，橫長 536 釐米），上網日期：
　　　　20150525，網址：http://blog.sina.com.cn/s/blog_63e95aee0101cjy7.html。

圖 48　臺灣道署——約在 1684 年至 1722 年期間的《臺灣地裡圖》（前面是照
　　　牆，寫著「西定坊」三字。柵欄護牆分為正門和東西轅門，正門上懸
　　　掛著「台廈道」的區額。門內左右各豎著一個裝有旗鬥的高高旗杆，
　　　標榜著威嚴的權力。正廳是朱紅大門，兩側是廂舍，廳後繪有幾杆修
　　　竹，平添了幾分雅氣。「台廈道」緊鄰十字街，左後方是道標。西定坊
　　　照牆前的兩棟房子，一棟房子分隔兩間，一間貨物堆積，有著黑衣的
　　　衙役看護，另一間有著灰色長袍，師爺或管事打扮的人在稱重，估計
　　　應當是海防廳的所在地。另一棟三進格局朱門黑瓦的房子前，四個黑
　　　衣衙役簇擁著一著藍衫官員正在東張西望，應該就是巡捕廳。）

　　　上網日期：20150525，網址：http://blog.sina.com.cn/s/blog_63e95aee0101
　　　cjy7.html。

圖 49 日治時期臺南廳舍 1（臺灣道延用台廈兵備道、台廈道的辦公場所一
直到 1887 年（光緒十三年）臺灣正式建省。此後，道署改爲台澎兵備
道的辦公場所，一直到 1895 年日本殖民臺灣爲止。）上網日期：
20150525，網址：http://blog.sina.com.cn/s/blog_63e95aee0101cjy7.html。

圖 50 日治臺南廳 2，上網日期：20150525，
網址：http://blog.sina.com.cn/s/blog_63e95aee0101cjy7.html。

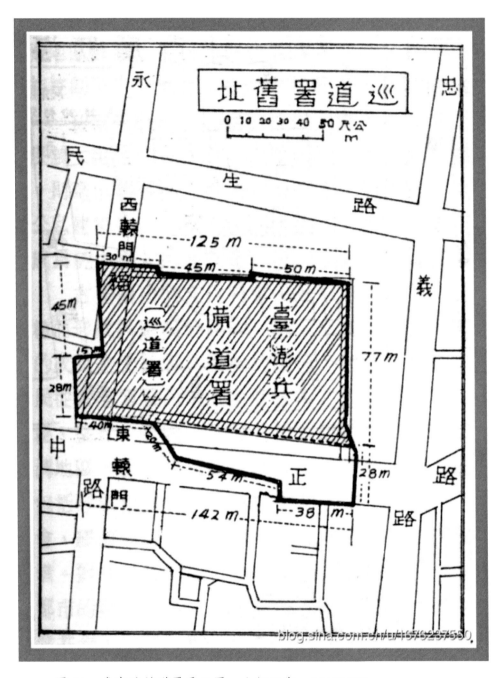

圖 51 臺澎兵備道署平面圖，上網日期：20150525，

網址：http://blog.sina.com.cn/s/blog_63e95aee0101cjy7.html。

第四節　斐亭

一、斐亭及斐亭詩

　　高拱乾（？～？）在清康熙 31 年（1692）任分巡臺廈兵備道，在道署後方闢一亭，爲「斐亭」。他在《臺灣府志》中有〈澄臺記〉，記錄斐亭建造緣由：

> 臺灣之名，豈以山橫海嶠，望之若臺；而官民市廛之居，又在沙曲水匯之處耶？然厥土斥鹵，草昧初闢，監司廳事之堂，去山遠甚。匪特風雨晦明，起居安息之所，耳目常慮壅蔽、心志每多鬱陶，四顧隱然，無以宣洩其懷抱；並所謂四省藩屏、諸島往來之要會，海色峰光，亦無由見。於是捐俸鳩工，略庇小亭於署後，以爲對客之地；環繞之竹，遂以「斐亭」名之。〔註176〕

因爲臺灣地區爲鹽鹵之地，且相當荒僻，而辦公之處，距離山相當遙遠，因此作者內心常感到鬱悶，且無從紓壓。所以在道署之後，闢一小亭，做爲對外應客之區，並在周遭種植竹子，而命名爲「斐亭」。其名爲「斐」乃是出自於《詩經・國風・衛風・淇奧》之句：「瞻彼淇奧，綠竹猗猗。有斐君子，如切如磋，如琢如磨」〔註177〕。在《詩經》這篇詠竹詩當中，描述綠竹茂盛的姿態，就好像斯斯文文的謙謙君子一樣，「斐」就是指文貌或者有文采的樣子。高拱乾名之爲斐亭，頗有自許爲謙謙君子的風雅意味。

　　時世遷移，現今在臺南已不復見「斐亭」之名，當年臺廈道衙署位於今日的臺南市永福國小：

> 斐亭位於昔日臺灣府城（今臺南市）臺廈道衙署後院，爲康熙時高拱乾所建。當時臺廈道衙署附近除了市集與擾攘的人群外，見不著什麼山光美景，因此高拱乾於衙署後造了一個小亭子，並以竹子環繞之，因此命名爲「斐亭」。而斐亭的現址據查位在臺南的永福國小內。〔註178〕

〔註176〕高拱乾：〈澄臺記〉，《臺灣縣志・藝文志・記》，臺灣文獻叢刊，第六五種，臺灣銀行經濟研究室，卷十，頁 270。

〔註177〕〈詩經——中國哲學書電子化計劃——Chinese Text Project〉，上網日期：20141102，網址：http://ctext.org/book-of-poetry/odes-of-wei/zh。

〔註178〕高鈺彥、洪葦聿、陳宛資：〈臺灣八景過去、現在、未來〉，國立臺灣師範大學數位內容與創新教學應用學程，上網日期：20141103，網址：http://streaming.glis.ntnu.edu.tw:8080/glisdpr/20090619/pguc015/%E5%8F%B0%E7%81%A3%E5%85%AB%E6%99%AF/ching-2.html。

高拱乾《臺灣府志》有當時臺廈道署的相關敘述：

> 臺廈道署　在府治西定坊，西向。由大門而儀門、而廳事，扁曰「敬
> 事堂」。堂之右，爲齋閣、爲駐宅。其前，爲校士文場。堂左，則橡
> 史案牘處；其中愼出入，加扃鑰焉。堂下左右廂舍，輿隸居之。庭
> 前植榕樹四株，皆移根會城；今扶□足挶□，□鬱可觀矣。大門之
> 外，左爲文職廳、右爲武職廳；其爲照牆、爲鼓亭、爲轅門，悉如
> 制。照牆外，爲巡捕廳。轅門之左有屋三楹，則爲府、縣屬僚詣謁
> 停驂之所。〔註179〕

臺廈道署在府城的西定坊，是西向的房子。從大門進入，經過儀門，就是廳
事，廳室上有牌匾「敬事堂」。敬事堂的右邊，是食堂及分駐於此的官員居住
所在。敬事堂前，是考評士子科舉的考場。敬事堂的左邊，是官方文書及辦
公之處。這些地方都禁止人隨意進出，有門禁限制。敬事堂下的左右兩側有
官署的屋子，都分派給奴僕居住。

　　在雍正5年（1727），「福建分巡臺灣廈門道」改爲「福建分巡臺灣道」，
專門負責臺灣的事務管理事宜，代表著臺灣的開發漸廣：

> 1727年（雍正5年），隨著臺灣土地開發面積的不斷加大，閩粵百姓
> 移居臺灣的人口不斷增多，福建總督高其倬想雍正皇帝奏請將福建興
> 泉道加巡海道銜移駐到廈門，把原先的福建分巡臺灣廈門道改爲福建
> 分巡臺灣道，專門負責臺灣的事務管理事宜，至此臺灣與廈門長達四
> 十三年，統歸一套行政機構監督管轄的局面得以終結。〔註180〕

日治時期日本臺灣總督府將道署改爲台南縣廳，1936年，改爲台南市役所。
臺灣光復後，又在此設立小學，幾經整修，1963年2月曾經的臺廈兵備道和
臺廈道道署消失：

> 1896年，日本臺灣總督府將道署改爲台南縣廳，1936年，改爲台南
> 市役所。
> 1945年8月，臺灣光復。12月1日「台南市南門尋常小學校」遷到
> 台南市役所所在地（今台南市中西區永福裡6鄰永福路2段86號）。

〔註179〕高拱乾：《臺灣府志・規制志・衙署（附公館）》，臺灣文獻叢刊，第六五種，
　　　　臺灣銀行經濟研究室，卷二，頁28。
〔註180〕廈門大梁的博客：〈被遺忘（疏漏）的四十三年——探尋台廈兵備道〉，上網
　　　　日期：20150525，網址：http://blog.sina.com.cn/s/blog_63e95aee0101cjy7.html。

1947 年 9 月，爲紀念清黑旗軍抗日將領劉永福，定名爲「永福國民學校」。

1958 年，隨著生源人數的持續增加，第三任校長張北山開始對永福的校舍進行重新規劃、建設，到 1963 年 2 月，第五任校長林伯溫在任內完成全部的校舍建設。至此，曾經的台廈兵備道和台廈道道署徹底在歷史長河中消失。

1968 年 8 月，「永福國民學校」正式更名爲「台南市中區永福民小學」。〔註181〕

除了臺廈道署的今昔的變化之外，清朝統治時，高拱乾所建斐亭已有重建記錄，此事可見於乾隆時期的莊年（1703～1755）在《重修臺灣府志》中〈重葺斐亭記〉，如下：

道署後有澄臺、斐亭，瀛壖八景之二也。癸亥秋，余承乏觀察。既攬澄臺之勝，復詢所謂斐亭者已邈不可即。唯臺西北隅有堂歸然，中霤懸額曰斐亭；餘竊疑之。按亭與臺，皆前副使高公拱乾所構。公所爲「澄臺記」，雲載庀小亭於署後，環以竹，名以「斐」；更築臺於亭左，名之曰「澄」。是斐亭當在澄臺之右；彼歸然西北之堂，未可據竊其名以誣前人也。爰是披荊芟棘，於臺北十數武得隙地方二丈，石級磚甃尚餘草際；又傍多美箭，蒼翠襲人。遍訪於故吏，僉謂亭在是。因出俸餘，築草亭於其上。〔註182〕

癸亥年爲乾隆 8 年（1743），澄臺仍在，但斐亭已邈不可見，加上在道署西北角有堂名爲斐亭，莊年因此遍詢故吏，尋得舊址遺跡，在舊址重建斐亭。清朝詩人在斐亭留下了許多美好的作品。

張湄（？～？），乾隆 6 年（1741）由翰林院遷巡臺御史，兼理提督學政。乾隆 8 年（1743）10 月丁憂回籍，其〈斐亭〉：

留得清風動去思，千竿瀟碧影猗猗。何人呼起文同筆，有斐亭前畫衛詩。〔註183〕

〔註181〕廈門大梁的博客：〈被遺忘（疏漏）的四十三年——探尋台廈兵備道〉，上網日期：20150525，網址：http://blog.sina.com.cn/s/blog_63e95aee0101cjy7.html。

〔註182〕莊年：〈重葺斐亭記〉，《重修臺灣府志・藝文（三）・記》，臺灣文獻叢刊，第一〇五種，臺灣銀行經濟研究室，卷二十二，頁 692。

〔註183〕張湄：〈斐亭〉，《重修臺灣縣志・雜紀・古蹟（附宅墓）・斐亭》，臺灣文獻叢刊，第一一三種，臺灣銀行經濟研究室，卷十五，頁 537。

張湄所見之斐亭當爲道署西北隅之高堂。詩中充滿對前人留下的美好政績的懷念與歌頌。首句指出前人留下美好政績及名聲，引得後人對如此的官吏仍無限的懷念，望著千竿翠綠美好的竹子，懷想著品德美好的君子。「何人呼起文同筆，有斐亭前畫衛詩」之句以設問的方式書寫著斐亭的美好景色：是誰讓那具有文同之才的畫家，在斐亭之前畫下如《詩經》衛風中的美好景致呢？

胡承珙（1776～1832），道光元年（1821）調補臺灣兵備道，《清史稿》謂其：「臺灣素稱難治，承珙力行清莊弭盜之法，民、番安肅」〔註184〕，亦有〈斐亭即事〉：

> 旋汲清泉滿舊池，遍尋異蘱得新知。未堪謝客呼山賊，且學樊須作圃師。滄海此亭原粒粟，青天終古自遊絲。閒來掃地焚香坐，也算平生一段奇。〔註185〕

詩中敘寫了作者到臺灣地區的奇特心情。身爲宦遊詩人，對於異地的風土有著陌生之感。首二句「旋汲清泉滿舊池，遍尋異蘱得新知」書寫了詩人在斐亭旁的小池中注滿了水，並遍尋臺地的異花，因而得到了許多新的知識。「未堪謝客呼山賊，且學樊須作圃師」之句，作者表示爲了怕被人誤解爲偷花的人，因此決定孔子的學生樊遲學習，開始栽種植物。「滄海此亭原粒粟，青天終古自遊絲」二句，作者抒發感慨：斐亭與這遼闊的大海相比，如同一顆小米粒。自古以來，個人的命運也如同浮動的遊絲一般飄浮不定。「閒來掃地焚香坐，也算平生一段奇」之句，作者寫出他閒來無事時，也會在斐亭掃地、焚香而坐，而這樣的際遇對他而言，也是生平之中一件難得的奇事。

光緒 17 年（1891）年來臺的唐贊袞（？～？），在臺灣道署內的「澄懷園」中，常受唐景崧之邀參加詩酒之會，積稿頗多，有〈春夜斐亭讌客〉三首，書寫著在斐亭進行的勝事：

〔註184〕柯劭忞等：〈胡承珙〉，《清史稿·列傳二百六十九·儒林三》，第 482 卷，上網日期：20150525，網址：http://www.zhuyinlibrary.com/history/book_132/post_7491.html。

〔註185〕據《清修四庫全書》所收《求是堂詩集》，並參考黃得時〈胡承珙與東瀛集〉一文所錄詩作編校。此詩又載黃得時〈胡承珙與東瀛集〉、陳漢光《臺灣詩錄》。

其一

臺署有斐亭，臨池成小築。軒窗樸且幽，臺砌敞無礙。池清靜不波，
龜魚互漩伏。初柳新綠垂，枯苔印痕覆。折簡招朋儔，良辰易春服。

〔註186〕

「臺署有斐亭，臨池成小」首先交代了宴客地點爲斐亭，它是靠近水池旁的
小建築。「軒窗樸且幽，臺砌敞無礙」之句說明斐亭雖然建築相當簡樸、幽靜，
卻相當寬敞。水池清淨，波紋不生，龜與魚在此快樂的悠遊著。新生的柳葉
新綠地下垂，枯乾的苔痕上有著鞋印。詩人對朋友發出邀請函，請朋友前來
此處共用春日美好的時光。

其二

疏竹得主人，一角披煙昏。客來簷雀報，無煩介紹言。水木依明瑟，
春風難掩門。登臺發長嘯，臺高比位尊。一上一回顧，曲折搜雲根。

〔註187〕

「疏竹得主人，一角披煙昏」之句以擬人、視覺摹寫的手法，書寫斐亭竹林的
迷人風景：疏疏落落的竹子因爲主人巧心的安排，在屬於它的角落披著翠綠如
煙的外衣。三、四句「客來簷雀報，無煩介紹言」則是以擬人、聽覺摹寫的方
式，表達春天的斐亭有鳥語環繞：在屋簷下的麻雀也會報告客人的到來，無須
太多人爲的寒暄介紹。五、六句「水木依明瑟，春風難掩門」書寫春光爛漫，
無法遮掩：在如此明媚美的春光下，春風無法關上屋門，不讓它流洩而出。末
四句「登臺發長嘯，臺高比位尊。一上一回顧，曲折搜雲根」描寫登上高臺的
感受：登上高臺的客人們都忍不住高聲長嘯，每登上一個臺階都讓人回顧流連。
曲曲折折的階梯恍若帶著人高昇至雲霄，彷彿要搜求雲的根部一般。

其三

空亭篩晚風，吹落滿階翠。須臾見月來，姮娥亦無寐。盈盈下樽前，
不借花影媚。頻將酒底看，月已先客醉。客醉興猶豪，月醉光欲墜。
招之畏俗吏，漸向花陰避。〔註188〕

〔註186〕唐贊袞：〈春夜斐亭讌客〉，《臺陽集》，《臺灣關係文獻集零‧十六》，臺灣文
　　　　獻叢刊，第三〇九種，臺灣銀行經濟研究室，頁158。

〔註187〕唐贊袞：〈春夜斐亭讌客〉，《臺陽集》，《臺灣關係文獻集零‧十六》，臺灣文
　　　　獻叢刊，第三〇九種，臺灣銀行經濟研究室，頁158。

〔註188〕唐贊袞：〈春夜斐亭讌客〉，《臺陽集》，《臺灣關係文獻集零‧十六》，臺灣文

此詩以擬人手法書寫晚風中斐亭的明月夜，在如此的春夜下，一切饒富詩意。「空亭篩晚風，吹落滿階翠。須臾見月來，姮娥亦無寐」四句描述斐亭中的竹林彷彿在篩選著晚風，使得階梯呈現了滿滿的翠色。不久月亮出現了，料想月中的嫦娥應該也是尚未入眠。「盈盈下樽前，不借花影媚。頻將酒底看，月已先客醉。客醉興猶豪，月醉光欲墜。招之畏俗吏，漸向花陰避」八句中因為月亮的移動、月光的皎潔，使作者興發出許多美好的想像。作者以擬人的筆法，書寫柔美的月光如同微醺、羞澀的美女，可望而不可即，令人神往。

　　日治時期，臺南人謝維巖（1879～1921）有〈斐亭詩鐘歌〉，如下：

> 詩鐘為灌陽唐維卿中丞手製，乃一櫝也。高尺許，內分兩函，函前題曰銅缽嗣音。內置鐘爐，爐焚香，繫線於鐘杵爐香之上，香燼線斷，杵放鐘鳴，則群忙交卷，蓋擊缽催詩之意也。函後題曰錦囊同調，內置牙籤，以便寫詩納之。聞唐公暇日，招集加流拈雅俗二物，各成詩一聯，遂以為之詩鐘。自後士林多效之，唐公去今已十有五載，而此鐘宛在，因歌以誌之。

> 斐亭有詩鐘，其形如巾箱。銅鐘牙籤其中藏，左懸鐘分右錦囊。道是意匠經營出灌陽，一叩蒼以茫，再叩悲以涼。開口問鐘鐘不詳，舉手摩鐘鐘有光。依稀記得中丞唐，公餘置酒會文章。鉤心鬥角爭琳琅，一奇一偶諧且莊。雕金縷玉成縹緗，先時已沁人心腸。自將乙未變滄桑，羽換宮移大雅亡。官舍無人飛羽觴，寂寞騷壇十五霜。澄臺有客登臨傷，此鐘不知淪何方。南社嗣響何鏘鏘，峩峩一幟標詞場。物出有時道有常，喜熱南豐一瓣香。〔註189〕

詩序中的唐公，即為唐贊袞。由「唐公去今已十有五載」之句，可知此詩可能作為 1909 年。有詩鐘仍在，頗有物是人非之感。而南社的嗣響，亦有傳承的意味。

　　蘇大山（1869～1957），善詩，其〈斐亭〉：

> 樂短憂長一缽支，海天歌詠太平時。帝王殘夢輸棋局【帝王殘夢虧

　　　　獻叢刊，第三〇九種，臺灣銀行經濟研究室，頁158。
〔註189〕謝維巖：〈斐亭詩鐘歌〉，《全臺詩——智慧型全臺詩知識庫》，上網日期：20141102，網址：http://xdcm.nmtl.gov.tw/twp/b/b02.htm。此詩收於盧嘉興〈清末遺儒臺南謝氏昆仲文武秀才〉，《臺灣古典文學作家論集》中冊，臺南市文化中心出版。

棋局】，宇宙大名落酒戶【宇宙英名落酒戶】。人豈繫匏焉不食【嬴
把覆車留作鑑】，名如畫餅莫充飢【悔持畫餅莫充飢】【悔持畫餅當
充飢】【名如畫餅飢】。呼來廁鬼資籌筆，笑殺江東帳下【孤注攜歸
亦太癡】。〔註190〕

亦是藉斐亭詩鐘之喻，書寫詩中文學天地的各項面貌。

二、斐亭聽濤

「斐亭聽濤」為郡邑八景之一，有許多題詠之作，皆從聽覺加以摹寫，
在此大要敘述如下。

斐亭的創建者高拱乾（？～？）在康熙31年來臺，有〈斐亭聽濤〉：

島居多異籟，大半是濤鳴。試向竹亭聽，全非松閣聲。人傳滄海嘯，
客訝不周傾。消夏清談倦，如驅百萬兵。〔註191〕

在臺島上有著與中土大異其趣的各種聲響，其中大半是浪濤的聲音。試著在
竹林環繞的斐亭中仔細聆聽，發現全部不是風吹拂著植物所發出的各種聲
響。當地人傳述著此為大海的嘯聲，客居此處的人都在驚疑：是否不周之山
已傾倒毀壞。在斐亭消暑清談而略感疲倦之時，聽著澎湃的波濤聲，如同指
揮著百萬軍隊般地氣勢浩大啊。

齊體物（？～？），康熙30年（1691）由漳州海防同知調任臺灣府海防
捕盜同知，其〈斐亭聽濤〉：

憲府亭臨海，風濤秋有聲。當杯須百斛，危坐亦三更；動地疑河決，
掀天似嶽傾。夜吟共賓客，不淺武昌情。〔註192〕

濤聲驚天動地，如同河流潰決，亦如掀天山傾，在如此夜裡聆聽洶湧澎湃的
浪濤聲，詩人心中亦興起了激動之情。

王善宗（？～？），山東諸城人。清康熙18年（1679）武進士。康熙二
十九年（1690）來臺，擔任臺灣水師協左營守備之職。其〈斐亭聽濤〉：

〔註190〕蘇大山：〈斐亭〉，《全臺詩——智慧型全臺詩知識庫》，上網日期：20141102，
網址：http://xdcm.nmtl.gov.tw/twp/b/b02.htm。此詩又載《昭和詩文》第17帙
第8集（總第138輯），日本雅文會發行，昭和2年12月。
〔註191〕高拱乾：〈臺灣八景〉，《臺灣府志·藝文志·詩》，臺灣文獻叢刊，第六五種，
臺灣銀行經濟研究室，卷十，頁279～281。
〔註192〕齊體物：〈臺灣八景〉，《臺灣府志·藝文志·詩》，臺灣文獻叢刊，第六五種，
臺灣銀行經濟研究室，卷十，頁284。

華亭藻稅接詞場，碧水長流遍海疆；滾滾波濤聲不息，斐然有緒煥

文章。〔註193〕

詩人此詩著眼於吟詠於斐亭之詩，斐然成章，與那滾滾之濤聲，相映成趣，
形成海疆臺地的特殊人文景觀。

王璋（？～？）爲明代遺老王忠孝之侄孫，其〈斐亭聽濤〉：

伐竹搆江亭，深宵聽浪聲；隨風疏欲斷，和月到無情。忽訝琴書冷，

眞從幾案生。波臣應共語，籍籍頌高清。〔註194〕

「伐竹搆江亭，深宵聽浪聲；隨風疏欲斷，和月到無情」之句中，作者書寫
著：伐竹建斐亭，徹夜聽濤聲，到欲斷、無情之語，頗有清冷之意。

林慶旺（？～？）於康熙34年（1695）任臺灣府學教授，有〈斐亭聽濤〉：

大觀輪奐宜，遊屐自委蛇。香坐樂章進，梅開宮漏遲；一舟高浪響，

千里渺雲馳。傾耳雙洋外，杯深百不辭。〔註195〕

林慶旺此詩帶有宦遊此地，面對壯闊海浪，聆聽濤聲，再搭配美酒的快樂。

陳璸（1656～1718）康熙41年（1702）調知臺灣縣事，清操絕俗，慈惠
利民，亦有〈斐亭聽濤〉之作：

蕘竹蕭疏護斐亭，公餘曾此挹風冷。隨時花酒鶯傳語，適性琴書月

繪形。堂下有情皆疾苦，樽前無念得安寧。況逢每歲秋風起，濤壯

何堪靜裡聽。〔註196〕

陳璸此詩表達了對民生疾苦的關懷。從「堂下有情皆疾苦，樽前無念得安寧」
句，作者表達雖然可以適時的風花雪月，然而詩人卻仍心念於百姓，並不以
自身的安寧爲最高追求目標，所以末句濤聲悲壯的情形下，如何能平靜以對，
頗有言外之意。

婁廣（？～？），康熙44年（1705）任分巡臺廈道標守備。官期任滿，
陞廣東惠州協中軍管左營事。其〈斐亭聽濤〉：

〔註193〕王善宗：〈臺灣八景〉，《臺灣府志‧藝文志‧詩》，臺灣文獻叢刊，第六五種，
　　　　臺灣銀行經濟研究室，卷十，頁284～286。

〔註194〕王璋：〈臺灣八景〉，《臺灣府志‧藝文志‧詩》，臺灣文獻叢刊，第六五種，
　　　　臺灣銀行經濟研究室，卷十，頁291。

〔註195〕林慶旺：〈臺灣八景〉，《臺灣府志‧藝文志‧詩》，臺灣文獻叢刊，第六五種，
　　　　臺灣銀行經濟研究室，卷十，頁293。

〔註196〕陳璸：〈斐亭聽濤〉，《全臺詩──智慧型全臺詩知識庫》，上網日期：20141102，
　　　　網址：http://xdcm.nmtl.gov.tw/twp/b/b02.htm。援引自臺灣大學圖書館所藏道
　　　　光六年（1826）木刻本，丁宗洛編輯《海康陳清端公詩集》。

海藏發雷霆，為濤鼓眾聽。最宜風雨候，載酒上斐亭。〔註197〕

婁廣此詩，頗有怡然自得之意，從「最宜風雨候，載酒上斐亭」之句，顯示其面對旁人最不喜的境地時，已能超脫地享受其中的滋味，有超然物外之感。

張宏（？～？）康熙47年（1708）時來臺，其〈斐亭聽濤〉：

譚言遊賞四難並，濤聽斐亭接遠聲：車馬飛奔連夜發，蛟龍出窟帶山傾；潮平猶作松林吼，風淨還疑草木兵。喧聒此時殊不已，轟轟豈止一牛鳴。〔註198〕

張宏此詩著重於聽覺感官對濤聲的摹寫。以連夜車馬飛奔譬喻濤聲未曾靜息，以蛟龍出窟摹寫浪濤的聲勢驚人。在浪濤平靜之時，仍可聽到海的吼聲，令人頗有草木皆兵之感。如此特殊的海濤聲，令詩人不禁大書特書。

張琮（？～？）於康熙48年（1709）來臺。其〈斐亭聽濤〉：

一亭春色已難並，況有濤飛四壁聲。轆轆音從空外渡，涓涓酒向座中傾。傾談儘是煙波叟，折屐何妨草木兵。洗耳聽來能破睡，恍疑天籟不時鳴。〔註199〕

張琮此詩著重於斐亭中聆聽濤聲的感受。在亭中可清楚的聽到空中傳來的濤水聲，而在亭中飲酒的人也盡情地暢飲。在此時來往的都是世外之人的煙波釣叟。在夜間濤聲依然澎湃，使得睡夢中被吵醒的詩人還在疑惑何處的天籟之音，為何不時地鳴叫？

乾隆14年（1749）4月任臺灣府諸羅縣知縣的林棻（？～？），其〈斐亭聽濤〉：

曾趨官閣待春潮，笑語渾疑燕蓼蕭。乍聽怒濤雲浩浩，還看良月夜寥寥。早知沙上無寒雁【早知沙上無寒鹿】，可有仙人倚洞簫。此日瀛壖成夢想，天邊誰與度銀橋（林時方罷職，故雲。）。〔註200〕

林棻此詩頗有寥落之意，從「曾趨官閣」之語，表示其現今已非昔日官家身分。「此日瀛壖成夢想」亦顯現了他內心之失落。

〔註197〕婁廣：〈臺灣八景〉，《重修臺灣府志・藝文志・詩》，臺灣文獻叢刊，第六六種，臺灣銀行經濟研究室，卷十，頁408。

〔註198〕張宏：〈臺灣八景〉，《重修臺灣府志・藝文志・詩》，臺灣文獻叢刊，第六六種，臺灣銀行經濟研究室，卷十，頁411。

〔註199〕張琮：〈臺灣八景〉，《重修臺灣府志・藝文志・詩》，臺灣文獻叢刊，第六六種，臺灣銀行經濟研究室，卷十，頁413。

〔註200〕林棻：〈斐亭聽濤次韻〉，《重修臺灣府志・藝文（六）・詩（三）》，臺灣文獻叢刊，第一○五種，臺灣銀行經濟研究室，卷二十五，頁797。

莊年亦有〈斐亭聽濤〉：

縱聽朝潮又暮潮，怒濤聲裏竹蕭蕭。千竿不藉風搖曳，萬弩何當影
寂寥。豈必林泉甘漱石，卻因煙月憶吹簫。星躔舊是揚州路，流水
應過廿四橋（作者註：「臺灣分野牛女，屬揚州。」）〔註201〕

莊年此詩有懷鄉之感。在海外耳聞朝潮與暮潮，眼見竹林蕭蕭，在如煙似霧
的夜裡，作者心中所念的依舊是揚州路及 24 橋。

陸廣霖（？～？）乾隆 9 年（1744）4 月，由連城知縣調任彰化知縣。乾
隆 11 年（1746）6 月回任臺灣府彰化縣知縣，13 年（1748）在任。其〈斐亭
聽濤〉：

疏影蕭蕭萬籟平，江亭忽聽怒濤鳴。乍疑簷角風敲玉，頓覺叢中浪
拍城。島嶼波洄憑竹報，篔簹聲寂待潮生。遠臣仰沐澄清久，跨海
鯨鯢靜不驚。〔註202〕

陸廣霖此詩書寫了怒濤洶湧的情形，聲勢驚人，猶如大海拍打著城堡。然而
末二句作者則是表達心中的豪壯，因為身處太平盛世的清朝時期，所以對於
跨海鯨魚的浪濤攻擊，內心平靜，絲毫不畏懼。

覺羅四明（？～？）於清乾隆 24 年（1759）任臺灣知府，乾隆 26 年（1761）
任臺灣道兼提督學政。其〈斐亭聽濤〉：

繞屋千竿掩映，飄空萬派汪洋。濟川我愧無具，但願海波不揚。

〔註203〕

覺羅四明以六言形式書寫了斐亭外萬派汪洋之景，並自謙的表示自己對此地
尚未有建樹，最後也表達了對此地的關懷——期待海波不揚，人民安和樂利。

余文儀（？～1782）其〈斐亭聽濤〉：

濤聲日夜鎮長聽，偏聚凌虛君子亭。淅瀝乍驚風折筍，嘈吰疑是雨
淋鈴。近連射圃亂鳴鏑，併入春潮沸震霆。自笑巴音同布鼓，廣長
舌愧吐蓮青。〔註204〕

〔註201〕莊年：〈臺灣八景〉，《重修臺灣府志・藝文（六）・詩（三）》，臺灣文獻叢刊，
　　　　第一○五種，臺灣銀行經濟研究室，卷二十五，頁 793。
〔註202〕陸廣霖：〈臺灣八景〉，《重修臺灣府志・藝文（六）・詩（三）》，臺灣文獻叢
　　　　刊，第一○五種，臺灣銀行經濟研究室，卷二十五，頁 798。
〔註203〕覺羅四明：〈斐亭聽濤〉，《續修臺灣府志・藝文（七）・詩（四）》，臺灣文獻
　　　　叢刊，第一二一種，臺灣銀行經濟研究室，卷二十六，頁 960～961。
〔註204〕余文儀：〈斐亭聽濤〉，《續修臺灣府志・藝文（七）・詩（四）》，臺灣文獻叢
　　　　刊，第一二一種，臺灣銀行經濟研究室，卷二十六，頁 966。

余文儀此詩著重書寫在斐亭中聆聽濤聲的感受。乍聽之下，以為是風吹折了竹筍的聲音，又如同是鐘鼓之聲與山水相應。又如同鳴鏑射圃之聲，再加上春天的潮水如同雷霆一般震懾人心。在此處聞見濤聲之奇後，詩人自覺以往所見過的濤水不過爾爾。

余延良（？～？），清乾隆年間（1736～1795）人士，其〈斐亭聽濤〉：

> 蕭森清影罩幽亭，暢好濤聲倚檻聽。好似錢塘秋八月，潰淪澎湃鼓雷霆。〔註205〕

余延良此詩以錢塘八月秋潮與此處潮水相較，同樣澎湃洶湧，如同雷鳴。

朱仕玠（1712～？）〈斐亭聽濤〉：

> 氣激滄溟地軸搖，斐亭危坐聽寒宵。沸騰洧水雙龍鬥，蹴踏天閑萬馬驕。蜀客漫誇巫峽浪，楚人厭說曲江潮。三山飄渺知何處，噴沫吹漚應未遙。〔註206〕

朱仕玠此詩摹寫斐亭中聽濤的豪壯之感。

金文焯（？～？）為清乾隆嘉慶年間（1736～1820）人士，其〈斐亭聽濤〉：

> 環植修篁畫影清，偏於清籟挾濤鳴。砰訇勁奪蕭蕭響，瑣碎中含滴滴聲。詎必松寮生遠韻，若因茶灶起遙情。三年油幕聽來慣，午夢虛窗悄不驚。〔註207〕

金文焯亦書寫濤聲澎湃，然而卻引發他的遙思，也說明瞭他因為在臺地已居處3年，所以已習慣了濤聲，驚擾不了他的午眠。

章甫（1760～1816）有〈斐亭聽濤〉：

> 瀛島官亭繞翠濃（作者註：「亭在學道署內。」），憑欄聽得怒濤衝。是真萬頃潮驚弩，卻似千竿竹化龍。面海多風因激浪，離山無樹不關松。尾閭東洩無涯際，聲在流波第幾重。〔註208〕

章甫書寫此處浪濤洶湧之音，在於面海且多風，因此浪濤被衝激之下，如同

〔註205〕余延良：〈斐亭聽濤〉，《續修臺灣府志·藝文（七）·詩（四）》，臺灣文獻叢刊，第一二一種，臺灣銀行經濟研究室，卷二十六，頁974。

〔註206〕朱仕玠：〈斐亭聽濤〉，《續修臺灣府志·藝文（七）·詩（四）》，臺灣文獻叢刊，第一二一種，臺灣銀行經濟研究室，卷二十六，頁975。

〔註207〕金文焯：〈斐亭聽濤〉，《續修臺灣府志·藝文（七）·詩（四）》，臺灣文獻叢刊，第一二一種，臺灣銀行經濟研究室，卷二十六，頁987。

〔註208〕章甫：《臺郡八景》，《半崧集簡編·七言律》，臺灣文獻叢刊，第二〇一種，臺灣銀行經濟研究室，頁38。

驚弩、化龍一般聲勢驚人。

黃纘（？～？），臺灣縣人。清嘉慶五年（1800）拔貢，候選州判。其〈斐亭聽濤〉：

> 獨坐幽亭百感生，天風吹下海濤聲。淒情似鼓湘靈瑟，激烈疑彈趙女箏。潮信好逢秋八月，客心無奈夜三更。此君還助瀟瀟響，潘鬢愁添白幾莖。〔註209〕

黃纘此詩表現了夜中獨坐斐亭，聽聞濤水洶湧，因而難眠思鄉之愁。

吳大廷（1824～？）〈斐亭聽濤〉：

> 誰遣洪濤徹夜鳴，斐亭遷客夢魂驚。並無急雨飄風勢，竟似金戈鐵馬聲。萬水應歸烏石港（作者註：「烏石港在噶瑪蘭，為萬水朝宗之處。」），大波疑撼赤嵌城。如今幸決樓船策（作者註：「已建議改修戰船。」），肯使陽侯怒不平。〔註210〕

吳大廷此詩亦摹寫濤聲聲勢驚人，徹夜鳴叫，在無急雨飄風之時，竟如戰場上的金戈鐵馬之聲，震驚了客居他鄉的人，使他難以入眠。詩人心繫沿海國防，慶幸著已建議修改戰船，如此就可以不畏波濤之聲勢了。

洪繻（1866～1928）〈斐亭聽濤〉：

> 人在斐亭觀，濤聲正萬端。秋風千里壯，落日一身寒。氣吐乾坤大，雷鳴海島寬。蒼蒼天際水，琴調成連彈。〔註211〕

洪繻書寫在斐亭可以聽聞濤聲，摹寫了天地之寬、濤聲雷鳴的壯闊之感。

丘逢甲（1864～1912）〈斐亭聽濤〉：

> 微似樓頭振笛笙，俄如海底吼鯢鯨。夜來午枕聽無倦，瘦竹幽亭一味清。〔註212〕

〔註209〕黃纘：〈斐亭聽濤〉，《續修臺灣縣志・藝文（三）・詩》，臺灣文獻叢刊，第一四〇種，臺灣銀行經濟研究室，卷八，頁628～629。

〔註210〕吳大廷：：〈斐亭聽濤〉，《小酉腴山館主人自著年譜・附錄二》，臺灣文獻叢刊，第二九七種，臺灣銀行經濟研究室，頁106。

〔註211〕洪繻：〈斐亭聽濤〉，《全臺詩──智慧型全臺詩知識庫》，上網日期：20141102，網址：http://xdcm.nmtl.gov.tw/twp/b/b02.htm。此詩收於成文出版社《洪棄生先生遺書・寄鶴齋詩詞集・謔蹻集》，又載洪小如所藏抄本、《洪棄生先生全集》。

〔註212〕丘逢甲：〈斐亭聽濤〉，《全臺詩──智慧型全臺詩知識庫》，上網日期：20141102，網址：http://xdcm.nmtl.gov.tw/twp/b/b02.htm。此詩收於《柏莊詩草・丘倉海先生詩文錄》，又載王國璠編《柏莊詩草》。

丘逢甲此詩書寫了濤聲瞬息萬變的情形，細如樓閣上的笛笙樂音，又突轉成鯨鯢於海底震吼。所以不論是夜半，抑或是午眠，都聽不厭。

施梅樵（1870～1949）亦有〈斐亭聽濤〉之作，懷古傷今之感甚濃：

> 海氣噓雲雲如棉，海風吹浪浪拍天。馮夷狡獪伎倆未忍捐，偏令江
> 湖之水日日匯大川。又令蛟龍揚鬐掉尾舞深淵，鯨鐘鼉鼓聲喧闐。
> 往來估客篷窗聞之不能眠，胡爲乎官廨恰與相比連。中有一亭自巍
> 然，蒼松翠竹亭之前。綠陰翁鬱草蔓延，暮夜月色朝霏煙。自公退
> 食與周旋，茗碗花樽會群賢。觴詠樂同永和年，座中唱和興欲仙。
> 歌吟響應鷗鷺邊，亭中人物幾變遷，亭外海嘯依舊聲濺濺。我知延
> 平遺恨尚綿綿，鬱爲怒濤晝夜鳴潺湲。思欲一泛酒家船，來呼草雞
> 起九泉。好共憑弔三閭與青蓮，相與話滄海桑田。免勞精衛銜石塡，
> 長願波平如鏡照大千。〔註213〕

施梅樵藉著書寫延平之恨，亦是抒發他心中之鬱，而想要與屈原及李白對話，論及人間滄桑之事。

楊爾材（1882～1953），亦有〈斐亭聽濤〉之作，深有悲悽之感：

> 君不見郡齋運覽歷年年，中原未復心憂煎。又不見河陽種花宰官賢，
> 春光萬裡自鮮妍。古來仙吏皆豪傑，陶侃潘嶽易地無不然。赤崁自
> 昔有斐亭，公餘退食時流連。四圍隙地栽松樹，春日鳴鳥夏鳴蟬。
> 亭中藏書又置酒，朗誦狂飲樂莫宣。秋風忽自空中來，虯龍搖動聲
> 涓涓及冬朔風又凜烈，澎湃眞如潮回川。官廨地接鹿耳門，濤也松
> 也誰能悟眞詮。有時吟詩和海嘯，頓使初來之客惶恐不成眠。噫籲
> 嘻，斐亭之人去已久，斐亭之亭今猶剩零磚。空令朝潮夕汐來往恨
> 綿綿，安得積蓄許多沽酒錢。邀二八佳人與兩三知己日夕來海邊，
> 或歌或吟或醉舞好共海神酬應日消遣三萬六千。〔註214〕

「君不見郡齋運覽歷年年，中原未復心憂煎」首二句表達作者內心對政局感慨「赤崁自昔有斐亭，公餘退食時流連。四圍隙地栽松樹，春日鳴鳥夏鳴蟬。亭中藏書又置酒，朗誦狂飲樂莫宣」此六句書寫斐亭曾有的風光，四周栽種

〔註213〕施梅樵：〈斐亭聽濤〉，《全臺詩——智慧型全臺詩知識庫》，上網日期：
20141102，網址：http://xdcm.nmtl.gov.tw/twp/b/b02.htm。此詩收於《捲濤閣詩草》，又載賴子清《臺灣詩醇》、《臺海詩珠》、陳漢光《臺灣詩錄》。
〔註214〕楊爾材：〈斐亭聽濤〉，《全臺詩——智慧型全臺詩知識庫》，上網日期：
20141102，網址：http://xdcm.nmtl.gov.tw/twp/b/b02.htm。收於《近樗吟草》。

松樹，春、夏之時可以聽到鳥語蟬鳴。亭中有藏書、美酒，可以恣意讀書、飲酒，何等愜意！「秋風忽自空中來，虯龍搖動聲涓涓及冬朔風又凜烈，澎湃眞如潮回川」三句說明秋、冬時，狂風襲浪，濤水澎湃洶湧，蔚爲奇觀。「官廨地接鹿耳門，濤也松也誰能悟眞詮。有時吟詩和海嘯，頓使初來之客惶恐不成眠」四句書寫斐亭松吟、海嘯之奇，常使初來臺地之客，心中惶惶難以入眠。「斐亭之人去已久，斐亭之亭今猶剩零磚」之句說明楊爾材此詩書寫之時，斐亭只賸零磚，江山亦已改易，是以內心多所悲憤。

　　斐亭爲高拱乾所建，雖經重建，但仍爲臺灣八景之一，是以吟詠之作不斷。清初頗多濤聲摹寫之詩。如「人傳滄海嘯，客訝不周傾」表示浪濤如海嘯，令人訝異神話傳說中的不周山傾覆一般的聲勢驚人，可見當時對臺灣的陌生、蠻荒的印象甚爲明顯。乾隆時對斐亭濤聲較爲熟悉，如「好似錢塘秋八月，瀶淪澎濞鼓雷霆」之句，直接與八月錢塘潮水相比擬，一方面描述其澎湃聲勢，另一方面也顯現對於斐亭已不再陌生如《山海經》神話傳說的遙遠之感。「三年油幕聽來慣，午夢虛窗悄不驚」之句更是表達對此地濤聲已漸習以爲常。

　　清朝末年，斐亭時有詩人集會倡作，如「折簡招朋儔，良辰易春服」、「客來簷雀報，無煩介紹言」之句，顯示了詩人在此地宴集的高雅趣味。此時的「斐亭聽濤」亦書寫著濤聲變化，雖然仍是聲勢驚人，但已可以恣意點評：「人在斐亭觀，濤聲正萬端」、「微似樓頭振笛笙，俄如海底吼鯢鯨」。

　　日治時期，「斐亭聽濤」表現了懷古傷今的情調：如「歌吟響應鷗鷺邊，亭中人物幾變遷，亭外海嘯依舊聲濺濺。我知延平遺恨尚綿綿，鬱爲怒濤晝夜鳴潺湲」之句，以鄭成功的遺恨轉爲濤水晝夜怒鳴，抒發作者內心的遺憾。

圖 52 澄臺古照，上網日期：20150306，網址：http://streaming.glis.ntnu.edu.tw:
　　　8080/glisdpr/20090619/pguc015/%E5%8F%B0%E7%81%A3%E5%85%
　　　AB%E6%99%AF/ching-8.html。

圖 53 〈澄臺〉，1900 年以前，上網日期：20150306，
　　　網址：http://blog.yam.com/yuliman/article/72020872。

第五節　澄臺

一、澄臺與澄臺詩

高拱乾（？～？）在清康熙 31 年（1692）任分巡臺廈兵備道，在道署後方闢一亭，爲「斐亭」；在斐亭左邊築臺閣，稱爲「澄臺」。他在《臺灣府志》中有〈澄臺記〉，記錄如下：

> 古者，臺榭之作，誇遊觀而崇侈麗；君子譏之。若夫制樸費約，用以舒嘯消憂，書雲攬物，斯高人之所不廢，亦廉吏之所得爲也。
>
> 臺灣之名，豈以山橫海嶠，望之若臺；而官民市廛之居，又在沙曲水匯之處耶？然厥土斥鹵，草昧初闢，監司廳事之堂，去山遠甚。匪特風雨晦明，起居安息之所，耳目常慮壅蔽、心志每多鬱陶，四顧隱然，無以宣洩其懷抱；并所謂四省藩屏、諸島往來之要會，海色峰光，亦無由見。於是捐俸鳩工，略庀小亭於署後，以爲對客之地；環繞之竹，遂以「斐亭」名之。更築臺於亭之左隅，覺滄溟島嶼之勝，盡在登臨襟帶之間；復名之曰「澄」。惟天子德威遐被，重譯入貢，薄海內外臣民共享清晏之福。而余振綱飭紀，分揚清激濁之任焉；正己勵俗，有端本澄源之責焉。
>
> 當風日和霽，與客登臺以望，不爲俗累、不爲物蔽，散懷澄慮，盡釋其絕域棲遲之歎，而思出塵氛浩淼之外，則斯臺比諸「凌虛」、「超然」，誰曰不宜？豈得以文遜大蘇而無以記之也。〔註215〕

由上可知，澄臺之設，乃意在期許自己能正己勵俗，端本澄源。此身爲父母官之責任感，之後，常有仕宦之人在此吟詠。

道光 10 年（1830）鄧傳安有〈澄臺觀海記〉：

> 分巡臺澎兵備道聽事後，有四方而高之臺曰澄臺：高一丈五尺，覆以屋、護以欄。拾級而登，四遠在目；而西望滄海，萬頃茫然，尤足開擴心胸；故憑眺者以爲勝焉。余作郡臺陽，嘗赴觀察約，偶一登覽，未數數至也。南豐謝怡亭宗維時在余幕，承以尊甫醒□先生文集相示，因得鈔錄澄臺觀海圖一記，以備海外掌故。醒□未嘗來臺，其從兄退□與觀察奇寵格公賓主莫逆，內渡後猶眷眷於斯臺，

〔註215〕高拱乾：《臺灣府志・藝文志・記・澄臺記》，臺灣文獻叢刊，第六五種，臺灣銀行經濟研究室，卷十，頁270。

爰命工爲圖而屬醒□作記。記中但述公望遠知險，撫今追昔，懍懍
於全臺安危之繫於尊官，非夸賞心樂事也。（略……）
自海外設官以來，惟陳清端公及奇公兩觀察最繫民思。臺以澄名，
宜因奇公而並懷清端。至建斯臺之高公拱乾，府志未爲立傳，但稱
係陝西人，殆無可紀之政績；而藝文所載澄臺記，乃竊比於淩虛、
超然，夸矣。退□名本量、醒□名鳴盛，宜附書。〔註216〕

鄧傳安此文所記，乃在懷念臺地中最關心民情的奇寵格（1703 年～？）及陳
璸（？～？）二人，並主張澄臺之名，應該與奇寵格及陳璸二人最爲相關。

光緒年間來臺的唐贊袞在《臺陽見聞錄》上亦有記載澄臺與斐亭：

斐亭澄臺

道署有斐亭、澄臺，瀛壖八景之二也。按亭與臺，皆康熙間觀察高
拱乾所搆。公爲「澄臺記」云：載庀小亭於署後，環以竹，名以斐。
更築臺於亭左，名曰澄；高二丈有奇，上廣數筵，四望空闊，海濤
汨沒，若在几席。

嗣亭、臺均圮。嘉慶四年，長白遇昌官此，尋廢址復建斐亭。唐薇
卿方伯在道任時，於斐亭判牘、觀書、見賓、課子，三載有餘。公
暇，招客賦詩，如閩所謂詩鐘故事者。蓋仿古人「日辦公事、夜接
詞人」之意。一時賓朋文字之盛，爲海外二百年來所未有。方伯之
沈太夫人，復督工重建澄臺；有聯云：物廢宜興，所期百度勤修，
無慚建樹；地高易險，待欲一層更上，還要從容。方伯亦有聯云：
官廨峙孤臺，海闊天空，坐此方能消塊壘；巖疆屏七省，山窮水盡，
憂來無奈倚闌干。〔註217〕

唐贊袞此文說明了澄臺的外觀：高二丈有餘，於其上遠眺，可見海濤洶湧，
彷彿就在腳下。後來斐亭與澄臺崩塌，嘉慶 4 年，斐亭復建。而唐景崧（1841
～1903）後來仕宦至此，亦重建了澄臺，以供自身登高遠眺，以消心中塊壘。
由此可知，於澄臺登覽者，概有二種：一爲以端本澄源爲目標者；另一爲登
高可見海闊天空，以消心中鬱悶。

〔註216〕鄧傳安：〈澄臺觀海記〉，《蠡測彙鈔》，臺灣文獻叢刊，第九種，臺灣銀行經
濟研究室，頁51～52。
〔註217〕唐贊袞：《臺陽見聞錄‧勝景‧斐亭澄臺》，臺灣文獻叢刊，第三０種，臺灣
銀行經濟研究室，卷下，頁127～128。

康熙時來臺的孫元衡（？～？）已有〈澄臺〉：

> 天光投白浪，山勢盡蒼煙。借問中原路，奔騰落日邊。〔註218〕

孫元衡此詩仍有去國懷鄉之感，所以在遠眺白浪蒼煙之景時，心中所念，仍是中原路，然而此中原路，卻是在落日的另一邊。所以通篇不言愁，而愁卻自在其中。

舒輅（？～？）清乾隆5年（1740）任巡臺御史，有〈九日會澄臺即事〉詩：

> 北去雲千疊，東來水幾盤。燕臺纔共署，鼉嶼又同官【澥谷又同官】。
> 波冷浮槎海【汲冷浮槎海】【汲冷浮雞嶼】，煙凝隱豹巒。文光臨晬睆，
> 斗柄近闌干。菊澹詩情淨，萸馨酒量寬。登臺懷桂棹，煮茗羨江湍。
> 鳳鬒毛摶彩，龍驤血灑汗。彎弓不尚革，走筆自飛翰。飭己一誠格，
> 齊民萬念攢【齊民眾志安】。焚香讀周易，鴻漸喜于磐。〔註219〕

舒輅此詩藉登澄臺表達了自身的以誠意正心，為民眾著想之心。

張湄（？～？），乾隆六年（1741）四月十二日由翰林院遷巡臺御史，有〈澄臺小集疊韻〉之作：

> 澄臺嘉樾密戈戈，醉後憑高四望通。島市別開帆影外，天垠純浸水
> 光中。迢遙親舍孤雲擁，浩渺予懷碧海同。日午南薰方薦爽，當風
> 不復辨雌雄。〔註220〕

張湄此詩書寫自己醉後登上澄臺遠望的景色及所觸發的情懷。在四望皆無阻礙的視野中，作者望著碧綠的大海，而認為自己的胸懷亦隨之而開闊。在正午時猛烈的南風吹來，因風勢盛大幾乎使人難分方位。

張湄又有〈次夕劉省齋觀察招集澄臺疊韻〉：

> 齊後華燈較月多，環臺澄景象銀河。十千酒美難辭醉，三五宵良肯
> 放過。海國魚龍爭曝采，春田雨露盡涵波。藉君閣上青藜燄，來照
> 當筵擊節歌。〔註221〕

〔註218〕孫元衡：《赤崁集‧丙戌》，臺灣文獻叢刊，第一〇種，臺灣銀行經濟研究室，卷二，頁30。

〔註219〕舒輅：〈九日會澄臺即事〉，《全臺詩——智慧型全臺詩知識庫》，上網日期：20141102，網址：http://xdcm.nmtl.gov.tw/twp/b/b02.htm。

〔註220〕張湄（？～？）：〈澄臺小集疊韻〉《全臺詩——智慧型全臺詩知識庫》，上網日期：20141102，網址：http://xdcm.nmtl.gov.tw/twp/b/b02.htm。

〔註221〕張湄：〈次夕劉省齋觀察招集澄臺疊韻〉，《全臺詩——智慧型全臺詩知識庫》，上網日期：20141102，網址：http://xdcm.nmtl.gov.tw/twp/b/b02.htm。

張湄此詩為應和之作，所摹寫的是於澄臺觀夜景的景象。以銀河來形容夜晚華燈點亮環臺之景，相當美麗。如此美景，當然要有美酒相伴，而為之一醉。而澄臺的夜晚因為有如斯之人的陪伴、高歌，顯得相當熱鬧。

　　覺羅四明（？～？），乾隆二十六年（1761）任臺灣道兼提督學政，其〈登澄臺遠眺〉：

　　　　登臺披素抱，極目愴深衷。鹿耳雄關險，鯤身鐵鎖崇。湯湯洪浪渺，
　　　　靄靄白雲濛。報國慚才菲，丹誠竭海東。〔註222〕

覺羅四明書寫了登上澄臺遠眺之後，因為雄壯的海天景色，使自己深受感召，而發願要竭誠致力於此。

　　孫霖（？～？），連橫《臺灣詩乘》謂其於乾隆初期來臺灣，曾繪製渡海圖，並徵詠詩。有〈澄臺寫望〉：

　　　　高臺極目海天寬，破暖煙光映筆端：吟到日斜清興在，萬竿叢竹勒
　　　　春寒。〔註223〕

孫霖此詩敘寫其登上澄臺極目遠望，眼前一片海天寬闊之景，使得他不禁詩興大發，直至日暮時分尚有興致，可見臺地山水之助。

　　胡承珙有〈澄臺晚眺〉詩：

　　　　寂歷斜陽上麗譙，微茫一線鹿門招。小園種樹剛春雨，暇日登樓又
　　　　晚潮。公子風標看白鷺，美人名字記紅蕉。天涯滋味蠻鄉景，賴有
　　　　詩情耐可銷。〔註224〕

此詩乃是傍晚時分登上澄臺之詩。在斜陽之中遠望，看見鹿耳門水域一線之標記，此地恰為春雨過後，晚潮之時，美人蕉及白鷺相映成趣。雖然地處天涯，景為蠻荒，但仍是饒富詩情，頗有可吟詠之處。

　　胡承珙又有〈即事〉詩，說明其登上澄臺，遠望以消心中之鬱：

　　　　一編入手百憂空，讀罷追涼小苑風。芳草意隨行處綠，離支顏勝去
　　　　年紅。（今歲臺郡荔實大盛，其佳者不減內地）爭田漸解聽蠻訟，伐

〔註222〕覺羅四明：〈登澄臺遠眺〉，《全臺詩——智慧型全臺詩知識庫》，上網日期：
　　　　20141102，網址：http://xdcm.nmtl.gov.tw/twp/b/b02.htm。
〔註223〕孫霖：〈澄臺寫望〉，《續修臺灣府志·藝文（七）·詩（四）·澄臺寫望》，臺
　　　　灣文獻叢刊，第一二一種，臺灣銀行經濟研究室，卷二十六，頁982。
〔註224〕胡承珙：〈澄臺晚眺〉，《全臺詩——智慧型全臺詩知識庫》，上網日期：
　　　　20141102，網址：http://xdcm.nmtl.gov.tw/twp/b/b02.htm。

木閒思課隸功。更上澄臺聊極目，嬾將身世問飛鴻。〔註225〕

在來臺一年之後，雖有愁緒，詩人亦尋找出排遣的方法——讀書。在漸漸熟悉此地的風土之餘，有時登上澄臺，極目遠望，也不再想要問飛鴻為何自己會遠在他鄉的海域了。

胡承珙有〈澄臺望海〉，敘寫臺地海域的奇特：

乾坤底處有端倪，蒙叟難令物論齊。河泊望洋休更歎，可知海若亦醯雞。〔註226〕

天地之大，臺地海域中奇特之物相當多，因此，莊子的齊物之論實在難以行得通。若河伯、海若在此，亦當自覺以往所見，實在太過渺小。

黃通理（？～？），清道光年間（1821～1850）人士，有〈澄臺遠眺〉詩：

高臺百尺雄臺陽，倔起層霄空四傍。乘興登臨一以眺，澄懷遠矚天開張。環山作屏鏡滄海，層城峻壑如金湯。俯瞰平泉斐亭外，渭川千畝森篬筤。循磴緣梯腰腳健，撥雲披霧精神強。襟帶鯤身縈鹿耳，虎門鷺嶼南北當嚴疆。更上一層凌絕頂，齊州數點煙微茫。盪胸不知東海闊，極目始信秋天長。鴻濛闢後水東注，涓滴會歸百谷王。蓬萊清淺信有以，激浪衝沙成堤防。赤崁城西海變路，安平不用一葦杭。風帆沙鳥時出沒，西嶼霞彩照屋梁。遠樹如針林如薺，漁舟唱晚歸漁莊。會須一覽眾山小，魁斗卓立孫兒行。四顧躊躇足清曠，憑欄弔古悲滄桑。雞籠以南打鼓北，延袤千里引領望。自入版圖百年久，沐浴日月生輝光。釣龍臺古今何在，越王故址成荒涼。美人去後麋鹿走，姑蘇往蹟懷吳閶。燕昭好士差足慕，自昔黃金招賢良。珥筆須與雅頌亞，靈臺歡樂重廣颺。〔註227〕

此詩敘寫之時，臺江已陸化，是以詩中有「安平不用一葦杭」之句。而詩人黃通理登上澄臺，眼前所見，頓覺胸懷壯闊之感。雖然有弔古滄桑之意，但仍有努力奮發的期許。

李逢時（1829～1876），台灣宜蘭人。其〈澄臺觀濤〉：

蜃雲吹散雨初晴，赤嵌孤懸海外城。怪底大聲來水上，暮濤終古作

〔註225〕胡承珙：《全臺詩》，第四冊，頁27。
〔註226〕胡承珙：《全臺詩》，第四冊，頁30。
〔註227〕黃通理：〈澄臺遠眺〉，《全臺詩——智慧型全臺詩知識庫》，上網日期：20141102，網址：http://xdcm.nmtl.gov.tw/twp/b/b02.htm。

雷鳴。〔註228〕

李逢時登上澄臺後，在視覺上書寫了赤嵌城的孤懸海外之景，在聽覺上點出濤水澎湃如雷鳴的奇特，說明了臺南地區景觀的特殊。

洪繻（1866～1928）有〈郡試澄臺觀海〉：

> 波浪拍空流，澄臺一望秋。風聲含大海，雲色入虛舟。鹿耳明星蟹，
> 鯤身接斗牛。鯨濤連島嶼，蜃氣滿滄洲。河漢從西至，江山向北收。
> 巨灣開世界，亙古浴神州。越客驚柁影，鮫人記宦遊。乾坤旋虎眼，
> 日月瀉鼇頭。城闕三邊合，帆檣數點浮。天高雲夢澤，地壓岳陽樓。
> 雁宕灘千石，漁磯釣外鉤。蒼茫停野鶩，浩蕩泊沙鷗。塹欲沉銅柱，
> 田多變舊籌。英雄淘處盡，灰劫換來休。溫嶠然犀路，將軍汗馬愁。
> 千年兵燹淨，半壁夕陽留。鞭憶秦皇渡，珠難象罔求。蠻荒圍雉堞，
> 爭戰鬪鴻溝。瘴歇晨光露，煙消夜火兜。何當臨絕頂，萬里豁雙眸。
> 〔註229〕

此詩為洪繻參加郡試之時，登上澄臺觀海之作。「巨灣開世界，亙古浴神州」為其對眼前所見的最佳註解。是以末句，詩人才有下次登臨之約。

光緒時來臺的唐贊袞（？～？）有〈臺道署東有澄臺可以觀海自夏徂秋颶風屢作驚濤溢涌雷響電焯擊於鯤身厥聲迴薄登斯臺也隆然震耳莫不錯愕賦此〉：

> 我登澄臺望滄海，參錯島嶼如杯罌。須臾暘谷光氣吐，五色變怪不
> 可名。洪濤洶湧九鼎沸，蛟蜃狀匿魚龍驚。狂風喧豗簸巨浪，雲山
> 千仞天際橫。崩騰蕩沃震雷鼓，鱗鬣磨碎鵬與鯨。舉杯吸海傾玉液，
> 聊學秦王求長生。何時仙飛復羽化，直跨三島梯青冥。〔註230〕

此詩敘寫颱風來時，登上澄臺，風濤雷電聲勢驚人，由於太過震懾，詩人因而將此奇景紀錄下來。

日治時期，連橫（1878～1936）有〈登澄臺有感〉：

〔註228〕李逢時：〈澄臺觀濤〉，《全臺詩——智慧型全臺詩知識庫》，上網日期：
  20141102，網址：http://xdcm.nmtl.gov.tw/twp/b/b02.htm。

〔註229〕洪繻：〈郡試澄臺觀海〉，《全臺詩——智慧型全臺詩知識庫》，上網日期：
  20141102，網址：http://xdcm.nmtl.gov.tw/twp/b/b02.htm。

〔註230〕唐贊袞：〈臺道署東有澄臺可以觀海自夏徂秋颶風屢作驚濤溢涌雷響電焯擊於
  鯤身厥聲迴薄登斯臺也隆然震耳莫不錯愕賦此〉，《全臺詩——智慧型全臺詩
  知識庫》，上網日期：20141102，網址：http://xdcm.nmtl.gov.tw/twp/b/b02.htm。

> 高臺獨上黯消魂，萬派蒼溟氣欲吞。鹿耳潮連青草渡，鯤身風湧白
> 沙墩。舉頭牛女迴天漢，放眼波濤撼海門。登嘯每持長劍舞，古來
> 興廢不須論。〔註231〕

詩人登上高臺，內心有黯然消魂之感。眼前風景壯闊，但江山改易，內心百感交集，雖然末句「古來興廢不須論」，但是心中抑鬱，不言可喻。

二、澄臺觀海

「澄臺觀海」爲郡邑八景之一，亦有許多詩人在此題詠，茲舉要分述之。

高拱乾（?～?）爲八景的提倡者，有〈澄臺觀海〉詩：

> 有懷同海闊，無事得臺高。瓜憶安期棗，山驅太白鰲。鴻濛歸紫貝，
> 腥穢滌紅毛。濟涉平生意，何辭舟楫勞！〔註232〕

高拱乾爲澄臺的建造者，亦對自己有所期待，是以一開始就敘寫自己胸懷抱負遠大，可與海同寬。看著臺地所產的瓜，想起傳說中的仙果——安期生所吃的棗就像瓜那麼大。看到臺地的山，就想起家鄉的太白鰲山。詩人此詩中的臺地仍具有原始蠻荒的氣息，是以仍帶有傳說仙鄉的色彩。末句表達自己爲了理想抱負，不會因爲舟車勞頓等辛苦之事而有所推辭。

齊體物（?～?），康熙 30 年（1691）由漳州海防同知調任臺灣府海防捕盜同知。亦有〈澄臺觀海〉：

> 臺因觀海搆，遠水綠於蘿。浩渺心俱闊，澄清志若何！只疑天是小，
> 更覺地無多。白雉梯航路，於今尚不波！〔註233〕

首二句說明了澄臺之設在於觀海，而在臺上遠眺，遠處的海水比女蘿草還要碧綠。看完如此遼闊的海面，心境亦因而開闊，且對自己爲官的責任，亦有所體認。遼闊的水面下，使人覺得天空似乎變小了，地面更是變得更少。由於祥瑞的鳥兒來此，是以至今臺島海域上是河清海晏，太平無事。

王善宗（?～?）康熙 29 年（1690）來臺，擔任臺灣水師協左營守備之職。其〈澄臺觀海〉：

〔註231〕連橫:〈登澄臺有感〉,《劍花室詩集・外集之一》,臺灣文獻叢刊,第九四種,頁 115。

〔註232〕高拱乾:〈澄臺觀海〉,《臺灣府志・藝文志・詩・臺灣八景》,臺灣文獻叢刊,第六五種,卷十,頁 280。

〔註233〕齊體物:〈澄臺觀海〉,《臺灣府志・藝文志・詩・臺灣八景》,臺灣文獻叢刊,第六五種,卷十,頁 285。

巍峨臺榭築邊城，碧海波流水有聲；濟濟登臨供嘯傲，滄浪喜見一
澄清。〔註234〕

王善宗此詩亦是展現其登上澄臺遠眺，而有凌雲壯志，發爲嘯傲之舉。

王璋（？～？）爲明代遺老王忠孝之姪孫。清康熙32年（1693）中舉，
嘗分修《臺灣府志》，亦有〈澄臺觀海〉：

指顧層臺上，澄清竟若何！大都天地闊，不辨水雲多。棹轉爭飛鳥，
宵鳴聽巨鼉。此時無限意，萬里壯關河。〔註235〕

王璋此五言律詩，亦是表達了登臺遠眺，目睹天地開闊，耳聞巨鼉鳴叫，內
心也因萬里關河如此雄壯，而有舍我其誰的雄心壯志。

林慶旺（？～？）康熙34年（1695）任臺灣府學教授，其〈澄臺觀海〉：

形勝蔚崔巍，登高望九垓。三時先月得，七寶避風催。宦困稱顏骨，
名成笑陸才。澄清惟此景，聳立素懷開。〔註236〕

由「宦困稱顏骨，名成笑陸才」之句，可見林慶旺有自傷仕宦不順之意，而
「澄清惟此景，聳立素懷開」之句，顯示詩人有因登高而宣洩抑鬱心情。

陳璸（1656～1718）有〈澄臺觀海〉：

澄清有願獨登臺，浩浩乾坤一望開。波浪兼天生渤澥，風雲匝地變
塵埃。胸中邱壑休言小，物外烟霞詎用猜。海上神山原不遠，此身
彷彿到蓬萊。〔註237〕

陳璸素有清名，而首句「澄清有願獨登臺」即可見其對自我的期許、堅持。
而末句「海上神山原不遠，此身彷彿到蓬萊」，以蓬萊譬喻臺灣地區，可說是
對臺灣地區相當友善、肯定的說法。

婁廣（？～？），京衛人。清康熙中武進士，44年（1705）任分巡臺廈道
標守備。有〈澄臺觀海〉：

〔註234〕王善宗：〈澄臺觀海〉，《臺灣府志・藝文志・詩・臺灣八景》，臺灣文獻叢刊，
　　　　第六五種，卷十，頁290。
〔註235〕王璋：〈澄臺觀海〉，《臺灣府志・藝文志・詩・臺灣八景》，臺灣文獻叢刊，
　　　　第六五種，卷十，頁292。
〔註236〕林慶旺：〈澄臺觀海〉，《臺灣府志・藝文志・詩・臺灣八景》，臺灣文獻叢刊，
　　　　第六五種，卷十，頁294。
〔註237〕陳璸：〈澄臺觀海〉，《全臺詩——智慧型全臺詩知識庫》，上網日期：20141102，
　　　　網址：http://xdcm.nmtl.gov.tw/twp/b/b02.htm。援引自臺灣大學圖書館所藏道
　　　　光六年（1826）木刻本，丁宗洛編輯《海康陳清端公詩集》。

海國淼無窮，澄臺瞰四封。自從歸禹貢，何水不朝宗。〔註238〕

婁廣此詩書寫了對清王朝的支持，三、四句「自從歸禹貢，何水不朝宗」意及：在歸順清朝之後，又有何處不以清朝爲宗？

張宏（？～？），在康熙 47 年（1708）時來臺，其〈澄臺觀海〉詩，呈現仙境的奇幻之景：

乘興登臺望四隅，海天莫可定贏輸。黃雲浩淼離還合，蒼靄微茫有若無。樓市結來成幻景，團團湧出映方壺。漁人罷釣沙灘上，換酒歸時招復呼。〔註239〕

舉目遠望，模模糊糊之中，海上樓市爲幻景，而映出方壺仙境之景。而此處生活的漁夫亦有世外的超脫之感，沒有名利欲望的枷鎖，彼此飲酒時，都會互相招呼邀飲，相當和樂。

張琮（？～？）康熙 48 年（1709）來臺爲臺灣縣丞。康熙 52 年（1713），陞湖廣黃梅縣令。其〈澄臺觀海〉：

海上層臺俯四隅，縱觀觀止百川輸。波光耀日連天有，蜃氣成樓到地無。潑眼昔曾吞夢澤，盪胸今更挹冰壺。微軀薄宦重洋隔，欲叩君恩仗吸呼。〔註240〕

張琮此詩書寫了百川歸海的波瀾壯闊，令作者不禁嘆爲觀止，海上流光、及海市蜃樓的奇景皆令他印象深刻。然而臺地對張琮而言仍是遠在隔著重洋的另一端，是以仍有依戀中土的意味。

六十七（？～？），清乾隆九年（1744），以戶科給事中奉命巡視臺灣。有〈澄臺觀海〉：

層臺爽氣豁雙眸，遠望滄溟萬頃收。赤霧唧將紅日暮【赤霧銜將紅日暮】，銀濤拍破碧雲秋。鯤鵬飛擊三千水，島嶼平堆十二樓。極目神州渺無際，東南形勝此間浮。〔註241〕

詩人登臺遠望，萬頃大海的景色，盡收眼底。雖然是黃昏，呈現的是一片紅

〔註238〕婁廣：〈澄臺觀海〉，《重修臺灣府志・藝文志・詩・臺灣八詠》，臺灣文獻叢刊，第六六種，卷十，頁 408。

〔註239〕張宏：〈澄臺觀海〉，《重修臺灣府志・藝文志・詩・臺灣八詠》，臺灣文獻叢刊，第六六種，卷十，頁 411。

〔註240〕張琮：〈澄臺觀海〉，《重修臺灣府志・藝文志・詩・臺灣八詠》，臺灣文獻叢刊，第六六種，卷十，頁 413。

〔註241〕六十七：〈澄臺觀海〉，《重修臺灣府志・藝文（六）・詩（三）・登澄臺觀海》，臺灣文獻叢刊，第一〇五種，卷二十五，頁 779。

霧將落日掩蓋住的景色，依然是壯美的描摹。然而詩人依然有懷鄉之感，是以極目遠望的目標，仍是中土方向。

陸廣霖（？～？）乾隆 9 年（1744）四月，由連城知縣調任彰化知縣。乾隆 11 年（1746）六月回任臺灣府彰化縣知縣，13 年（1748）在任。其〈澄臺觀海〉詩書寫了海上蒼茫之景，而致使詩人心境因而超遠，而靈思泉湧：

> 煙波縹渺水漫漫，高閣登臨面面寒。收拾崑崙千派合，劃開江漢四圍寬。塵氣不向壟靈發（作者註：「壟靈，鼻神字。見《黃庭經》。」），寰宇全歸掌握看。憑眺頓教心地遠，擬將浩瀚寫毫端。〔註242〕

由於登上澄臺所見之海景是如此遼闊，予人煙波縹渺之感，猶如傳說中的崑崙仙境將各門各派集結在一起，亦如將長江、漢水劃開來圍繞在四周，恍如宇宙天下全都在臺下可以讓人一窺無遺。讓詩人不禁想要將眼前浩瀚之景在筆下呈現出來。

莊年（？～？），清乾隆 6 年（1741）任淡水廳同知，七年（1742）陞福建建寧知府，8 年（1743）任分巡臺灣道按察史司副使。其〈澄臺觀海〉：

> 簿書筍束苦相纏，乘興登臺意豁然。煙靄光中三面水，晴雲影裏四垂天。瀰茫境界憑欄外，浩蕩滄溟落照前。極目波濤渺無際，笑他精衛若何填。〔註243〕

人莊年登樓遠眺浩浩盪盪的海域，頓覺平日累積的案牘勞形痛苦，得以緩解。並認為：若是精衛鳥填的是這裡的海，必定是無用之功。

余文儀（？～1782），其〈澄臺觀海〉詩表達了對自己為官的期許，因而戰戰兢兢：

> 戟門西上聳澄臺，扶醉登臨亦壯哉。片片貫颿破浪出，騰騰陣馬御風來。守身時懷冰淵念，拯世深慚舟楫才。但使汪洋歸大度，任他蠡測與鷗猜。〔註244〕

「守身時懷冰淵念，拯世深慚舟楫才」之句，可見其懷抱及謙虛的胸懷。「但

〔註242〕陸廣霖：〈澄臺觀海〉，《全臺詩——智慧型全臺詩知識庫》，上網日期：20141102，網址：http://xdcm.nmtl.gov.tw/twp/b/b02.htm。此詩收於范咸《重修臺灣府志》〈藝文〉，又載魯鼎梅《重修臺灣縣志》〈雜記〉、余文儀《續修臺灣府志》〈藝文〉、連橫《臺灣詩乘》、陳漢光《臺灣詩錄》。

〔註243〕莊年：〈澄臺觀海〉，《重修臺灣府志‧藝文（六）‧詩（三）‧登澄臺觀海》，臺灣文獻叢刊，第一〇五種，卷二十五，頁793。

〔註244〕余文儀：〈澄臺觀海〉，《續修臺灣府志‧藝文（七）‧詩（四）‧臺陽八景》，臺灣文獻叢刊，第一二一種，卷二十六，頁966。

使汪洋歸大度，任他蠡測與鷗猜」二句書寫其有懷才不遇之心。

余延良（？～？），清乾隆年間（1736～1795）人士。生平不詳。其〈澄臺觀海〉：

迤涎浡潏競公迴，極目洪濤亦壯哉。誰學元虛重作賦，浮天無岸一登臺。〔註245〕

望著波濤洶湧的海域，內心受到震撼而發出讚嘆。詩人不禁詩興大發，欲將此奇景描摹下來。

范咸（？～？），乾隆10年（1745）4月任巡臺御史兼理學政，任職兩年，以故罷職。其〈澄臺觀海〉：

層臺爽氣豁雙眸，遠望滄溟萬頃收。赤霧銜將紅日暮，銀濤拍破碧雲秋。鯤鵬飛擊三千水，島嶼平堆十二樓。極自神州渺無際，東南形勢此間浮。〔註246〕

「鯤鵬飛擊三千水，島嶼平堆十二樓」之句書寫了七鯤身嶼的地勢。

張若霈（？～？），乾隆11年（1746）七月由漳州府同知調署臺灣海防捕盜同知。有〈澄臺觀海次巡憲六公韻〉：

聳立憑欄蕩遠眸，海天一碧望中收。鯨魚潛伏三千浪，鵬鳥高搏九萬秋。極目無情逢幻市，近山有意見瓊樓。會當上獻安期棗，看取滄溟瑞色浮。〔註247〕

此詩為張若霈的應和之作。詩中呈現仙幻色彩。由幻市瓊樓，至安期生棗，可見其對臺地仍有陌生的異域之感。

覺羅四明（？～？）其〈澄臺觀海〉詩，以六言形式呈現：

駭浪吼聲度竹，高臺雨氣生寒。莫道天涯寂寞，憑欄是處奇觀。〔註248〕

詩中以書寫駭浪吼聲所展現的視覺與聽覺的震撼效果，表達著：如此奇觀，

〔註245〕余延良：〈澄臺觀海〉，《全臺詩──智慧型全臺詩知識庫》，上網日期：20141102，網址：http://xdcm.nmtl.gov.tw/twp/b/b02.htm。此組詩收於余文儀《續修臺灣府志》〈藝文〉，又載陳漢光《臺灣詩錄》。

〔註246〕范咸：〈澄臺觀海〉，《重修臺灣府志・藝文（六）・詩（三）・登澄臺觀海》，臺灣文獻叢刊，第一〇五種，卷二十五，頁779。

〔註247〕張若霈：〈澄臺觀海次巡憲六公韻〉，《重修臺灣縣志・雜記・古蹟（附宅墓）・澄臺・海防同知張若霈詩》，臺灣文獻叢刊，第一一三種，臺灣銀行經濟研究室，卷十五，頁539。

〔註248〕覺羅四明：《續修臺灣府志・藝文（七）・詩（四）・臺陽八景・澄臺觀海》，臺灣文獻叢刊，第一二一種，臺灣銀行經濟研究室，卷二十六，頁960。

即使必須到達如此遙遠的寂寞天涯，也是相當值得。

　　朱仕玠（1712～？）乾隆 28 年（1763）由德化教諭調任鳳山縣教諭。其〈澄臺觀海〉：

> 海上樓遲及早秋，登臺騁望思悠悠。常虞雷雨從空下，始信乾坤鎮
> 日浮。淡漫由來圍赤嵌【淡漫由來通赤嵌】，蒼茫何處問舟邱。乘槎
> 便欲從茲去，憑占星文入斗牛。〔註249〕

作者在秋季登上澄臺，內心仍有許多渺遠之思。眼前所見海域廣遠，何處才是渡頭，可見其內心仍在中土。

　　金文焯（？～？），生平不詳。清乾隆嘉慶年間（1736～1820）人士。其〈澄臺觀海〉詩頗有世外幽靜之區的感受：

> 層臺軒爽俯神州，島嶼凝茫一望收。每向日邊瞻紫極，真從天際識
> 歸舟。蜃樓海市空中幻，蟹舍漁村境外幽。試擬黃州蘇玉局，超然
> 臺未稱天遊。〔註250〕

金文焯此詩將澄臺與超然臺相比，以為當以澄臺更能稱得上是在邀遊天際。澄臺所觀之景為海景，故有時甚至出現虛幻的空中樓閣，而視野所及，亦可見漁村外景色幽靜之處，殊為奇觀。

　　章甫（1760～1816），臺灣縣（今臺灣省臺南市）人。其〈澄臺觀海〉詩書寫了波瀾壯闊之感：

> 置身高踞澄臺上，放眼遙空碧海中。不使一層樓尚隔，真誇千里目
> 能窮。龍門倒射滄溟日，蜃氣消沉島嶼風。浩淼流波歸巨壑，茫茫
> 大半是朝東。〔註251〕

章甫此詩乃以臺灣詩人的角度而寫。是以純粹的雄壯之美的書寫，而無羈旅愁思之意。惟章甫亦非仕宦之人，是以詩中亦不見其澄清政事的抱負。

　　吳大廷（1824～？）亦有〈澄臺觀海〉詩：

> 百年遺構此澄臺，取次登臨倦眼開。海色遠隨朝日霽，濤聲高壓晚
> 潮回。揚舲何日騎鯤去，攬勝曾經戲馬來。永念烽煙清島嶼，艱難

〔註249〕朱仕玠：《小琉球漫誌・海東紀勝（上）》，臺灣文獻叢刊，第三種，臺灣銀行
　　　　經濟研究室，卷二，頁 20。
〔註250〕金文焯：《續修臺灣府志・藝文（七）・詩（四）・八景詩・澄臺觀海》，臺灣
　　　　文獻叢刊，第一二一種，臺灣銀行經濟研究室，卷二十六，頁 987。
〔註251〕章甫：《半崧集簡編・七言律・臺郡八景》，臺灣文獻叢刊，第二〇一種，臺
　　　　灣銀行經濟研究室，頁 37。

慚負濟川才。〔註252〕

吳大廷此詩之作，已是臺江陸化之時，是以其波濤壯闊的海景已不復爲詩中書寫的主角，而濤聲仍是澎湃洶湧，隨著晚潮而出現。末 2 句緬懷此地曾有的戰事，亦自慚於沒有完全盡到經世濟民的理想。

施瓊芳（1815～1868）清臺灣縣治（今臺南市）人。有〈題臺灣府志八景圖存四　澄臺觀海〉：

> 蜃氣分光到署前，澄清素志絕塵緣。常言觀海難爲水，況復登臺別
> 有天。高處置身連尺五，閒來放眼看三千。煙銷日出東溟近，指點
> 蓬萊最上巓。〔註253〕

施瓊芳此詩爲題八景圖之詩，並非實際登臺遠眺。詩中以觀海難爲水，說明此處觀海，景色殊奇。而登臺極目遠望，亦可開拓視野，發覺天外有天。等到煙銷日出之時，登上澄臺遠視，或許可以看到何處是蓬萊仙境的頂端。詩中顯現了對臺地的喜愛與認同。

丘逢甲（1864～1912）亦有〈澄臺觀海〉詩：

> 扁舟破浪記曾來，利濟生平挾壯才。此日登臨增感慨，防山防海要
> 徘徊。〔註254〕

丘逢甲之詩作於清領後期，臺灣受外國以武力侵犯之時。詩中充滿對自己的抱負，期許自己能利益百姓，所以再次登臺之時，依然有以往的扁舟破浪的豪壯之情。而此次登臺，更是增加了許多感慨，因爲外人的侵略，臺地可更要加強山林的戒備及臨海重要區域的防護啊。

洪繻（1866～1928）〈澄臺觀海〉亦著重於緬懷之意：

> 天際波濤壯，雲中日月浮。澄臺人正上，瀛海水西流。島嶼千帆合，
> 風潮萬里收。赤城懷往事，秋色在滄洲。〔註255〕

〔註252〕吳大廷：《小酉腴山館主人自著年譜・附錄二・澄臺觀海》，臺灣文獻叢刊，第二九七種，臺灣銀行經濟研究室，頁106。

〔註253〕施瓊芳：〈題臺灣府志八景圖存四　澄臺觀海〉，《全臺詩——智慧型全臺詩知識庫》，上網日期：20141102，網址：http://xdcm.nmtl.gov.tw/twp/b/b02.htm。原屬《石蘭山館遺稿》卷九〈詩鈔〉三。

〔註254〕丘逢甲：〈澄臺觀海〉，《全臺詩——智慧型全臺詩知識庫》，上網日期：20141102，網址：http://xdcm.nmtl.gov.tw/twp/b/b02.htm。此詩收於《柏莊詩草・丘倉海先生詩文錄》，又載王國璠編《柏莊詩草》。

〔註255〕洪繻：〈澄臺觀海〉，《全臺詩——智慧型全臺詩知識庫》，上網日期：20141102，網址：http://xdcm.nmtl.gov.tw/twp/b/b02.htm。此詩收於成文出版社《洪棄生先生遺書・寄鶴齋詩詞集・謔蹻集》，又載洪小如所藏抄本、《洪棄生先生全集》。

「天際波濤壯，雲中日月浮」二句乃寫澄臺地勢之高：在天的另一邊波濤壯闊，而眼前所見的景色是日、月在雲中浮動。三、四句敘述了人在澄臺上，可以見到臺地之河水向西奔流入海。在七鯤身嶼處可見眾多船隻聚集，風鼓動著浪潮，奔流萬里之後，又將匯合。末二句充滿衰頹之意，句中呈現登臺遠望的作者——洪繻，望著赤嵌城而緬懷著往事，而此時秋天蕭颯的氣息亦將籠罩著濱水之地。惆悵之意，餘韻未絕，籠罩詩中。

澄臺歷經歲月，而有歷史的痕跡。初時建臺的高拱乾有濟世之心，許多宦遊詩人亦登臺而有所吟詠，或歌海中奇景，或言己心悠悠，然而，隨著時世推移在其中可以看出乾隆、嘉慶之時，詩人對臺地的山水已較有融入感，所以較無仙幻之書寫，而多了幽靜之感。至於同治、光緒時期，隨著外力的入侵，詩作中多了衰頹之氣，更多了緬懷之感。其濟世心願不易達成，使得詩作中慚愧之語增多。到了日治時期，對於登上澄臺的敘述，亦有其江山改易的複雜難言的抑鬱之感。

而臺江海域滄海桑田的變化，反應在〈澄臺觀海〉的詩作中，其最大的不同是——有關海景的描述，大為減少。

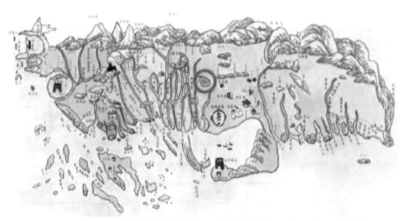

康熙35年(1696)《臺灣府志》中的「臺灣府總圖」(紅圈中即鯽魚潭)

從古地圖中還可以看出「鯽魚潭」的位置，若依古地圖推論，我們現在的復國里即屬「鯽魚潭」西邊一帶，為網寮地區；網寮即漁民收網之處，臺灣紀略說鯽魚潭採捕之利，足供軍需，可見該潭之大，而網寮竟成為村落。在鄭氏時期附近有大橋港及小橋港，後因臺江陸浮，現在均已無存。

圖54　鯽魚潭古地圖1，上網日期：20150611，網址：http://library.taiwanschoolnet.
　　　org/cyberfair2011/kuokuang/m1.htm。

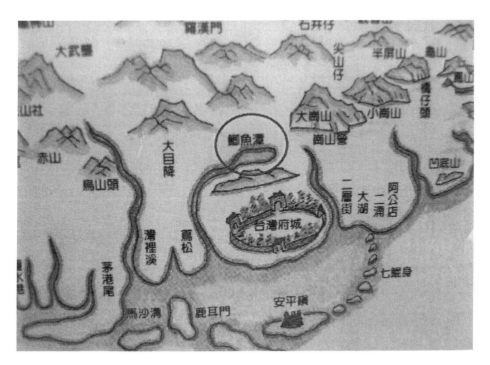

圖55　鯽魚潭古地圖2，上網日期：20150306，網址：http://library.taiwanschoolnet.
　　　org/cyberfair2011/kuokuang/m1.htm。

圖56　民國100年新舊地名之對照地圖，上網日期：20150611，
　　　網址：http://library.taiwanschoolnet.org/cyberfair2011/kuokuang/m1.htm。

圖 57　崑山科技大學，鯽魚潭，網日期：20150215，網址：http://blog.xuite.
　　　net/suting2268/ting22/30299822-%E5%B4%91%E5%B1%B1%E7%A7%
　　　91%E6%8A%80%E5%A4%A7%E5%AD%B8-%E9%AF%BD%E9%AD
　　　%9A%E6%BD%AD%EF%BC%88%E5%B4%91%E5%B1%B1%E6%B
　　　9%96%EF%BC%89%E2%80%A7%E5%8F%A4%E5%8F%B0%E6%B1
　　　%9F%E9%81%BA%E5%9D%80。

第六節　鯽仔潭、東湖

一、鯽魚潭（東湖）及鯽魚潭詩（東湖詩）

　　鯽仔潭現今已不存在，其地點約在現今臺南市永康區：

> 鯽仔潭由於潭水改道，現今已不存，在清朝時期，有許多關於此地
> 的詩作。其地點約在現今臺南市永康區，北自烏竹里（烏鬼橋），南
> 至洋仔下（仁德區），東為王田、北灣（王厝）、西灣（頭前李）、南
> 灣（潭墘—巷口）……崙仔尾，西邊沿著臺南台地東側的角秀（角
> 宿）、龍潭（蜈蜞潭）、永康、土虱堀、網寮、建國、仁德鄉下洲仔
> 田、石碑仔、崁腳白崙等附近之範圍。〔註256〕

〔註256〕〈古鯽魚潭的形成、範圍及水源〉，上網日期：20150212，網址：http://library.
　　　　taiwanschoolnet.org/cyberfair2011/kuokuang/m1.htm。

鯽仔潭，又名東湖，最適合在晴朗無雲的夜晚賞月，是清朝邑治八景之一，
在《重修臺灣縣志》中有記載，：

> 鯽仔潭 在永康、長興、廣儲西三里之界。匯納眾流，修而不廣，
> 計長可二十餘里，多生鯽魚，年有徵稅。三里之田，資以灌溉。一
> 名龍潭，旱時禱雨於此。又名東湖，最宜霽月，爲邑治八景之一。
> 〔註257〕

其地點在永康、長興及廣儲西三之界，湖的形狀爲狹長形，長大約爲 20 餘里，
潭水裡有許多鯽魚，每年因爲鯽魚而有稅收。臨近 3 里之田，都仰賴鯽魚潭
來灌溉。鯽仔潭，又有龍潭及東湖的別名。在遇到乾旱的年歲時，會在此地
進行求雨儀式。晴朗無雲的夜晚，此處的月景格外的美，「鯽潭霽月」是邑治
八景之一。

朱仕玠（1712～？），乾隆二十八年（1763）由德化教諭調任鳳山縣教諭。
是年六月蒞任，次年夏，因丁母憂回籍，授徒里中。其《小琉球漫誌》中亦
有記載鯽魚潭之事：

> 鯽魚潭在府治中路，離府八里，僞鄭時常畜魚於此。據諸羅誌云：「臺
> 地無鰱，僞鄭載而置之郡治鯽魚潭；及網之，無有也」。其實不然；
> 予在鳳山學署，見守備某餽同僚鰱魚二尾，重可五、六斤；豈地氣
> 有異，抑今昔不同耶？〔註258〕

朱仕玠對《諸羅縣志》的敘述有所辯駁，《諸羅縣志》以爲臺灣沒有鰱魚，鄭
成功時期將鰱魚帶來鯽魚潭。而李元春以自己在鳳山曾見過有人送給自己的
同事 2 尾重達 5、6 斤的鰱魚，說明臺灣有鰱魚。

綜上所述，清朝時鯽仔潭因爲具有灌溉功能，且風景優美，所以爲當時
臺南地區的觀光名勝之一。潭中有魚，更是其重要資產。

林慶旺（？～？）康熙 34 年（1695）任臺灣府學教授，秩滿陞山西屯留
知縣。有〈東湖即景〉詩三首，由詩題中作者自註可知：當時至東湖遊賞之
人所留下的吟詠之作甚多，茲將此三首分述如下：

> 東湖即景（臺灣東郊有鯽仔潭，今改名東湖，文學吟詠頗多）

〔註257〕王必昌纂輯：《重修臺灣縣志・山水志・溪港潭陂》，臺灣文獻叢刊，第一一
　　　　三種，卷二，頁 36。
〔註258〕朱仕玠：《小琉球漫誌・海東紀勝（上）》，臺灣文獻叢刊，第三種，卷二，頁
　　　　23～24。

其一

東流嫵媚好逍遙，春樹斜橫佳致饒。十里潭光天際映，四時野色水中描。竹枝蔓衍拖青帶，霓影紛披漾采橋。萬户燈紅居似織，灣波岸上看鶯嬌。〔註 259〕

詩人春天到東湖郊遊踏青，潭水清麗嫵媚，春樹斜橫富有韻致，形成一道美好的風景。十里潭光倒映著天光雲影，四時的景色都倒映在一潭碧水之中。在如此的景致中，有萬戶的人家在此居住，在夜晚之時一片燈紅。詩人此時也愜意地在潭灣岸上眼觀美景，耳聞黃鶯嬌媚的啼聲。

其二

一葦舟行遊興闌，錦鱗磅礴共垂竿；萍依澤畔岸連袂，星覆津頭磯戴冠。粧牖雲斜梳曲鬢，波日落鏡懸盤。東湖今作西湖賞，也許騷人極目看。〔註 260〕

詩人在以舟遊湖遊興已盡之後，在水邊開始垂釣。之後詩人以擬人化的手法描摹東湖之美：在水邊碧綠成一片的浮萍猶如她的衣袖，在渡頭上閃耀的星星是她的帽子，雲兒斜抹如同她的鬢髮，水波映日，如同她的鏡子。詩人最後以西湖和東湖相提而論，認爲東湖也是相當值得墨客騷人用盡目力，盡情欣賞。

其三

翹首湖天侈勝遊，東郊花柳正嬌柔；三時應許煙霞接，一水還教雨露收。色映蒼松團鶴蓋，影墜明月浴珠毬。野夫亦解幽清致，攜手槃姍泛扁舟。〔註 261〕

詩人如此盡情地享受湖天美景，因而有奢侈的感覺。此時東郊的花和柳樹正是生機旺盛，嬌柔可愛。當地的山村野夫也同樣的享受如此清幽雅致的美景，正攜手同遊泛舟，在此徘徊流連，徜徉在大自然的懷抱之中。

朱仕玠（1712～？）在他所寫的《小琉球漫誌》中亦有〈鯽魚潭〉詩：

〔註 259〕林慶旺：〈東湖即景〉，《臺灣府志・藝文志・詩・東湖即景》，臺灣文獻叢刊，第六五種，卷十，頁 295。

〔註 260〕林慶旺：〈東湖即景〉，《臺灣府志・藝文志・詩・東湖即景》，臺灣文獻叢刊，第六五種，卷十，頁 295。

〔註 261〕林慶旺：〈東湖即景〉，《臺灣府志・藝文志・詩・東湖即景》，臺灣文獻叢刊，第六五種，卷十，頁 295。

府東萬丈潭，水族紛窟宅。百泓沸重幽，膽破下臨黑。連峰亙東迴，
環照崿嶸色。戢戢穿薈苙，淰淰弄濊濊。氣各挾波濤，隱忍困偪仄。
偏鄭饕口腹，銀鱗出潑剌。膾下金絲盤，細聽霜刀騞。自從罷施罘，
長時　□劍空碧。勿輕謦鬒微，溟漲迫脅腋。會當雷雨交，騰踔安
可測。〔註262〕

詩人此詩並未描述鯽魚潭風景優美，而是敘述其潭水之深、波濤逼人，使人
相當恐懼。詩人首先敘及鯽魚潭的地點位於臺灣府東方，潭水有萬丈之深，
其中有許多魚族生存於其中。而潭水邊山勢高峻，潭水幽深，使人相當害怕。
而鄭成功曾在此飽口腹之欲，食用此處之雨，亦爲此地相當重要的傳說。

　　曾中立（？～？），號鶴峰，廣東嘉應州人，寓鳳山縣。乾隆48年（1783）
間掌教海東書院。亦有〈夏日偕唐璞亭司馬、杜春墅、邱瑤圃廣文、陳瑤階
山長、邱愛廬硯長遊鯽魚潭，留飲潭上書室〉詩二首，如下：

其一

東海淵渟別一湖，偕遊竟日足歡娛。微風瀲浪清如許，遠岫籠雲淡
欲無。自得錦鱗時在藻，翩然淺瀨起飛鳧，倚闌共詠溪山勝，寫入
新詩當畫圖。〔註263〕

此詩爲曾中立和友人同遊鯽魚潭之作。詩中充滿歡欣氣氛。首句以東海到此
地而形成此東湖。而作者與友人在此終日遊賞，相當具有歡欣愉悅之感。微
風清拂形成漣漪，潭水是如此清澈，而白雲輕輕地籠罩著遠處的山。錦鱗在
水藻間自得其樂，飛鳧在淺灘旁翩然飛起。而詩人們在此依靠著欄杆，欣賞
著景色，發而爲詩，欲以詩當畫，將美景及愉悅之情保留下來。

其二

一鑑空明泛畫船，淡粧濃抹欲爭妍。綠榕深鎖湖亭日，修竹輕搖野
渡煙。遣興如斯同白傅，移情何用學成連！漁歌晚唱晴霞落，髣髴
三潭印月邊。〔註264〕

〔註262〕朱仕玠：《小琉球漫誌・海東紀勝（上）》，臺灣文獻叢刊，第三種，卷二，頁
　　　　23～24。

〔註263〕曾中立：〈夏日偕唐璞亭司馬、杜春墅、邱瑤圃廣文、陳瑤階山長、邱愛廬硯
　　　　長遊鯽魚潭，留飲潭上書室〉，《續修臺灣縣志・藝文（三）・詩・夏日偕唐璞
　　　　亭司馬等，遊鯽魚潭》，臺灣文獻叢刊，第一四○種，卷八，頁609。

〔註264〕曾中立：〈夏日偕唐璞亭司馬、杜春墅、邱瑤圃廣文、陳瑤階山長、邱愛廬硯
　　　　長遊鯽魚潭，留飲潭上書室〉，《續修臺灣縣志・藝文（三）・詩・夏日偕唐璞

詩人在平靜如鏡的潭水中，乘著雕飾華貴的遊船在此泛舟。而此處的潭水亦如西湖，不論晴雨，皆是明麗動人。晴空之時，綠榕深處幽森涼爽，似乎將太陽都鎖住。下雨之時，修長的竹子在煙霧迷濛之中輕輕搖擺，亦饒富韻致。在此地應該要像白居易一般具有遊賞的興致，而宣之於詩；如此，就不需要學習春秋時的琴師成連，以琴音來表達來自己的心意。傍晚時漁夫唱著晴霞落的船歌時，詩人彷彿置身於西湖第一勝景「三潭印月」之中。

章甫（1760～1816）為臺灣縣（今臺灣省臺南市）人，有〈鯽潭月夜泛舟〉：

> 十里寒潭淨碧流，歌聲風送月明舟。雲山倒挂千層畫，天水交融一色秋。宿鷺連拳圍玉鏡，躍魚噴沫碎金毯。江亭上下隨波去（作者註：「琴川蔣太守結彩亭于舟上，名江上水心亭。」），人在冰輪轉處遊。〔註265〕

章甫此詩亦是書寫鯽潭月夜之美。在明月當空的夜晚，鯽魚潭潔淨碧綠，捕魚人的歌聲隨風送到作者的船中。詩人眼中所見的是天水交融的景色。白鷺圍繞月亮在水中的倒影而眠，活潑的魚兒在水中跳躍，使得水面金光破碎粼粼。作者坐在船中，任意東西，相當悠閒而愜意。

陳廷璧（？～？），臺灣縣人，嘉慶 11 年（1806）蔡牽之亂，以守城功授六品職銜。其〈鯽魚潭〉：

> 共許尋幽到鯽潭，茫然一帶注東南。湖光不斷清如拭，野色全收綠正酣。鷗鷺忘機閒出沒，菰蒲隨意長差參。臺陽好景真成畫，幾度騷人取次探。〔註266〕

陳廷璧此詩書寫鯽魚潭美好的景色，潭水廣大茫然，澄清如鏡，將周遭野綠全部收納其中。間有鷗鷺出沒其中，水草隨意生長，參差有致。如此佳景，難怪詩人們屢次前來賞玩、吟詠。

謝金鑾（1757～1820），嘉慶九年（1804）改調嘉義教諭，未及期而蔡牽倡亂，限鳳山縣，南北戒嚴，金鑾為嘉義知縣陳防禦之策，而部署而定。有〈鯽魚潭有作〉二首：

亭司馬等，遊鯽魚潭》，臺灣文獻叢刊，第一四○種，卷八，頁 609。

〔註265〕章甫：〈鯽潭月夜泛舟〉，上網日期：20141102，網址：http://xdcm.nmtl.gov.tw/twp/b02.htm。

〔註266〕陳廷璧：〈鯽魚潭〉，上網日期：20141102，網址：http://xdcm.nmtl.gov.tw/twp/b02.htm。此詩收於陳廷瑜《選贈和齋詩集》，又載林文龍《臺灣詩錄拾遺》。

其一

層城曉出度巖扃，喜見潭光照眼青。煙樹人家湖上店，沙洲官澳渡
邊亭。山從烏頂分東郡，水到鯤身達北溟。但說鯽魚鱗甲薄，一天
風雨是龍靈（潭亦名龍潭，旱時禱雨輒應）。〔註267〕

謝金鑾此詩書寫著鯽魚潭的另一個傳說──乾旱時，在此祈雨。首 2 句寫為
了到達此處詩人歷經了一番奔波，因此看到碧綠照眼的潭水時，內心相當喜
悅。水邊煙樹之間，有著人家在湖上經商、居住，沙洲旁有政府單位在此設
置。山從烏頂開始就隸屬於臺灣府的東部，這裡的潭水經過鯤身嶼的水域，
也會通到北邊的大海。而此處的鯽魚傳說中鱗甲較薄，因此被視為龍靈，這
裡也就成為祈雨之處了。

其二

形役勞勞總未休，此心空有買山求。鷗夷湖外思浮宅，鈷鉧潭西賦
小邱。蠻女紫菱歸棹晚，溪翁紅鯽放笭秋。淳風如此真堪樂，不悔
他鄉汗漫遊。〔註268〕

詩人此首詩作書寫此處風俗民情相當淳厚，而風景不遜於中土名勝，因此雖
然離鄉背井，內心依然快樂、不悔。

陳廷瑚（？～？），清嘉慶年間（1796～1820）人士。生平不詳。亦有〈鯽
魚潭〉：

一鑑清光混碧空，澄波上下日搖紅。柳堤遠近漁莊隱，無數魚罾掛
晚風。〔註269〕

陳廷瑚此詩書寫了鯽魚潭日落的景色，在落日倒映於潭水，波光搖動，上下
皆紅。在柳堤之中，漁人屋舍若隱若現，而無數的漁網，晾曬在晚風之中，
亦為奇特的風景。

陳登科（？～？），清嘉慶年間（1796～1820）人士。臺灣府學諸生。生
平不詳。其〈春日遊鯽魚潭五言古風〉：

潭影湛明月，幽林芳徑穿。參差數茅屋，隱約依林泉。猙猙眾犬吠，

〔註267〕謝金鑾：〈鯽魚潭有作〉，《續修臺灣縣志‧藝文（三）‧詩‧鯽魚潭有作》，臺
灣文獻叢刊，第一四○種，卷八，頁616。

〔註268〕謝金鑾：〈鯽魚潭有作〉，《續修臺灣縣志‧藝文（三）‧詩‧鯽魚潭有作》，臺
灣文獻叢刊，第一四○種，卷八，頁616。

〔註269〕陳廷瑚：〈鯽魚潭〉，上網日期：20141102，網址：http://xdcm.nmtl.gov.tw/twp/
b/b02.htm。錄自石暘睢所藏陳廷瑜《選贈和齋詩集》。

惆在桃源間。我來問耕夫，三五話桑榆。爲予指東道，溪邊一草廬。
竹籬半遮掩，門外雜菓蔬。〔註270〕

陳登科此詩描摹出一幅桃源圖畫。可見詩人徜徉山水之間，亦相當喜愛此處的風俗民情。

胡承珙（1776～1832），道光元年（1821）來臺，〈秋杪同人至東湖久憩歸過黃園飲於韓家園〉二首，其中與東湖有關者爲第一首，如下：

其一

海國秋光遲，出郭試一訪。野花猶有香，碧草渾無恙。十里見澄潭，
環流抱清曠。樹簪隄外影，山眉鏡中樣。一篙劃空明，水雲互搖漾。
可惜在蠻村【可惜在蠻林】，好景付孟浪。是時風日佳，晴波綠猶漲。
見說湖畔田，餘潤資醞釀。耕餘供牛租，釣罷足魚餉。西顧語海若，
回面漫相向。萬里安用馴，一漚自神王。吾儕洗眼來，未要煩供張。
非無白接 ?離，所欠黃篾舫。地偏暫勾留，興逸轉惆悵。何當明月
夜，還來聽漁唱。〔註271〕

胡承珙在秋天與友人同遊東湖，而有詩作二首。此詩首句點出臺灣氣候的特殊之處——秋光遲。因臺地日暖，所以秋天來得較晚。作者在出遊之時，見到東湖的景色，雖然風光明媚，但作者卻認爲可惜是在蠻荒之地，所以好景不是許多人都有能力欣賞。由此可知，作者有著強烈的宦遊之思。臺地是如此偏遠，所以對他而言，這只他的暫留之處。一想到此處，作者有著強烈的思鄉情緒，而內心轉爲悵惘。

二、鯽潭霽月

「鯽潭霽月」爲邑治八景之一，自錢琦以下，題詠漸多。茲大要分述之。
錢琦（1704～？），乾隆 16 年（1751）任巡臺御史。其〈臺邑八景　鯽潭霽月〉：

〔註270〕陳登科：〈春日遊鯽魚潭五言古風〉，上網日期：20141102，網址：http://xdcm.
nmtl.gov.tw/twp/b/b02.htm。錄自石暘睢所藏陳廷瑜《選贈和齋詩集》此詩收
於陳廷瑜《選贈和齋詩集》，石暘睢藏本。

〔註271〕胡承珙：〈秋杪同人至東湖久憩歸過黃園飲於韓家園〉，上網日期：20141102，
網址：http://xdcm.nmtl.gov.tw/twp/b/b02.htm。據《清修四庫全書》所收《求
是堂詩集》，並參考黃得時〈胡承拱與東瀛集〉一文所錄詩作編校。此詩又載
陳漢光《臺灣詩錄》。

　　宿雨初收夜氣妍，空靈色相妙難詮。澄來止水壺中月，洗淨浮雲水

　　底天。鮫女靜開霜匣照，驪龍冷抱寶珠眠。冰心徹底誰憐取。留得

　　清光在海邊。〔註272〕

「宿雨初收夜氣妍，空靈色相妙難詮」二句書寫在雨後初晴的夜裡，鯽魚潭
景色空靈，難以用言語形容。「澄來止水壺中月，洗淨浮雲水底天」二句摹寫
月光皎潔倒映與水中，水中月與空中月相互輝映之景。此二句呼應「空靈」
二字。「鮫女靜開霜匣照，驪龍冷抱寶珠眠」二句，寫出潭水平靜如鏡，如同
鮫女開鏡，一輪明月倒映水中如同寶珠，恍如驪龍抱珠而眠。錢琦末二句「冰
心徹底誰憐取。留得清光在海邊」，雖在書寫鯽潭月景，亦在表達他的節操高
潔，雖遠在海疆，亦是期許自己留得清光在人間。

　　陳輝（？～？）臺灣縣人，清乾隆3年（1738）舉人。有〈臺邑八景　鯽
潭霽月〉：

　　一潭澄徹月流華，激灩浮光四望賒。冰鏡濯磨塵不滓【冰鏡初磨塵不

　　染】，玉英漂洗色無瑕【玉英新洗色無瑕】。清涵藻荇披幽澗【寒驚鳥

　　鵲飛幽澗】，冷照魚龍戲淺沙【冷照魚蝦漾淺沙】。夜靜村廬煙雨外【最

　　是夜深疏雨外】，簫吹隔岸半漁家【簫聲吹落荻蘆花】。〔註273〕

陳輝此詩書寫月光皎潔，與潭水相互輝映，營造出一個清冷美麗的空間。此
時深夜寂靜之中，有簫聲隔岸吹來，添了幾分淒清之感。

　　僧喝能（？～？），約乾隆6年到8年（1741～1743）左右在臺。有〈鯽
潭霽月〉：

　　野迴天空水淼漫，銀蟾瀉影出雲端。聚星亭落群峰碧，釣月船迴一

　　棹寒。籟寂波光拖玉練，更闌斗轉溫珠盤。清池曾照禪心現，爭似

　　東湖說大觀。〔註274〕

僧喝能此詩呈現佛家禪意。在萬籟俱寂之中，波光瀲灔，月華流轉，在這東
湖的景色呈現的美好繁多，正是佛家禪意境界的顯現。

　　方達聖（？～？），臺灣縣人。清乾隆年間（1736～1795）生員，亦有〈鯽

〔註272〕錢琦：〈鯽潭霽月〉，《重修臺灣縣志·藝文志（二）·詩·鯽潭霽月》，臺灣文
　　　　獻叢刊，第一一三種，卷十四，頁493。

〔註273〕陳輝：〈鯽潭霽月〉，《重修臺灣縣志·藝文志（二）·詩·鯽潭霽月》，臺灣文
　　　　獻叢刊，第一一三種，卷十四，頁493。

〔註274〕僧喝能：〈鯽潭霽月〉，《重修臺灣縣志·藝文志（二）·詩·鯽潭霽月》，臺灣
　　　　文獻叢刊，第一一三種，卷十四，頁494。

潭霽月〉：

> 霽月浮光照，龍潭夜氣清。珠華涵止水，璧影濯流英。野闊群峰隱，
>
> 波恬兩岸平。漁燈紅照處，短笛弄新聲。〔註275〕

方達聖此詩兼具視覺與聽覺的描寫，先以視覺的摹寫將東湖的月色刻畫得美如仙境，末句再以短笛弄新聲結尾，再將場景拉回人間。

王德元（？～？）清乾隆年間（1736～1795）人士。生平不詳，其〈鯽潭霽月〉：

> 雲腳初收月正懸，寒潭一碧浸長天。珠光蕩漾清波裏，穩住驪龍此
>
> 夜眠。〔註276〕

王德元此詩亦著重於視覺的摹寫，以無雲的一輪明月高掛天空起筆，再敘明月倒映於鯽魚潭中碧綠清冷的水波之中。在珠光蕩漾的清波裡，猶如在此居住的驪龍正抱著如寶珠般的明月，安穩地入眠。

謝家樹（？～？），乾隆 17 年（1752）三月由建寧教授調任臺灣府儒學教授，後以父憂去。乾隆 26 年（1761）六月再由福州教授復任，翌年閏五月兼攝臺灣府儒學訓導。亦有〈臺陽八景　鯽潭霽月〉：

> 潭中天倒挂，況值月新浮。淨色千尋練，澄痕一片秋。心空人自朗，
>
> 影落鳥生愁。恍惚昆明意，天然現女牛。〔註277〕

此詩敘寫於秋天新月之時，是少見的非一輪明月之景。從澄淨的水中倒映出的一彎月影，使人感受到秋天的氣息。作者接著續寫「心空人自朗，影落鳥生愁」之句，可見其內心無欲無求，自然能坦然爽朗而對，然而看著鳥兒落下的身影，亦或多或少地使詩人產生了思鄉的愁緒。在明鏡如水的潭景中，抬頭一望，織女、牛郎二星宿出現在天空之中。

章甫（1760～1816）有〈臺邑八景　鯽潭霽月〉：

> 月印寒潭掃卻雲，水光月色兩無分。漁舟夜唱天心處，風送歌聲鏡
>
> 裡聞。〔註278〕

〔註275〕方達聖：〈鯽潭霽月〉，《重修臺灣縣志‧藝文志（二）‧詩‧鯽潭霽月》，臺灣文獻叢刊，第一一三種，卷十四，頁 493～494。

〔註276〕王德元：〈鯽潭霽月〉，《重修臺灣縣志‧藝文志（二）‧詩‧鯽潭霽月》，臺灣文獻叢刊，第一一三種，卷十四，頁 494。

〔註277〕謝家樹：〈鯽潭霽月〉，《重修臺灣縣志‧藝文志（二）‧詩‧鯽潭霽月》，臺灣文獻叢刊，第一一三種，卷十四，頁 493。

〔註278〕章甫：〈鯽潭霽月〉，《半崧集簡編‧七言絕‧臺邑八景》，臺灣文獻叢刊，第二〇一種，頁 48。

章甫此詩呈現的月明水清，水光月色輝映之下，毫無半點烏雲的鯽潭。而在潭中泛流的漁船，在夜裡傳來歌聲，和風中，緩緩送來，猶如從水中傳送而來。章甫此詩書寫鯽潭獨特的月下世界，結合著視覺與聽覺的感官描寫，人文（漁唱）與自然（水光月色）相應成趣之美，可說是饒富逸趣。

在道光年間 1823 年之後，關於鯽魚潭之詩作，已不可復見，大概是因為 1823 年的風雨而致使潭水改道。地貌改變之後，鯽魚潭已不存在，所以亦無從賞玩。

圖 58　香洋春耨，上網日期：20150616，網址：http://commons.wikimedia.org/wiki/File:%E9%A6%99%E6%B4%8B%E6%98%A5%E8%80%A8.jpg。

圖 59　大潭埤，上網日期：20150616，網址：defytaiwan.pixnet.net。

第七節　關廟

關廟開發甚早，在明鄭時期屬於萬年州的轄區，當時已有「香洋」之稱：

> 關廟區早期原爲平埔族西拉雅族新港社的舊墾地，在明鄭時期因漢人自臺江內海（今安平），溯航新港溪（今鹽水溪），及其上游許縣溪（今之許縣溪）進入新豐里，墾荒聚落稱香洋社（明鄭氏臺灣軍備圖記內之小香洋民社）。〔註279〕
>
> 約在17世紀初期，原台南縣境已有村落分布，在1661年，鄭成功在台灣承天府，府轄天興縣與萬年縣，1664年鄭經改縣爲州，此時關廟屬萬年州之保大、新豐與崇德里，這也是關廟第一次被政府設置統轄機關。〔註280〕

在清領時期，分別隸屬臺灣縣及安平縣。康熙時，香洋一帶景觀皆是「培塿繹絡，而摭平疇者」。乾隆時，「平疇曠衍，溝塍繡錯」，臺邑八景「香洋春耨」已有美稱：

〔註279〕〈臺南市關廟區公所——認識關廟　自然環境〉，上網日期：20150614，網址：http://www.guanmiao.gov.tw/?menu=about。

〔註280〕〈臺南市關廟區公所——認識關廟　地方沿革〉，上網日期：20150614，網址：http://www.guanmiao.gov.tw/?menu=about2。

清康熙二十四年，清廷設台灣府，下轄台灣、鳳山與諸羅三縣，關
廟屬台灣縣。〔註281〕

湖仔内山之南，曰香洋仔山；率皆培塿繹絡，而擁平疇者也。〔註282〕

乾隆十六年，大潭埤一帶風景秀麗，農業發達，而被列入台灣八景
之一的「香洋春褥」，即是以大潭埤爲中心。〔註283〕

西行爲香洋山（距治東南四十餘里）。香洋西面二十餘里，平疇曠衍，
溝塍繡錯。〔註284〕

清光緒十四年台灣縣改爲安平縣，關廟屬於當時的崇德東、外新豐、
保東、永豐等四里。〔註285〕

「香洋春褥」用以形容春耕之時風景秀麗，平疇沃野，色彩錯雜如錦繡，令
人心曠神怡。李元春《臺灣志略》亦記載，香洋平疇開闊平坦，溝渠和田埂
錯落如畫，農人勤奮工作，蓑衣如雲，在春夏之交，可以在此觀褥：

而自老鷲嶺西下又二十里，則結凹腦曰馬鞍山。其西爲香洋。香洋
西面二十餘里，平疇曠衍，溝塍繡錯，襏襫成雲，春夏之交，可以
觀褥：舊志以爲八景之一者。〔註286〕

關廟的農田仰賴弼衣潭的灌溉，在明鄭時期已修築，今稱「大潭埤」：

弼衣潭，在新豐里香洋仔。僞時築，蓄雨水以灌田。〔註287〕

臺灣縣：……弼衣潭（在新豐里香洋仔。僞時築）。〔註288〕

〔註281〕〈臺南市關廟區公所——認識關廟　地方沿革〉，上網日期：20150614，網址：
　　　　http://www.guanmiao.gov.tw/?menu=about2。

〔註282〕王禮主修、陳文達編纂：《臺灣縣志·輿地志一·山》，臺灣文獻叢刊，第一
　　　　○三種，頁5。

〔註283〕〈臺南市關廟區公所——認識關廟　地方沿革〉，上網日期：20150614，網址：
　　　　http://www.guanmiao.gov.tw/?menu=about2。

〔註284〕劉良璧：《福建通志臺灣府·山川：錄自重纂福建通志·臺灣縣》，臺灣文獻
　　　　叢刊，第八四種，卷十五，頁57。

〔註285〕〈臺南市關廟區公所——認識關廟　地方沿革〉，上網日期：20150614，網址：
　　　　http://www.guanmiao.gov.tw/?menu=about2。

〔註286〕李元春：《臺灣志略·地志》，臺灣文獻叢刊，第一八種，卷一，頁6～7。臺
　　　　灣文獻叢刊／一四○，續修臺灣縣志／卷一，地志／山水（附勝蹟），頁18。
　　　　有相同的記載。

〔註287〕王禮主修、陳文達編纂：《臺灣縣志·建置志二·水利》，臺灣文獻叢刊，第
　　　　一○三種，頁94。

〔註288〕劉良璧：《重修福建臺灣府志·城池(坊里、街市、水利、橋梁附)·水利(附)》，
　　　　臺灣文獻叢刊，第七四種，卷五，頁85。

當時的香洋之所以有廣大農田，源自明鄭時期進入墾荒的漢人，築弼衣潭（今之大潭埤）蓄水灌田，為關廟最早開發之處，由於水利的配合，也因此成為台灣春耕最早之處，大潭埤春耕時的景色秀麗明媚，故當時被列為台陽八景之一。〔註289〕

至日治時期，「關帝廟支廳」、「關廟庄」成為政府機關名稱：

1895年，清國割讓台灣予日本，因台灣南部激烈反抗，遂實行軍政，此時關廟隸屬於台南民政支部。〔註290〕

明治時期廢縣設廳，關廟屬於台南廳關帝廟支廳，轄外新豐里即為關帝廟街。〔註291〕

1920年廢廳設州，關廟則屬台南州新豐郡，並且更名為關廟庄。〔註292〕

光復後，「關廟鄉」、「關廟區」已成固定名稱：

二戰後，關廟屬於台南縣新豐區關廟鄉，此為關廟第一次被稱為鄉。

1950年推行地方自治，廢大縣與區署編制，關廟遂稱之為台南縣關廟鄉，下轄十七村，沿襲至今。〔註293〕

由「現今關廟名稱的由來，源自主祀關聖帝君的山西宮，又稱關聖帝君廟」，可以想見漢人宗教文化的影響：

從香洋到關廟，地名的演變見証了當時漢人進駐的足跡，現今關廟名稱的由來，源自主祀關聖帝君的山西宮，又稱關聖帝君廟。清康熙57年（1718年）漢人來此開墾為保平安，興建了關帝廟，稱為「山西堂」（即山西宮），廟前街道稱為關帝廟街，成為日後「關廟」一名由來。〔註294〕

〔註289〕范銘偉：〈從香洋到關廟　從地名演變認識關廟〉，上網時間：20150521，網址：http://717.tw.tranews.com/Show/Style3/Column/c1_Column.asp?SItemId=0131030&ProgramNo=A100251000001&SubjectNo=11971。

〔註290〕〈臺南市關廟區公所——認識關廟　地方沿革〉，上網日期：20150614，網址：http://www.guanmiao.gov.tw/?menu=about2。

〔註291〕〈臺南市關廟區公所——認識關廟　地方沿革〉，上網日期：20150614，網址：http://www.guanmiao.gov.tw/?menu=about2。

〔註292〕〈臺南市關廟區公所——認識關廟　地方沿革〉，上網日期：20150614，網址：http://www.guanmiao.gov.tw/?menu=about2。

〔註293〕〈臺南市關廟區公所——認識關廟　地方沿革〉，上網日期：20150614，網址：http://www.guanmiao.gov.tw/?menu=about2。

〔註294〕范銘偉：〈從香洋到關廟　從地名演變認識關廟〉，上網時間：20150521，網址：

現今留傳有關關廟的古典詩中並不多，〈香洋春耨〉計有三首，以關廟為題者一首。乾隆時，錢琦（1704～？）有〈臺陽八景詩──香洋春耨〉：

> 何處聲聲布穀啼，岡山山北柳林西。（作者註：「香洋山在縣治南，
> 與鳳山接界，旁有柳林山。」）杏花春雨紅千畝，蔗葉寒煙綠一犁。
> 水引石頭開短呷，（作者註：「石頭，溝名，眾流匯處。臺人蓄水養
> 田處為呷。」）笛橫牛背過前溪。屢豐不待秋來卜，多稼如雲望早迷。
> 〔註295〕

「何處聲聲布穀啼，岡山山北柳林西」首二句點出香洋的地點，在岡山以北，柳林山以西。並以布穀鳥的鳴叫聲做為開始，帶來了春天的氣息。「杏花春雨紅千畝，蔗葉寒煙綠一犁」二句對仗，點出香洋春天的景象，千畝中，滿眼都是紅色杏花，搭配著綿綿的春雨；另一邊是在春雨籠罩下如煙似霧的綠甘蔗葉，形成一幅美麗的春日風景圖。「水引石頭開短呷，笛橫牛背過前溪」二句書寫詩人眼界所見的農田景觀：從石頭溝中引水開呷及放牛的牧童坐在牛背上吹奏笛子越過溪流。「屢豐不待秋來卜，多稼如雲望早迷」二句則是詩人對此地的讚嘆：這裡屢次豐收的紀錄，讓人不需等到秋天就可以預料出來今年的收成必然也是如此豐碩。此地氣候溫暖，年可二種，可以極早就感受到滿眼都是莊稼如雲，讓人一望無際，沉迷其中的景象。此詩書寫了香洋農田一望無際的美好。

謝家樹（？～？），乾隆17年（1752）3月調任臺灣府儒學教授，後以父憂去。乾隆26年（1761）6月再由福州教授復任，27年兼攝臺灣府儒學訓導。其〈臺陽八景詩──香洋春耨〉：

> 上沃三春潤，洋寬一望迷。風馴芳草浪，雨釀落花泥。司餇童攜筥，
> 忘機鳥集犁。西成先可慶，不辨地高低。〔註296〕

「上沃三春潤，洋寬一望迷」首二句書寫春天香洋農田的廣大、肥沃，讓人一望無際，迷惑其中。「風馴芳草浪，雨釀落花泥」二句描寫春天芳草被風吹拂，如波浪一般地起伏，春雨滋潤著落花，使它們化為滋養大地的原料。「司

　　http://717.tw.tranews.com/Show/Style3/Column/c1_Column.asp?SItemId=013103
　　0&ProgramNo=A100251000001&SubjectNo=11971。
〔註295〕錢琦：〈香洋春耨〉，《重修臺灣縣志‧藝文志（二）‧詩‧香洋春耨‧錢琦》，
　　臺灣文獻叢刊，第一一三種，卷十四，頁496。
〔註296〕謝家樹：〈香洋春耨〉，《重修臺灣縣志‧藝文志（二）‧詩‧前題‧謝家樹》，
　　臺灣文獻叢刊，第一一三種，卷十四，頁496。

篚童攜筥，忘機鳥集犁」二句點出此地農人的勤奮與土地的富饒：兒童們帶著箱子給在田間耕作的人送飯，也有無心機的鳥兒群集於鐵犁上。「西成先可慶，不辨地高低」末二句則是嘆賞此地不分高低，都可預想到值得慶賀的豐收了。

　　章甫（1760～1816），字文明，號半崧，臺灣縣人。亦有〈香洋春耨〉：

　　　　香洋一片耨春時，有事西疇不敢遲。漫說夏耘今尚早，亂苗惡莠妙

　　　　先期。〔註297〕

「香洋一片耨春時，有事西疇不敢遲」二句說明香洋在春天農作耕耘之時，所有的農人都在田地中努力，不敢拖延。「漫說夏耘今尚早，亂苗惡莠妙先期」二句指出：不要說夏天的農事現在還太早，一不小心就會長滿了很像稻子的雜草。此詩寫出了此地農人的勤奮。

　　日治時期，「香洋」名稱爲「關廟」所取代，臺中葫蘆墩（今豐原市）的張麗俊（1868～1941）在1929年有〈往關廟途中口占〉：

　　　　仁德歸仁並美名，恐先激濁後揚清。鄉村亦有優良績，我輩觀光壯

　　　　此行。〔註298〕

詩人張麗俊寫作此詩時爲62歲，爲前往關廟時的路途之中所作。「仁德歸仁並美名，恐先激濁後揚清」首二句以仁德、歸仁兩個臺南地區的地名有所聯想，以爲此地將有美好的品德、名聲傳揚，但是從第二句「恐」字，則是別有言外之意，所謂「激濁」意謂排除不好的，「揚清」意謂留下好的。但由誰來行動，如何地排除、發揚，由於「恐」字，給人別有風波將發生的聯想。「鄉村亦有優良績，我輩觀光壯此行」二句指出關廟地區雖爲鄉村，但仍有優良成績，留待我輩之人加以發揚、壯大。

　　有關關廟的詩作，主要仍是以臺邑八景的三首詩可見其昔日平疇廣袤、稻浪陣陣、阡陌交通的富庶景象，令人可以想見何以當時偷渡之人絡繹不絕的緣由：誰不嚮往「屢豐不待秋來卜，多稼如雲望早迷」的地方？

〔註297〕章甫：〈香洋春耨〉，《半崧集簡編・七言絕・臺邑八景》，臺灣文獻叢刊，第二○一種，頁49。

〔註298〕張麗俊：〈往關廟途中口占〉，《全臺詩——智慧型全臺詩知識庫》，上網日期：20150605，網址：http://xdcm.nmtl.gov.tw/twp/b/b02.htm。此詩收於《水竹居主人日記》（八），1929年11月13日。